राजेन्द्र यादव मार्फ़त मनमोहन ठाकौर

मनमोहन ठाकौर की क़लम से राजेन्द्र यादव के जीवन-चित्र

राजेन्द्र यादव

मार्फ़त

मनमोहन ठाकौर

राधाकृष्ण प्रकाशन

ISBN : 978-81-7119-498-8

राजेन्द्र यादव मार्फ़त मनमोहन ठाकौर

प्रथम संस्करण : 1999

This book is printed on **Print on Demand** Technology : 2024

मूल्य : ₹695

प्रकाशक

राधाकृष्ण प्रकाशन प्राइवेट लिमिटेड

जी-17, जगतपुरी, दिल्ली-110 051

शाखाएँ : अशोक राजपथ, साइंस कॉलेज के सामने, पटना-800 006

पहली मंजिल, दरबारी बिल्डिंग, महात्मा गांधी मार्ग, प्रयागराज-211 001

1, अनमोल सोराबजी संतुक लेन, धोबी तलाव, मरीन लाइंस, मुम्बई-400 002

वेबसाइट : www.radhakrishnaprakashan.com

ई-मेल : info@radhakrishnaprakashan.com

RAJENDRA YADAV
C/o Manmohan Thakore
by Kamla Thakaur

वंदना और भर्त्सना

राजेन्द्र यादव मेरे सभी मित्रों में सबसे अधिक विवादग्रस्त रहा है। आज से नहीं, जब से मेरा उससे परिचय हुआ है, तभी से 'आ बैल, मुझे मार' वाली मुद्रा में वह एक-न-एक विवाद-भरे मुद्दे को बाघंबर की भाँति लपेटे, डमरू बजा-बजाकर त्रिशूल घुमाता रहता है। जान पड़ता है, उसे आपकी सहमति-असहमति, निंदा-प्रशंसा, यश-अपयश की क़तई परवाह नहीं रहती। गीता वाला 'स्थितप्रज्ञ' ही होगा जो 'लाभालाभौ, जयाजयौ' के प्रति नितांत उदासीन बना रह सके।

सच, बड़ा कसाले भरा काम होता है विवादों और कुत्साओं के केंद्र में बने रहकर भी अपनी बात और मान्यताओं को निरंतर निभाते चलना। कौन-कौन से आरोप नहीं लगाए हैं, यारों ने उस पर ? लेखकों को उनके प्राप्य पारिश्रमिक से वंचित कर नह खुद ऐश करता रहा है। वर्षों तक पुरस्कारों का विरोध करने के बाद जब लालू प्रसाद 'यादव' ने राजेन्द्र 'यादव' को एक लाख रुपयों की राशि भेंट की तो उसने वह रक़म स्वीकार करने से कोई गुरेज़ नहीं किया। अर्थात् उसका दलित-प्रेम दरअसल दिखावा है, यादववाद है। वह ब्रह्मणविरोधी यानी भारतीय संस्कृति का शत्रु है।

प्रति मास 'हंस' में छपनेवाले पत्र इसी का प्रमाण हैं कि जहाँ राजेन्द्र के स्पष्ट, बेलाग और तर्कपूर्ण प्रमाणों से पुष्ट मुद्दों की जी खोलकर प्रशंसा करने वाले पाठकों का दायरा तेज़ी से फैलता जा रहा है, वहीं उसे हिंदू-धर्म विरोधी, संकीर्ण सांप्रदायिकता एवं जातिवाद का प्रचारक, कठमुल्ला आदि-आदि कहने वाले 'हिंदुत्व' के तथाकथित संरक्षकों द्वारा उसकी भावुक भर्त्सना करने का सिलसिला भी जारी है।

वास्तव में राजेन्द्र अनास्थावादी है। धार्मिक, सामाजिक, राजनैतिक—किसी भी संस्था (इंस्टीट्यूशन) में उसे कभी यक़ीन नहीं रहा। उसे किसी 'परंपरा' के नाम पर आतंकित नहीं किया जा सकता क्योंकि कंबख़्त को लीक-लीक चलने से चिढ़ होती है। और इतिहास गवाह है कि समाज के वर्चस्वधारियों ने लीक पर न चलनेवालों के साथ शुरू से आज तक कैसा सुलूक किया है। हालाँकि

वही इतिहास यह गवाही भी देता चला आया है कि समाज में आए समस्त परिवर्तन और समाज की प्रगति भी इन्हीं सायर, सिंह, सपूतों के कारण ही संभव हो सकी है।

राजेन्द्र यादव मेरे परिवार का अंग बन चुका है, यह वाक्य मैं उसके और मन्नूजी की एक-एक कहानी के संकलन, 'एक पुरुष, एक नारी' में राजेन्द्र संबंधी अपने लेख में आज से तीस-पैंतीस वर्ष पहले ही लिख चुका था। आज तो हमारा वह संबंध और भी गाढ़ा हो गया है। अतएव मेरे लिए उसके गुण और दोषों की 'वैज्ञानिक' परख कर पाना और भी मुश्किल हो गया है। उतना ही जितना किसी कवि के लिए अपनी ही रचना की तटस्थ समालोचना कर पाना। स्वयं बाबा तुलसीदास कह गए हैं—

निज कवित्त केहि लागि न नीका,
सरस होय अथवा अति फीका।

इसे आप मेरा पक्षपात, मेरी कमज़ोरी अवश्य कह सकते हैं, पर सचाई यही है। अपनी सफ़ाई में फ़िराक़ साहब का एक शेर पेश करना चाहूँगा—

उनको मुबारक जिन लोगों को सच्चे दोस्त और यार मिले,
मेरे लिए तो एक वही था सच्चा था, या झूठा था।

इसमें एक छोटी-सी तरमीम ज़रूर कर लें—'था' की जगह 'है' पढ़ें, क्योंकि अभी तो हम दोनों ही अपने-अपने सत्तर, पिचहत्तर वर्ष पुराने खाँचों में बैठे उछल-कूद कर लेते हैं, एक-दूसरे पर खुखिया-चिंचिया लेते हैं, और लाड़ आने पर, एक-दूसरे के शरीर की जुएँ निकालने लग जाते हैं। लिहाज़ा 'यार ज़िंदा, सोहबत बाक़ी'। जब तक चल जाए, यही सिलसिला चलता रहे, क्या मुज़ायका है !

इस पुस्तक के लिखे जाने की इकलौती वजह हैं कवि, लेखक तथा एडवोकेट अरविंद जैन। यदि वे उस दिन 'त्रिवेणी कला संगम' में लगी, भाई हरिपाल त्यागी के चित्रों की प्रदर्शनी देखकर बाहर निकलते समय जोर-शोर से आग्रह न करते, तो शायद मैंने इस बारे में कभी सोचा भी न होता। आन गाँव के लोगों के लिए राजेन्द्र यादव भले ही सिद्ध बनता जा रहा हो, मेरे लिए तो वह शुरू से आज तक जोगना ही रहा है। 'अति परिचयात् अवज्ञा।' लेकिन अरविंद जैन के उस शाम के अनुरोध में न जाने क्या बात थी कि मैंने वहीं उनसे वादा कर लिया था कि मैं अवश्य लिखूँगा।

फिर भी कदाचित् लेखन के प्रति मेरा सहज प्रमाद आड़े आ गया होता यदि 'सर्वनाम' के संपादक और मेरे प्रिय भाई विष्णुचन्द्र शर्मा दिल्ली की चिलचिलाती गर्मी, हड़कंपी सर्दी और वहाँ की आलीशान सड़कों को ख़ासी चौड़ी नहरों में परिवर्तित कर देनेवाली मूसलाधार बारिश की उपेक्षा कर, सुदूर

यमुना पार वाले सादतपुर से पश्चिम विहार तक का ढाई घंटे का बस का सफ़र कर समय-समय पर इसके आरंभिक अंशों को सुनकर मेरा उत्साह न बढ़ाते रहते।

इन दोनों के प्रति आंतरिक आभार।

26 जुलाई, 1999

—मनमोहन ठाकौर

किसी तरह जल्दी-जल्दी खाना निगलकर जूते के फ़ीते बाँधे और हाथ में दफ़्तर से मिला चमड़े का ब्रीफ़केस उठाने के बाद मैं 5 ए, ग्रीक चर्च रो के पहले तल्ल से नीचे उतर ही रहा था कि देखा, एक सज्जन ऊपर जाऊँ कि नीचे वाली असमंजस की मुद्रा में खड़े थे। मुझे उतरते देखा तो शायद उनकी जान में जान आई। परंतु मैं उस वक़्त बेहद हड़बड़ी में था। मुझे दस बजकर दस मिनट से पहले ही कालीघाट से बस पकड़कर डलहौजी पहुँचकर सिंधिया स्टीम नेविगेशन कंपनी की कलकत्ता शाखा के हाज़िरी रजिस्टर में अपने दस्तख़तों की चिड़िया बैठा ही देनी थी। वरना लेट पहुँचने पर रजिस्टर में लाल और मेरी क्लर्की पर काला दाग़ लग जाता। ऊपर से एकाउंटेंट साहब की मृदु झिड़की भी सुननी पड़ जाती। लिहाज़ा, उन सज्जन पर ध्यान दिए बिना ही मैं उन्हें पार कर आगे जाने ही लगा था कि वे पूछ बैठे, ''माफ़ कीजिए, कोमल कोठारी यहीं रहते हैं?''

अब तो, न चाहते हुए भी, मुझे थम ही जाना पड़ा। उन दिनों कोमल कोठारी मेरे साथ ही रहता था। जब मैंने उन सज्जन का सिर से पाँव तक जायज़ा लिया तो देखा कि वे ढीला-ढाला कुरता-पाजामा झुलाते एक बैसाखी के सहारे खड़े थे। उनकी बैसाखी पर नज़र पड़ते ही मेरे दिमाग़ में वह याद कौंध गई जब दो-तीन साल पहले राजामंडी में धोबी-गली से बैसाखी ठकठकाते निकल रहे उस युवक से आगरा में पप्पू (रांगेय राघव) ने मेरा परिचय कराते हुए कहा था, ''ले भई, इससे भी मिल ले। ये है राजेन्द्र यादव। कहानियाँ-वहानियाँ लिखा करता है। कभी-कभी कविताओं पर भी क़लम भाँज लेता है। और राजेन्द्र, ये है मनमोहन। आजकल कलकत्ता जा बसा है। वैसे है यहीं, बल्काबस्ती का।''

उस दिन राजेन्द्र से मेरी सिर्फ़ हाथ जोड़ा-जोड़ी हुई थी। कोई बात नहीं हुई थी। उस ज़माने में मेरी धारणा थी कि आगरा में पप्पू के अलावा कोई साहित्यकार हैं, तो वे हैं बाबू गुलाबराय एम. ए., डॉक्टर रामविलास शर्मा, पद्म सिंह शर्मा 'कमलेश' और थोड़ा-बहुत घनश्याम अस्थाना। बाक़ी के तमाम तो बस 'सो-सो' ही हैं। इसलिए अगर बैसाखी ने याद न दिलाई होती, तो मैं तो राजेन्द्र यादव को भूल ही चुका था।

''जी, कोमलजी ऊपर ही हैं। पहले तल्ले पर। दरवाज़े पर एम. एम. ठाकौर

की नेमप्लेट लगी है। घंटी बजाइएगा। वे मिल जाएँगे। आप''आप राजेन्द्र यादव हैं न ?''

जब हमें कोई अप्रत्याशित रूप से पहचान ले, तो हमारा अहम् कितना संतुष्ट हो जाता है। उस संतुष्टि को चेहरे पर झलकाते राजेन्द्र यादव ने कहा था, ''जी। और आप ?''

''मैं मनमोहन ठाकौर हूँ। आगरा में पप्पू ने आपसे परिचय करवाया था। कोमल मेरे साथ ही रहता है। आप ऊपर चले जाइए। पर क्षमा कीजिए, इस वक़्त मैं ज़रा जल्दी में हूँ। ऑफ़िस पहुँचना है मुझे। फिर फुरसत से मिलेंगे।'' बस, उसके बाद मैं कालीघाट के बस-स्टैंड की ओर लगभग दौड़ ही पड़ा था।

मेरे दफ़्तर चले जाने के बाद उसने कोमल के साथ बातें करते समय क्या गुल खिलाया, उसका ज़िक्र कोमल ने तो कभी नहीं किया, घनिष्ठता बढ़ जाने के बाद, राजेन्द्र ने ही मुझे बताया था। मेरे घर का पता बताते समय कोमल ने कह दिया होगा कि वह वीमेंस क्रिश्चियन कॉलेज के ऐन सामने है, और कि, वह कॉलेज और उसका हॉस्टल, दोनों एक ही बिल्डिंग में हैं।

राजेन्द्र ने कॉलेज का अस्तित्व तो भुला दिया, हॉस्टल वाली शिनाख़्त याद रख ली। उसके भीतर रम रहे उपन्यासकार ने सोच लिया कि मैं और कोमल किसी 'मेस' नुमा हॉस्टल में साथ-साथ शरत बाबू के नायकों की भाँति रहते होंगे। संयोगवश, उस दिन मेरे मित्र, नागर बंधुओं को पड़ोसी-पारिवारिक कारणों से अपने-अपने दफ़्तरों से छुट्टी लेनी पड़ गई। मैंने 1953 से ही नागर बंधुओं के साथ एक ही फ़्लैट में रहना आरंभ कर दिया था। आज भी उनमें से एक भाई, चन्द्रशंकर नागर उसी फ़्लैट में रहते हैं। 1997 तक मैं भी वहीं रहता था।

अतएव जब मेरी पत्नी कमला चाय लेकर आई, तो कोमल ने आवाज़ लगाकर उन दोनों भाइयों को भी वहीं बुला लिया। तब राजेन्द्र के लाल बुझक्कड़ी दिमाग़ ने फ़तवा दे डाला कि उसका क़यास सौ फ़ीसदी सही है कि हम लोग किसी 'मेस' में ही रहते थे और हमने भी, शरत बाबू की नायिकाओं की तरह, एक जवान 'झी' (नौकरानी) के पहले तल्लचाय-नाश्ता और खाना बनाने के लिए रख ली थी। सो वह कोमल से धीमे-से कह ही तो बैठा, ''कोमलजी, आपने 'झी' तो बड़ी ज़ोरदार रख छोड़ी है।''

अप्रतिभ कोमल केवल इतना ही फुसफुसा पाया था, ''क्या बात कर रहे हैं राजेन्द्र बाबू, ये तो मनमोहन की पत्नी, हमारी कमला भाभी हैं।'' अपनी ग़लतफ़हमी पर झेंपने की बजाय राजेन्द्र ने ख़ास आगरावाला एक ठहाका लगाया था, जिसने कोमल के लिए एक और नई परेशानी खड़ी कर दी थी। क्योंकि उस अट्टहास को सुनने के बाद, दोनों नागर बंधुओं ने उसकी वजह जानने की ज़िद पकड़ ली थी, पर कोमल की शराफ़त उसे असलियत बताने की इजाज़त नहीं दे रही

थी। पता नहीं कोमल ने तत्काल कैसे अपना संभ्रम बनाए रखा होगा।

उस दिन भले कोमल कोठारी राजेन्द्र के उस ठहाके की कोई शिष्ट व्याख्या करने में समर्थ न हुआ हो, परंतु मुझे एक क्षण नहीं लगा था उसे सही अर्थों में समझने तथा 'ऐप्रिशिएट' करने में। मैं खुद आगरा में ही जन्मा, पला-बढ़ा हूँ और इसलिए अच्छी तरह जानता हूँ कि अधिकांश आगरावालों की भाँति राजेन्द्र भी दूसरों की ही नहीं, खुद अपनी ग़लतियों और बेवकूफ़ियों पर जी खोलकर ठहाके लगा सकता है। घनश्याम अस्थाना की भी यही ख़ासियत थी, रांगेय राघव की भी और बाबू गुलाबराय एम. ए. भी इसी मर्ज़ के मरीज़ थे।

यह बात है सन् 1954 की। आज इन पंक्तियों को लिखते समय 1998 आधा बीत चुका है। मेरी बात ख़त्म होते-होते मुमकिन है पूरा ही बीत जाए। अर्थात् राजेन्द्र यादव के साथ परिचय हुए 44 वर्ष समाप्त हो जाएँगे। कम नहीं होते चवालीस वर्ष एक-दूसरे को जानने-समझने के लिए। इस लगभग आधी सदी के दौरान हम दोनों न जाने कितनी बार एक-दूसरे से रूठे हैं, झगड़े हैं—बाक़ायदा ख़म ठोक-ठोककर झगड़े हैं और ये ख़म हर बार मैंने ही ठोके हैं। पर हर बार कोई-न-कोई ऐसी बात ज़रूर घट गई है जब कभी राजेन्द्र, तो कभी मैं ठहाका लगाने पर मजबूर हो गए हैं, और हमारे उस ठहाके के रेले में बह निकले हैं तमाम गिले, सारे शिकवे, सारी रंजिशें और सारी ग़लतफ़हमियाँ।

इसके बाद तो राजेन्द्र से अक्सर ही भेंट होने लगी। तब कोमल 'ज्ञानोदय' के संपादकीय विभाग में काम कर रहा था। पहले उसके संपादक थे कोई श्री चतुर्वेदी। पूरा नाम भूल बैठा हूँ। लेकिन वे वहाँ ज़्यादा दिन चल नहीं पाए और उनकी गद्दी पर ला बैठाया गया श्री जगदीश एम. ए. को। कोमल की उनके साथ खूब अच्छी पटरी बैठ गई थी। अक्सर वे कोमल के साथ या उसकी तलाश में ग्रीक चर्च रो आ जाते थे। अद्भुत आकर्षण था जगदीशजी के व्यक्तित्व, उनकी वेशभूषा और उनकी बातों में। जब वे बोलने लग जाते तो उनकी विद्वत्ता के वशीकरण द्वारा मंत्रमुग्ध बने गहरे प्रभावित होने के अलावा कोई चारा नहीं रहता था। उस ज़माने में 'ज्ञानोदय' का कार्यालय 'क्लाइव रो' में हुआ करता था। मेरी कंपनी का दफ़्तर मात्र पाँच मिनट के फ़ासले पर 33, नेताजी सुभाष रोड (जिसे पहले क्लाइव रोड कहा जाता था) पर अवस्थित था। दफ़्तर से छूटते ही मैं कोमल के साथ, चित्तरंजन एवेन्यू वाले कॉफ़ी हाउस पैदल-पैदल ही चल पड़ता था।

स्वतंत्रता प्राप्ति के बाद हिंदी ही नहीं, देश की सभी भाषाओं के त्वरित विकास और अभूतपूर्व समृद्धि में कॉफ़ी हाउसों का कितना महत्त्वपूर्ण योगदान रहा है, इस विषय पर, लगता है, अभी तक किसी भी विश्वविद्यालय के शोध-निर्देशक की नज़र नहीं पड़ी। पड़ जाती तो अच्छा रहता क्योंकि बीसवीं सदी के छठे दशक के बाद लगभग पंद्रह-बीस वर्षों तक ये कॉफ़ी हाउस उन तमाम लोगों के

सर्वमान्य, स्वीकृत और घोषित अड्डे हुआ करते थे जिन्हें खुद को बुद्धिजीवी समझे जाने का गुमान था। शायद इन कॉफ़ी हाउसों पर राजेन्द्र यादव ने 'मेरा दरबार' नाम के संपादकीय में कुछ लिखा भी है।

यहाँ कॉफ़ी का एक कप तब्र मात्र चार आने में मिल जाता था। उस एक कप के सहारे आप कॉफ़ी हाउस के बंद होने तक बैठे रह सकते थे। कोई बेयरा आपसे उठने का अनुरोध नहीं करता था। चार लोगों के बैठ पाने योग्य एक मेज़ पर छः बैठें कि आठ, कॉफ़ी हाउस के मैनेजर को कोई ऐतराज़ नहीं होता था। आप म़द्धिमं स्वर में फुसफुसाएँ या तार सप्तक में चीखें, कोई फ़र्क़ नहीं पड़ता था। सिगरेट से सिगरेट सुलगाएँ या तंबाकू ठूँसे बाद पाइप में रह-रहकर माचिस दिखाते रहें, किसी की तंदुरुस्ती पर क़तई कोई असर नहीं पड़ता था। वाक़ई, वह दुनिया ही अलग और उसका माहौल ही जुदा था।

यह माहौल मैंने पहले कभी नहीं देखा था—न अपने जन्म-स्थान आगरा में, और न अपने पैतृक नगर बूँदी में। अपने विद्यार्थी-जीवन में हम एक टूटी-सी, आम की लकड़ी से बनी, पॉलिश-विहीन मेज़ और दो लड़खड़ाती-खड़खड़ाती बेंचों वाली चाय की दूकान को ही 'बाबू का रेस्तराँ' की संज्ञा देकर चाय-सिगरेट पीते हुए, जान-जहान की बहस और परस्पर टाँगखिंचाई करते हुए खुद को पढ़े-लिखे सुसंस्कृत बुद्धिजीवी मान लिये जाने की लालसा पोसते रहते थे।

और हमारी बूँदी—राजस्थान के इतिहास में सुप्रसिद्ध हाड़ा रानी का पीहर—जिसे महाकवि रवींद्रनाथ टैगोर ने 'माटीर केल्ला' वाली कविता लिखकर प्रत्येक बंगाली के जनमानस में अमर कर दिया, वह बेचारी बूँदी तो क्या पिद्दी, क्या पिद्दी का शोरबा बनी एक गँवई गाँव से भी कम महत्त्वपूर्ण रह गई है। वहाँ कहाँ सज्जन कर वासा ?

इसलिए कोमल के साथ चित्तरंजन एवेन्यू वाले कॉफ़ी हाउस में पहली बार क़दम रखते वक़्त मैं शब्दशः हक्का-बक्का रह गया था। इस सतत प्रवाहित कोलाहल की गले-डूब गहराई वाले सरोवर में लोग कैसे तैर लेते होंगे ? इसमें तो हाथ-पाँव चलाना लगभग असंभव होता होगा। अब तक मैं सोचता था कि कॉफ़ी हाउस में लोग मुख्यतः कॉफ़ी पीने आते होंगे। किंतु यहाँ तो कॉफ़ी का प्याला गीता का 'निमित्त' मात्र सिद्ध होता लग रहा था। बाप रे ! इस कानफाड़ू शोर में लोग एक-दूसरे की बात कैसे सुन-समझ पाते होंगे ?

कुछ दिनों बाद जाकर मैं समझ पाया था कि कॉफ़ी हाउस की हर टेबिल अज्ञेयजी का 'नदी का एक द्वीप' हुआ करती है।

धीरे-धीरे मैं भी उस वातावरण का भरपूर मज़ा लेने का आदी होने लग गया। सोम से शुक्रवार के पाँच दिनों में संध्या के दो-ढाई घंटे वहाँ बिताए बिना चैन ही नहीं पड़ता था। कोमल कोठारी के कारण मेरी जीवनचर्या में जो मूलभूत

परिवर्तन आए, उनमें सबसे प्रमुख था यह नित्य दफ़्तर से छूटते ही कॉफ़ी हाउस पहुँच जाने का चस्का। वहाँ जाने से मेरी जानकारी में अभूतपूर्व वृद्धि तो हुई ही, उससे कहीं बड़ा लाभ यह हुआ कि वहाँ नित्य (या कभी-कभी) आनेवाले अनेक स्वनामधन्य, शानदार लोगों की निकटता प्राप्त करने का सौभाग्य मुझे मिल सका। साथ ही, दूसरी ओर अनेक तथाकथित साहित्यकारों के घटियापन का प्रत्यक्ष साक्षी होने का अवसर भी आए दिन मिलने लग गया था।

साहित्य की राजनीति कैसे की जाती है, उसमें कौन-कौन से दाँव-पेंचों का इस्तेमाल कब-कब और कैसे-कैसे किया जाता है' इसके अनेकानेक गुर लगभग चौथाई शताब्दी के 'कॉफ़ी हाउसिंग' (बतर्ज़ लखनऊ के गंजिंग) ने मेरे सामने उजागर कर दिए। इनसे भली-भाँति परिचित हो जाने के कारण ही मैं बहुत-से साहित्यकारों और उनके लेखकीय हथकंडों को अच्छी तरह समझ पाने में समर्थ हो सका था।

1954 का अंत आते-न-आते राजेन्द्र यादव भी कलकत्ता आ बसा था। उन दिनों श्री भागीरथ कानोड़िया तथा श्री भँवरमल सिंघी के संरक्षण में मासिक 'नया समाज' प्रकाशित हो रहा था। उसका संपादन करते थे श्री मोहन सिंह सेंगर। कमाल के संपादक, और उससे भी बहुत ज़्यादा कमाल के इनसान थे सेंगरजी। उनकी बातें और उनका लेखन, दोनों ही बिना लाग-लपेट वाले, स्पष्ट और सोलह आने खरे होते थे। गुमनाम अथवा अल्पप्रख्यात साहित्यिक प्रतिभाओं को सूँघ निकालने की उनकी गति अद्‌भुत थी। उन्होंने ही 'नया समाज' के माध्यम से राजेन्द्र को कलकत्ता में टिकने लायक ज़मीन प्रदान करने की पहल की और राजेन्द्र का परिचय श्री भँवरमल सिंघी से करवा दिया था।*

सिंघीजी उस ज़माने में मारवाड़ी समाज में 'युवक हृदय सम्राट्' कहे जाते थे। आंदोलन चाहे दहेज प्रथा विरोधी हो अथवा पर्दा प्रथा विरोधी, अनमेल विवाहों के ख़िलाफ़ हो अथवा समाज में क्रमशः बढ़ते जा रहे धन और वैभव के थोथे प्रदर्शन के ख़िलाफ़, सिंघीजी को हर मोर्चे पर सक्रिय देखा जा सकता था। गद्यगीतों के सफल लेखक सिंघीजी ने स्वयं को केवल विरोध और समाज-सुधार की राजनीति तक ही सीमित नहीं रखा था। साहित्यिक गतिविधियों में, पत्रकारिता में, वाद-विवाद सभाओं में तथा हिंदी एवं बांग्ला नाट्य आयोजनों में भी उनका उत्साह देखते ही बनता था।

तो राजेन्द्र यादव अब मुझे आए दिन कॉफ़ी हाउस में दिखाई देने लग गया। अक्सर उसके साथ आगरा के ही श्री गिरीश अस्थाना भी बैठे मिल जाते

* 'नया समाज' के विश्व कथा अंक की अधिकांश कहानियों का अनुवाद अंग्रेज़ी से राजेन्द्र यादव ने ही किया था—सपारिश्रमिक।

थे। उन दिनों आगरा का तो चूहा भी मुझे बेहद अपना लगता था। आज भी लगता है। सो हम तीनों अक्सर ही साथ-साथ चिपके रहते। कुछ ही समय बाद कोमल कोठारी 'ज्ञानोदय' छोड़कर जोधपुर वापस चला गया तो मुझे बहुत अकेला-अकेला महसूस होने लगा। ऐसे वक़्त में राजेन्द्र और गिरीशजी के साथ बिताए जानेवाले दो-सवा दो घंटों ने मुझे बड़ी सांत्वना प्रदान की। हम लोग साथ बैठे-बैठे आगरा के अपने परिचितों का स्मृति-चर्वण करते रहते।

इन परिचितों में रांगेय राघव था, डॉ. रामविलास शर्मा थे, कम्युनिस्ट पार्टी थी, प्रगतिशील लेखक संघ था, पद्म सिंह शर्मा 'कमलेश' थे, रामगोपाल चौहान था और इन सबसे भी अधिक था घनश्याम अस्थाना। घनश्याम से राजेन्द्र की ख़ास दोस्ती थी। दोनों हमउम्र थे। दोनों ही आगरा कॉलेज के छात्र रह चुके थे। घनश्याम अच्छा कवि था और तब तक राजेन्द्र भी कवि होने का भ्रम पालता था। दोनों आनंदी जीव थे और दोनों ही उम्र के उस दौर से गुज़र रहे थे जब एक-न-एक लड़की से प्रेम करना अनिवार्य हो जाता है। घनश्याम अपने ही मुहल्ले की एक खत्री कन्या के साथ प्रेम-हिंडोले पर झूल रहा था। राजेन्द्र में इतनी हिम्मत नहीं थी कि अपने आसपास ही रहनेवाली किसी युवती से आँखें चार कर लेता। इसलिए उसका इश्क़ चल रहा था राजामंडी से बहुत दूर रावतपाड़ा-किनारीबाज़ार के नज़दीक रहनेवाली एक लड़की से। घनश्याम ने तो कुमारी निर्मला सेठी को श्रीमती घनश्याम अस्थाना बनाकर ही चैन लिया। सुना है, राजेन्द्रजी की उस युग की प्रेयसी अभी तक अपरिणीता ही है।

कॉफ़ी हाउस में हमारी टेबिल के तीसरे साथी श्री गिरीश अस्थाना भी आगरा में गोकुलपुरा के ही निवासी थे। स्कूली शिक्षा समाप्त करते ही दूसरा विश्वयुद्ध आरंभ हो गया था। उस ज़माने में अधिक-से-अधिक हिंदुस्तानी नौजवानों को फ़ौज में भर्ती होने के लिए उकसाने के उद्देश्य से अंग्रेज़ी सरकार ज़ोर-शोर से प्रचार करती थी, यह कह कर कि Join the Indian Army and See the World—भारतीय फ़ौज में भर्ती होकर दुनिया देखिए। दुनिया देखने की ललक ने ज़ोर मारा तो गिरीशजी भी फ़ौज में जा मिले।

हिटलर की फ़ौजों ने भूमध्यसागर पार कर उत्तरी अफ़्रीका के अधिकांश भाग पर अपना क़ब्ज़ा जमा लिया था। सहारा के असीम, अंथाह रेगिस्तान की एक-एक इंच के लिए घमासान मचा हुआ था। जर्मन जनरल रोमेल के टैंक समस्त प्रतिरोध को उधेड़ते हुए निरंतर आगे बढ़ते ही चले आ रहे थे। लड़ाई मिस्र की सरहदों तक आ पहुँची थी।

गिरीशजी की टुकड़ी को भी एक जहाज़ पर लादकर मिस्र पहुँचा दिया गया। युद्ध की समाप्ति तक वे वहीं सहारा के रेगिस्तान और नील नदी द्वारा सिंचित पिरामिडों के देश, मिस्र में ही रहे। इस काल के अपने अनुभवों को

आठ-साढ़े आठ सौ पृष्ठों वाले, एकमात्र, किंतु बहुचर्चित तथा बहुप्रशंसित उपन्यास 'धूपछाँही रंग' में उन्होंने बड़ी कुशलतापूर्वक समाहित किया है। इस उपन्यास के छपने पर इसकी दीर्घ काया को ध्यान में रख राजेन्द्र यादव ने गिरीशजी से मज़ाक़ किया कि उसके प्रकाशक ने विज्ञापित किया है कि उसके प्रत्येक ख़रीदार को एक लकड़ी की टिखटी मुफ़्त दी जाएगी ताकि वह उसे रामायण, महाभारत अथवा भागवत की तरह रखकर आराम से पन्ने पलट सके।

गिरीशजी कलकत्ता में एक्सपोर्ट प्रमोशन काउंसिल में जन-संपर्क अधिकारी थे। मेरे घर के पास हाजरा मोड़ के निकट ही रहते थे। उनकी श्रीमतीजी हम सबकी भाभीजी थीं। बेहद खुशमिज़ाज। हँसमुख। मुसकराएँ तो भरी दोपहर में चाँदनी छिटका दें। घर पहुँच जाओ तो गिरीशजी के तेवरों की परवाह किए बिना हर फ़र्दोबशर की जी भरकर ख़ातिरदारी करना उनकी फ़ितरत में शुमार था। आज तक है।

गिरीशजी के घर पर ही श्रीमती सविता बनर्जी तथा उनके पतिदेव से पहली बार भेंट हुई थी। सविताजी का जन्म मथुरा में हुआ था और विवाह कानपुर के एक प्रवासी बंगाली परिवार में; इस नाते वे भी उतनी ही अच्छी हिंदीभाषी हैं जितना गुजराती परिवार में जन्म लेने के बावजूद मैं। उनके बड़े भाई, श्री बासु चटर्जी हिंदी फ़िल्मों के विख्यात निर्देशक-निर्माता हैं। बांग्ला तथा हिंदी दोनों पर समान अधिकार होने के कारण, सविताजी ने दोनों भाषाओं में अत्यंत संवेदनशील कविता, कहानियाँ लिखी हैं। गिरीशजी द्वारा कराया गया परिचय इतने वर्षों में अब तो हमारी पारिवारिक घनिष्ठता में परिवर्तित हो चुका है।

एक और उल्लेखनीय व्यक्ति से भी गिरीशजी ने ही परिचित कराया था। श्री जवाहर चौधरी इतने निर्भीक, स्पष्ट वक्ता और प्रतिबद्ध व्यक्तित्व के धनी हैं कि मात्र दो-तीन बार ही मिल पाने के बावजूद आज चालीस वर्ष के व्यवधान के बाद भी उनकी तेजस्विता की छाप मेरे मन पर अक्षुण्ण बनी है। बाद में, अक्षर प्रकाशन आरंभ करने के बाद राजेन्द्र और मन्नूजी, दोनों से उनके ईमानदार और प्रामाणिक स्वभाव के विषय में जो कुछ सुना, उससे भी उनकी सिद्धांतप्रियता तथा उदात्त मूल्यों में गहन आस्था ही रेखांकित हुई थी।

उस ज़माने में कॉफ़ी हाउस में नित्य हाजिरी बजानेवाले हिंदी लेखकों में श्री छेदीलाल गुप्त भी थे। उनके साथ मेरा पहले-पहल 1949 में कलकत्ता आने पर प्रगतिशील लेखक संघ की मासिक बैठकों में परिचय हुआ था। उस वक़्त तक इन बैठकों में हिंदी और उर्दू के प्रगतिशील लेखक अपनी रचनाएँ साथ-साथ पढ़ते और उन पर खुले दिल-दिमाग़ से बहस करने की प्रलेस की स्वस्थ परंपरा का निर्वाह करते थे। बांग्ला लेखक अपनी बैठकें अलग ही किया करते थे। उनकी मथुरा तब भी तीन लोक से न्यारी ही रहती थी। वे अपनी डेढ़ चावल की

खिचड़ी अलग चूल्हे पर ही पकाना पसंद करते थे। आज भी उनकी इस मनोवृत्ति में मुझे तो, बावजूद सविता बनर्जी जैसे इक्का-दुक्का अपवादों के, विशेष प्ररिवर्तन हुआ नहीं लगता।

बहरहाल, मैं बात कर रहा था प्रलेस की बैठकों की। उनमें छाए रहते थे कम्युनिस्ट शायर, कॉमरेड परवेज़ शाहिदी। डील-डौल और मन-मिज़ाज से मज़ाज साहब और कैफ़ी आज़मी के दरम्यानी संस्करण। पर थे वे सिर से पाँव तक शायर और वह भी प्रतिबद्ध क्रांतिकारी शायर।

उधर श्री छेदीलाल गुप्त भी कम प्रतिबद्ध नहीं थे। आज भी मार्क्सवादी कम्युनिस्ट पार्टी के निष्ठावान सदस्य हैं। 1997 में मेरे कलकत्ता छोड़ते समय तक वे पश्चिम बंगाल जनवादी लेखक संघ के अध्यक्ष थे। एक मामूली चाय की दूकान में प्याले-तश्तरी धोनेवाला नितांत अनपढ़ व्यक्ति भी अपनी लगन, अदम्य आत्मविश्वास तथा अथक अध्यवसाय से, जीवन-संघर्ष में साहसपूर्वक जूझकर साहित्य के क्षेत्र में कैसे अपना स्थान बना सकता है, छेदीलाल गुप्त इसके मूर्तमान उदाहरण हैं। न जाने कब से वे कहानियाँ लिखते रहे हैं। याद आ रहा है कि पैंतीस-छत्तीस वर्ष पहले जब राजेन्द्र यादव ने दुष्यंत कुमार से उनका परिचय कॉफ़ी हाउस में कराया था तो वे आश्चर्यचकित हो बोले कि वे तो वर्षों पहले से उनकी कहानियों के पाठक रहे हैं। उनके ख़याल से तो छेदीलाल गुप्त काफ़ी बूढ़े लेखक होने चाहिए थे।

मुद्राराक्षस भी बाद में कलकत्ता में ही आ गया था। बड़ा तेज़, बेहद तर्रार। अपनी छोटी-सी काया से ऐसा तीखा स्वर निकालता था कि सभी उसकी ओर देखने पर मजबूर हो जाते। भवानीपुर के आगरा होटल में रहता था। तीर वह चला लेता, जूते गाँठना भी उसने बाक़ायदा सीखा था। कहानियाँ तब भी बड़ी ज़ोरदार लिखा करता था। किसी-न-किसी बहस के केंद्र में बने रहना तब भी उसका प्रिय शग़ल हुआ करता था। मुझ पर, न जाने क्यों, जी खोलकर स्नेह बरसाता रहता था। मुझे भी उसका साथ अत्यंत प्रिय लगता क्योंकि मुझसे भी नाटा और मुझसे भी ज़्यादा दुबला-पतला मुद्राराक्षस उन तमाम कामों में माहिर था जिन्हें करने का मैं स्वप्न में भी नहीं सोच सकता था।

उसका एकदम प्रतिलोम था रामबहादुर सिंह 'मुक्त'। छः फुट से भी अधिक ऊँचा। वृषभ स्कंध। सुदीर्घ बाहु। सुलंब पाद। खल्वाट। नाना पाटेकर सरीखे चेहरे पर फ्रेंचकट दाढ़ी और सतत खेलती मुसकान। बढ़िया कवि। अच्छा काव्यानुवादक। वर्ष में एक कविता संकलन का संपादन करता था जिसमें अकारादि क्रम से हिंदी के सभी ख्यात, अल्पख्यात और कुख्यात कवियों की रचनाएँ सम्मिलित रहती थीं। इस संकलन के 1957 तथा 1958 के संस्करणों की एक-एक प्रति आज भी मेरे पास सुरक्षित है। उन्हीं में से एक में एक अनूठी और अलभ्य कविता

है पं. हजारीप्रसाद द्विवेदी की जिसके नायक हैं श्री भवानी प्रसाद मिश्र। मुझे विश्वास है कि द्विवेदीजी की यह एकमात्र प्रकाशित काव्यकृति है जिसे उन्होंने किसी कवि के संबंध में लिखा है।

'मुक्त' का घनिष्ठ मित्र था सुरेन्द्र चतुर्वेदी। दोनों मिलकर उस वार्षिक काव्य संकलन का संपादन करते थे। दोनों साथ-साथ ही रहते थे। सुरेन्द्र अपनी मोटरसाइकिल पर कलकत्ता नापता फिरता। सुबह दफ़्तर जाते समय बहुधा मुझे घर से उठाने आ जाता। डलहौज़ी स्क्वायर जाने के रास्ते में रैड रोड पर कुछ देर रुककर हम दोनों एक-एक सिगरेट पीते। फिर वह मुझे मेरे दफ़्तर छोड़ने के बाद ही अपने प्रतिष्ठान में दाख़िल होता था। बड़ा अच्छा दोस्त था सुरेन्द्र चतुर्वेदी। अपनी हाज़िरजवाबी के लिए मशहूर सुरेन्द्र सभी का प्रिय था। न जाने किस चक्कर में इंगलैंड हो आया थाँ। वहाँ से लाया ओवरकोट अक्सर सर्दियों में डाटे रहता। सिगार पीना भी सीख आया था। कुछ समय बाद उसने लखनऊ की एक धनी पिता की पुत्री से विवाह कर लिया। फिर एक दिन सुना था कि स्कूटर का ऐक्सीडेंट होने से उसकी मृत्यु हो गई। भरी जवानी में चले गए इस प्यारे इनसान की कमी आज तक खलती रहती है।

कॉफ़ी हाउस में नित्य आनेवाला एक और व्यक्ति, जिसकी अब सिर्फ़ याद ही बची रह गई है, था ब्रजमोहन तोतला। विशुद्ध मारवाड़ी कुलावतंस ब्रजमोहन के आदर्श कथाकार थे श्री राजेन्द्र यादव जिनके सान्निध्य में प्रेरणा ग्रहण कर उसने भी कहानियाँ और कविताएँ लिखना आरंभ कर दिया था। शिक्षा-दीक्षा तो उसकी कामचलाऊ ही हो पाई थी, परंतु उसके लेखन में न जाने कैसे अद्भुत विलक्षणता दिखाई दे जाती थी। बहुधा मुझे ही उसकी कविता-कहानी का प्रथम श्रोता होने का सौभाग्य प्राप्त होता था, क्योंकि उसकी वणिक-बुद्धि पहले मेरी स्वीकृति प्राप्त कर लेने के बाद ही राजेन्द्रजी को सुनाना उचित समझती थी।

ब्रजमोहन की महत्त्वाकांक्षा, राजेन्द्र की निकटता प्राप्त कर लेने के पश्चात्, क्रमशः बढ़ने लग गई! अब उसका जी केवल कहानी-कविता लिख लेने से ही नहीं भर पाता था। "ठाकुर साब, राजेन्द्रजी ने उपन्यास भी तो लिखा है—प्रेत बोलते हैं—(जिसका उन्होंने बाद में 'सारा आकाश' शीर्षक दे दिया था)। कितनी चर्चा कर रहे हैं लोग उस उपन्यास की। मुझसे कह रहे थे कि इन दिनों एक और उपन्यास लिख रहे हैं। तो ठाकुर साब, देखूँ इस दिशा में मैं क्या कर सकता हूँ।" और कुछ ही दिनों बाद उसने मुझे सूचना दी थी कि उसने दो उपन्यास लिखकर टाइप भी करा लिये हैं।

इस बीच उसने मेरी एक कमज़ोर रग का पता लगा लिया था। मैं घर आए

किसी व्यक्ति को ना नहीं कह पाता। तो एक दिन इतवार को सुबह-सबेरे ही झोले में दोनों उपन्यासों की पांडुलिपियाँ उठाए वह मेरे घर आ-पहुँचा। उस दिन एक बैठक में दो-दो उपन्यास सुनने की अकल्पनीय बोरियत से मेरे एक निकट के रिश्तेदार ने कुछ ही देर बाद सपरिवार नमूदार होकर मेरी रक्षा कर ली थी। उस क्षण मुझे विश्वास हो गया था कि इस घोर कलिकाल में भी कभी-कभी चमत्कार घट ही जाते हैं।

अब ब्रजमोहन की तकलीफ़ यह थी कि उसे उसी दिन शाम की ट्रेन से बिहार में कहीं जाना था। "वहाँ भी तो साहित्यकार रहते होंगे ठाकुर साब," बड़ी निरीहता से उसने प्रश्न किया था। "ज़रूर रहते होंगे। पर उनसे मेरा कोई व्यक्तिगत परिचय नहीं है। हाँ, राजेन्द्र को पता होगा," कहकर मैंने अपनी बला राजेन्द्र के सिर मढ़ देने की कुचेष्टा की थी।

इसके बाद 'दृढ़व्रती, निर्माण उन्मद' ब्रजमोहन टैक्सी पकड़कर सीधा जा पहुँचा सी. आई. टी. रोड पर रहते राजेन्द्र के घर। वहाँ वह अपने मिशन में कामयाब हुआ या नहीं, मैं नहीं जानता। परंतु कुछ दिन बाद बिहार से लौटने पर ब्रजमोहन प्रसन्नता के उत्तुंग शिखर पर स्थित था। "ठाकुर साऽऽब, मैंने अपने दोनों उपन्यास वहाँ मेरे सम्मान में आयोजित गोष्ठी में पढ़ सुनाए !"

आलोक शर्मा ब्रजमोहन तोतला की तरह ही राजेन्द्र यादव से परिचय प्राप्त करने को उतावला हो रहा था। उस वक़्त तक वह अपने वास्तविक नाम अरुण शर्मा से एक निहायत बचकाना जासूसी उपन्यास लिखकर स्वयं को साहित्यकार मानने लगा था। नवल की कविताओं की बढ़ती लोकप्रियता ने उसे भी कविताएँ लिखने की प्रेरणा दी थी। नवल, अर्थात् जयप्रकाश खत्री। अमृतसर का पंजाबी। बड़ी सुंदर कविताएँ अपने विशिष्ट अंदाज़ में सुनाकर कांफ़ी कम उम्र में ही ख्याति बटोरने लग गया था नवल। अच्छी कविताओं की मेरी कमज़ोरी ने नवल को दिल से ही मेरा प्रिय पात्र बना दिया था, बावजूद इसके कि तब वह डॉ. कृष्ण बिहारी तथा एक-दो अन्य परंपरा-प्रेमियों के साथ एक घटिया-सा मासिक पत्र निकाल रहा था।

एक़ दिन आलोक शर्मा नवल के साथ मेरे दफ़्तर आ-धमका।

दफ़्तर ख़त्म होने में आधे घंटे की देर थी। आलोक मेरे दफ़्तर के सहकर्मी श्री रवि याज्ञिक को पहले से जानता था। वह उनके पास जा बैठा। फिर दफ़्तर का समय समाप्त होने पर हम तीनों पहले तो कॉफ़ी हाउस गए, पर कुछ ही देर बाद वहाँ से निकलकर जा बैठे विक्टोरिया मेमोरियल के सामने मैदान पर। आलोक ने अपनी एक कहानी मुझे सुनाई। कहानी ठीक-ठाक ही थी। परंतु सौजन्यवश मुझे उसे अच्छी क़रार देना पड़ा। अब आलोक मेरे पीछे पड़ गया कि मैं उस कहानी के शीर्षक के निकट, मार्जिन में 'सुंदर कहानी' लिखकर

अपने हस्ताक्षर कर दूँ, ताकि वह उसे राजेन्द्र को दिखा सके।

इसके पहले मैंने न कभी किसी की सिफ़ारिश की थी, और न कभी अपने लिए माँगी थी। यदि आलोक ने मेरी लिखित सम्मति माँगने का कारण पहले ही बता दिया होता, तो संभवतः मैंने स्पष्ट इनकार कर दिया होता। पर अब तो कुछ किया नहीं जा सकता था। बहरहाल, उस शाम मैंने एक सबक़ सीख लिया कि हस्ताक्षर बहुत सोच-समझकर ही देने चाहिए। साथ ही, उस दिन आलोक की वाक् विचक्षणता तथा हर संभव उपाय से अपना काम निकाल लेने की व्यापारी मनोवृत्ति का भी अच्छा परिचय मिल गया मुझे।

राजेन्द्र ने आलोक के साथ क्या सलूक किया, मुझे नहीं मालूम। शायद उनकी मुलाक़ात आलोक के लिए कुछ अधिक उत्साहप्रद नहीं रही होगी। क्योंकि शीघ्र ही आलोक ने कहानियाँ लिखना बंद कर, कविताओं पर मश्क करना जारी रखा था। बाद में, अपने तीसवें जन्मदिवस के उपलक्ष्य में उसने अपनी तीस कविताओं का एक संकलन तैयार कर, उसे बड़े खूबसूरत काग़ज़ पर अत्यंत सुरुचिपूर्ण ढंग से खुद टाइप कर उसकी तीस प्रतियाँ तैयार कीं। फिर अपने घर पर ख़ासी बड़ी गोष्ठी का आयोजन कर उस संग्रह का विमोचन भी करवाया—कदाचित् रमेश बख़्शी के हाथों जो उस समय 'ज्ञानोदय' का संपादक नियुक्त होकर कलकत्ता आया ही था।

उन दिनों राजेन्द्र की शरद देवड़ा के साथ भी अच्छी घनिष्ठता थी। उस समय तक वह कलकत्ता विश्वविद्यालय में एम. ए. का छात्र था। साहित्य और साहित्य की राजनीति, दोनों में उसकी गहरी रुचि थी। राजेन्द्र अपने को कलकत्ता में टिकाए रखने के लिए कहानियों और उपन्यासों-नाटकों का काफ़ी अनुवाद किया करता था। शरद देवड़ा ने भी जब अनुवाद कार्य में रुचि दिखाई, तो राजेन्द्र ने उसे स्टीफ़ेन ज़्विग की 'एक अनजान औरत के ख़त' का अनुवाद करने को दे दिया। परंतु उसका अनुवाद राजेन्द्र को पसंद नहीं आया। तब राजेन्द्र की शिकायत करने वह मेरे पास भी आ पहुँचा था। मुझे उनके इस वाद-विवाद में कोई रस न लेते देखकर उसे निराशा भी हुई। परंतु उसका कोई प्रभाव उसने मेरे साथ अपने संबंधों पर कभी नहीं पड़ने दिया था।

आरंभ में राजेन्द्र डायमंड हार्बर रोड पर कृष्णाचार्य के साथ एक फ़्लैट में रहता था। कृष्णाचार्य नेशनल लाइब्रेरी में हिंदी विभाग के अध्यक्ष थे। मथुरा के 'गताश्रम आश्रम' के मठाधीशों के परिवार में जन्मे कृष्णाचार्य ने बनारस हिंदू विश्वविद्यालय से प्राचीन भारतीय इतिहास तथा स्थापत्य में एम. ए. पास किया था। अद्भुत गति थी उनकी भारत के भूले-बिसरे युगों के इतिहास में। साथ ही, स्वाध्याय के बल पर प्राच्य तथा पाश्चात्य दार्शनिक प्रणालियों का भी गहन ज्ञान अर्जित कर लिया था उन्होंने। जर्मन महाकवि गेटे पर तो वे दिलो-जान से फ़िदा

थे। यारबाश ऐसे कि राजेन्द्र की दुष्टताओं तथा शैतानियों को हँसकर ही दरगुज़र कर दिया करते थे। खान-पान और आचार-विचार से विशुद्ध पुरातनपंथी कृष्णाचार्यजी तो प्याज़ से भी गुरेज़ करते थे। और राजेन्द्र उनके चौके में अंडे उबालता था। यहाँ तक कि एक दिन उसने कृष्णाचार्यजी की चुटिया तक कतर फेंकी थी। राजेन्द्र के सौ खून माफ़ किए बिना कृष्णाचार्यजी हरगिज़ उसे बर्दाश्त नहीं करते।

राजेन्द्र के साथ परिचित होने पर मुझे कृष्णाचार्यजी की मित्रता घाले में मिल गई जिसे उन्होंने अपने अंतिम श्वास तक न केवल निभाया, उसे दिन-ब-दिन गाढ़ा और गाढ़ा करते रहे। वे पहले एक मासिक साहित्यिक गोष्ठी भी नेशनल लाइब्रेरी के सामने विस्तृत लॉन पर आयोजित करते थे। यदि भूल नहीं करता, तो उसका नामकरण किया था 'मधुचक्र'। उसमें सिंघीजी, सेंगरजी आदि अनेक प्रतिष्ठित व्यक्ति, 'मधु' की व्यवस्था न होने पर भी, अत्यंत रसपूर्वक भाग लिया करते थे। मुझसे परिचय होने के पहले ही इस गोष्ठी की बैठकें बंद हो चुकी थीं। परंतु कृष्णाचार्यजी के रूप में मुझे जो जानदार और शानदार मित्र मिल गया, इसके लिए मैं राजेन्द्र यादव का चिरकृतज्ञ रहूँगा।

इस बीच मैंने सिंधिया स्टीम नेविगेशन कंपनी के अपने कुछ साथी किरानियों के सहयोग से एक अंग्रेज़ी त्रैमासिक 'सिंधिया एंडेवर' का प्रकाशन आरंभ कर दिया था। इसी सिलसिले में पत्रिका के मुख्य संपादक, श्री सुभाचंद्र बसु, तथा मुझे कंपनी द्वारा भारतीय तटवर्ती समस्त बंदरगाहों की स्थिति का जायज़ा लेकर पत्रिका में लेख प्रकाशित करने के लिए हमारी कंपनी के किसी भी जहाज़ पर यात्रा कर आने का सुअवसर प्रदान कर दिया गया था।

हमने पहले अंदमान द्वीप-समूह और फिर वहाँ से श्रीलंका तट की प्रदक्षिणा कर कोलंबो होते हुए बंबई पहुँचने की योजना बना ली। 25 जनवरी, 1955 को प्रातःकाल 10 बजे हमारा 'जलकृष्णा' नामक भारवाही जहाज़ खिदिरपुर डॉक से प्रस्थान करनेवाला था। अतः हमें अपने सामान सहित आठ बजे तक जहाज़ में चढ़ जाने का आदेश दिया गया था, ताकि कस्टम की जाँच यथासमय पूरी हो जाए। जीवन में पहली बार समुद्र-यात्रा की उत्तेजना ने न केवल मुझे बल्कि जहाज़ पर विदा देने जा रही मेरी पत्नी कमला, तथा मेरे पाँच वर्षीय पुत्र, दीप को भी सिर से पाँव तक अपने क़ब्ज़े में कर रखा था।

सुबह सात बजते-न-बजते, टैक्सी में सामान लदवाकर हम ढाई सवारी चलने ही वाले थे कि देखा, राजेन्द्र चले आ रहे हैं। उस समय तक राजेन्द्र से घनिष्ठता इतनी गाढ़ी नहीं हुई थी कि मैं उनके आगमन की प्रतीक्षा करता। परंतु जब

उन्हें आते देखा तो वाक़ई बहुत अच्छा लगा। राजेन्द्र मेरे साथ ही खिदिरपुर डॉक तक गए और जहाज़ चलने तक वहीं रहे। हमारी मित्रता के सोपान की पहली सीढ़ी की यात्रा उसी दिन आरंभ हुई थी।

समुद्री यात्रा से वापस लौट आने के पश्चात् हमारी यह यात्रा बड़ी तेज़ी से उस सोपान की ऊँचाइयाँ नापने लग गई। लगभग नित्य ही हम दोनों कॉफ़ी हाउस में मिलने लगे। वहीं गिरीशजी भी आ जाते। मुद्राराक्षस, शरद देवड़ा और कभी-कभी श्री विष्णुकांत शास्त्री। शास्त्रीजी, शरद देवड़ा और मुझमें एक बात समान थी—हम तीनों ही बहुधा हँसते नहीं थे, अट्टहास करने लगते थे जिससे वहाँ उपस्थित लोगों की गर्दनें हमारी टेबिल की ओर मुड़ जाया करतीं। उस समय कैसा अजीब-अजीब-सा महसूस होता था। पर आदत तो आदत होती है। छूटती नहीं है क़ाफ़िर मुँह से लगी हुई।

धीरे-धीरे राजेन्द्र की बैठक कॉफ़ी हाउस के उस भाग में अधिक जमने लगी जिसे 'हाउस ऑफ़ लॉर्ड्स' कहा जाता था। वह 'हाउस ऑफ़ कॉमन्स' के विशाल हॉल के मुक़ाबले में बगल वाली गली में ही अपेक्षाकृत छोटा भाग था। वहाँ सेंगरजी का दरबार लगा करता था। उन्हें घेरकर बैठा करते थे श्री पूनमचंद बैद, दीपक रॉय और कृष्णाचार्य तथा राजेन्द्र यादव की जोड़ी। कभी-कभी श्री सन्हैयालाल ओझा भी आ जुड़ते थे।

उस ज़माने में मेरी जेब की हालत कुछ ज़्यादा ही पतली हुआ करती थी। मोटी-ताज़ी तो ख़ैर वह कभी नहीं रही। पर उन दिनों मैं सिंधिया कंपनी की तनख़्वाह से काम नहीं चला पाता था। लिहाज़ा अपने घाटे के बजट की आपूर्ति करने के विचार से अपने दफ़्तर के दो गुजराती सहकर्मियों के साथ मिलकर नौंवीं तथा दसवीं कक्षा के गुजराती छात्र-छात्राओं की विभिन्न विषयों की कक्षाएँ 'गुजरात ट्यूटोरियल इंस्टीट्यूट' के नाम से चलाता था। वहाँ मुझे हिंदी, अंग्रेज़ी तथा इतिहास पढ़ाने से लगभग पचास रुपयों की अतिरिक्त आमदनी हो जाती।

इसलिए नाम सुनकर ही 'हाउस ऑफ़ लॉर्ड्स' में घुसने में मुझे एक स्वाभाविक झिझक होती थी। राजेन्द्र ने मेरी वह झिझक तो मिटा दी, किंतु फिर एक दूसरी क़िस्म के एहसास ने मुझे धर दबोचा था। सेंगरजी किसी को कॉफ़ी हाउस का बिल कभी चुकाने नहीं देते थे और बिना पैसे दिए, दो-तीन घंटे बैठकर कॉफ़ी के दो-तीन कप और बीच-बीच में चीज़-पकौड़ों की प्लेट उदरस्थ करने में मेरे निम्न मध्यमवर्गीय आत्मसम्मान को चोट पहुँचती थी। जवानी में क़दम धरते-न-धरते कम्युनिस्ट बन जाने ने मेरे आत्मसम्मान की भावना को काफ़ी धारदार बना दिया था, जिसे मेरी तंगदस्ती और भी सान पर चढ़ाती रहती थी।

लेकिन सेंगरजी के सहज व्यवहार ने बहुत जल्दी ही मेरी इस भावना की जड़ में मट्ठा डाल दिया। सेंगरजी अपनी क़िस्म के इकलौते ही थे। स्वतंत्रचेता

सेंगरजी कम्युनिस्ट तो नहीं ही थे, कट्टर कम्युनिस्ट विरोधी थे। वे पहले ऐसे कम्युनिस्ट विरोधी व्यक्ति थे जिनके लिए मेरे मन में न तो कभी जुगुप्सा जगी और न कभी व्यंग्य-विद्रूप। अपने विचारों को बिना लाग-लपेट के आपके मुँह पर ही ईमानदारी से कह देनेवाले शख़्स के प्रति तो केवल आदर ही अनुभव किया जा सकता है। चाहे साहित्यकारों के बीच बैठे हों या करोड़पति सेठियों के, सेंगरजी की वाणी कभी किसी का लिहाज नहीं कर पाती थी। उस पर तुर्रा यह कि वे कदापि उन बड़बोलों में नहीं थे जो केवल अपनी-ही-अपनी बघारते रहते हैं, दूसरों की बात सुनने-समझने का जिनमें धैर्य ही नहीं होता। जब तक उनको संबोधित न किया जाता, वे बहुधा मौन श्रोता बने मंद-मंद मुसकाते रहते।

सेंगरजी आजीवन अविवाहित रहे। अपने परिवार के विषय में वे अधिक कुछ नहीं कहते थे। केवल एक भतीजे की चर्चा वे जब-तब अवश्य कर लेते थे। पर आख़िर वे भी सामाजिक प्राणी तो थे ही। तो उन्होंने पूनमजी, कृष्णाचार्य, राजेन्द्र, दीपक रॉय आदि का अपना एक छोटा-सा परिवार गठित कर लिया था। बाद में मुझे भी उस अंतरंग परिवार का सदस्य होने का गौरव मिल गया। इस परिवार के 'कर्त्ता' होने का संतोष वे मन-ही-मन अनुभव करते रहते थे। सिंघीजी आदि उनके समवयसी थे, समकक्ष थे। अतएव, अत्यंत घनिष्ठ होने के बावजूद वे उनके सम्मुख 'कर्त्ता' कदापि नहीं बन सकते थे। कदाचित् यही राज़ था कि अपने रहते किसी और को अपनी जेब में हाथ न डालने देते थे।

कलकत्ता में सेंगरजी एक कोठरी-नुमा कमरे में अकेले ही रहते थे। 'नया समाज', और बाद में आकाशवाणी के दफ़्तर से निकलने के बाद उनकी अधिकांश शामें पहले कॉफ़ी हाउस में और उसके बंद होने का समय हो जाने के बाद 'अनारकली' अथवा 'लाहौर' रेस्तराओं में व्यतीत होती थीं। 'अनारकली' चौरंगी में मेट्रो सिनेमा की बगल वाली गली में था और 'लाहौर' था सुरेन्द्रनाथ बनर्जी रोड के चौराहे के पास। दोनों के मालिक लंबी-लंबी, सफ़ेद दाढ़ियों वाले सरदारजी हुआ करते थे जिन्हें राजेन्द्र सेंगरजी के ससुर कहा करता था। वे दोनों सरदारजी सेंगरजी की ख़ातिरदारी भी बिलकुल दामाद की तरह ही करते थे।

कॉफ़ी हाउस से उठकर सेंगरजी हम लोगों से भी अपने साथ ही भोजन करने की ज़िद करते। उनकी ज़िद के सामने बहुधा कृष्णाचार्य और राजेन्द्र को घुटने टेक देने पड़ते। साथ निभाने की ग़रज़ से मैं खुद को नमकीन या मीठी लस्सी तक ही सीमित रखता था। अन्यथा, घर लौटने पर कमला को सफ़ाई जो देनी पड़ जाती! 'लाहौर' रेस्तराँ वाले सरदारजी भी अजब मस्त प्राणी थे। उन्होंने जान लिया था कि कृष्णाचार्य को पालक की सब्ज़ी बहुत पसंद थी। तो वे उन्हें 'पालक बाबू' कहने लग गए। बैसाखी के कारण राजेन्द्र 'बैसाखी बाबू' बन गया और मुझे उन्होंने क़रार दे दिया था 'लस्सी बाबू।' सेंगरजी के हिस्से

कभी कोई संज्ञा नहीं आई थी।

शायद 1955 के अंत या संभव है 1956 के आरंभ होने तक राजेन्द्र यादव ने कृष्णाचार्य का साथ छोड़कर अपने रहने की व्यवस्था गड़ियाहाट के चौराहे से सटे 'यशोदा भवन' में कर ली। यहीं रहते समय उसकी छोटी बहिन, सुमन, छुट्टियाँ बिताने कलकत्ता आई। सुमन अक्सर दिन में मेरे घर, ग्रीक चर्च रो, में आ जाती। मेरी पत्नी, कमला तथा मेरे मित्र एवं प्रतिवेशी, श्री सूर्यशंकर नागर की गौना कर नई-नई आई वधू, अकला के साथ सुमन की खूब गहरी छनती थी। राजेन्द्र की देखा-देखी वह भी अकला को 'गोल वाली भाभी' कहने लगी। उस ज़माने में अकला थी भी काफ़ी गोल-मटोल।

सुमन से ही पता चला था कि राजेन्द्र एक भरे-पूरे परिवार का सबसे बड़ा बेटा था। उसके तीन भाई और थे—सत्येन्द्र, भूपेन्द्र और हेमेन्द्र। और छः बहिनें थीं—कुसुम, माधवी, अरुणा, सुमन, बड़ी बेबी और छोटी बेबी। इनके अतिरिक्त थीं इन सबकी माताजी जिन्हें सब 'बाई' कहा करते थे। बाई की समझदारी, व्यवहारकुशलता और शिक्षा-दीक्षा के संबंध में भी सुमन प्रायः मुखर हो उठती थी। डॉक्टर पिता की मृत्यु हो जाने के बाद बाई ही परिवार की केंद्रबिंदु बन गई थीं।

'यशोदा भवन' में कमरा लेने से पहले, या उसी के आसपास राजेन्द्र 'ज्ञानोदय' में काम करने लग गया था। उसका बहुचर्चित उपन्यास 'उखड़े हुए लोग' का फ़ाइनल रूप तैयार हुआ था। ढेरों कहानियाँ भी लिखता रहता था। उसकी एक ख़ास आदत मैंने तभी लक्ष्य कर ली थी। जब तक वह अपने लेखन का अंतिम प्रारूप मुकम्मिल नहीं कर लेता था, किसी को उसकी कानों-कान भनक नहीं लगने देता। इस मामले में मैंने उसे रांगेय राघव से बिलकुल अलग पाया। रांगेय राघव जब तक अपना रोज़ का लिखा रोज़ ही अपने मित्रों को सुना नहीं लेता, उसे चैन नहीं मिलता था।

सन् 1956-57 की बात याद आ गई। उस समय राजेन्द्र 'कुलटा' लिख रहा था। तभी मुझे अपने राजस्थान के पैतृक नगर, बूँदी जाना पड़ा। कमला और मेरा पुत्र, दीप भी मेरे साथ ही जा रहे थे। 'कुलटा' का प्रकाशन 'मसिजीवी' प्रकाशन के श्री कमलेश्वर को करने का निश्चय रहा होगा। कमलेश्वरजी उन दिनों इलाहाबाद में रहते थे। किसी कारणवश राजेन्द्र को पांडुलिपि भेजने में कुछ विलंब हो गया। अतएव उसके लिए कमलेश्वरजी को मेरे माध्यम से सफ़ाई देना आवश्यक हो गया। तब बाध्य होकर उसे मुझे बताना पड़ा कि वह एक उपन्यास लिख रहा है। अन्यथा वह मुझे 'कुलटा' की हवा तक नहीं लगने देता।

बहरहाल, मुझे यह देखकर बेहद खुशी हुई कि इलाहाबाद स्टेशन पर जैसे ही तूफ़ान मेल रुकी, कमलेश्वरजी मेरे डिब्बे के पास ही चार ख़रबूजे थामे खड़े थे। मैं इसे राजेन्द्र के गहरे पैठे उत्कृष्ट कथाकार की कला का ही प्रमाण मानता हूँ कि मुझे कमलेश्वरजी को और उन्हें मुझे परस्पर पहचान लेने में एक क्षण भी नहीं लगा। राजेन्द्र ने हम दोनों को एक-दूसरे की हुलिया का उतना ही विशद और पच्चीकारी भरा वर्णन दे रखा था, जितना वह अपने पात्रों और वातावरण का दिया करता है।

कमलेश्वरजी के साथ उनकी मित्र देशी भी थीं। उनसे मेरे परिचय का वह पहला और आख़िरी मौक़ा था। कमलेश्वरजी के निकट आने के तो भविष्य में मुझे अनेक अवसर मिले। उनका ज़िक्र मैंने अपनी पुस्तक 'अंतरंग' में काफ़ी कर भी दिया है। उस दिन इलाहाबाद जंक्शन पर तूफ़ान मेल मुश्किल से दस-पंद्रह मिनट रुकी होगी। पर उतनी-सी देर में ही कमलेश्वरजी की विनोदप्रियता का जादू मेरे सिर पर चढ़ चुका था। उस प्रथम परिचय में ही मुझे उनके स्वभाव का ख़ासा अंदाज़ हो गया। आगरावाला होने के नाते, तब तक मेरी निगाह में मज़ाक़पसंदी अच्छे आदमी की पहली निशानी हुआ करती थी। ख़ैर।

'कुलटा' के संबंध में एक दिलचस्प याद अभी तक दिमाग़ में चस्पाँ रह गई है। उसमें उपन्यास की नायिका, मिसेज़ तेजपाल के पति, मेजर तेजपाल ने घर के दरवाज़े पर अपने फ़ौजी होने के तथ्य को रेखांकित करते हुए, कारतूसों का एक ख़ासा बड़ा फूल बना रखा था। 'कुलटा' पढ़ने के बाद डॉ. नामवर सिंह ने राजेन्द्र को लिखे पत्र में इस कारतूस के फूल को पाठकों को चौंकानेवाली हरकत मानकर उसकी निंदा की थी।

उस समय तक नामवरजी को हिंदी का अद्वितीय आलोचक माननेवालों की संख्या बहुत अधिक नहीं थी। श्री शिवदानसिंह चौहान, डॉ. रामविलास शर्मा और डॉ. नगेन्द्र की तूती ही बोला करती थी। नामवरजी तब उभर रहे थे। यह भरा पूर्वाग्रह हो सकता है कि मुझे वह कारतूसों का बना फूल किसी सुंदर कविता के सुंदर और सटीक बिंब सरीखा लगा था। नामवरजी की राय से असहमत होने का मेरे लिए वह पहला मौक़ा था।

राजेन्द्र चाहता था कि मैं 'कुलटा' का अंग्रेज़ी में अनुवाद कर डालूँ। उस ज़माने में हिंदी कविताओं को अंग्रेज़ी में करने का मुझ पर जुनून-सा सवार था। किंतु न जाने क्यों, मुझमें किसी गद्य रचना को अंग्रेज़ी में अनूदित करने का उत्साह जागता ही नहीं था। मैं राजेन्द्र के उस अनुरोध की रक्षा नहीं कर सका था। यह अच्छा ही हुआ। क्योंकि बाद में, मुझसे कहीं अधिक सक्षम और कहीं अधिक सशक्त अनुवादक, श्री जयरतन ने उसे The Flirt शीर्षक से अनूदित कर, राजेन्द्र और स्वयं अपने लिए अच्छी ख्याति अर्जित की थी।

हाँ, राजेन्द्र के जिस दूसरे अनुरोध को संपूर्ण हृदय से स्वीकार कर मैंने असीम संतोष और आकंठ तृप्ति का अनुभव किया था, वह था 'उखड़े हुए लोग' की प्रूफ़-रीडिंग। राजेन्द्र ने उसकी छपाई का भार सौंपा था मेरे 'सिंधिया एंडेवर' के मुद्रक प्रशांत रक्षित को। रक्षित, कोमल कोठारी के समय से ही 'ज्ञानोदय' में प्रिंटिंग जॉब वर्क करता था। कोमल ने ही उसे मुझसे परिचित कराया था। कोमल के जोधपुर चले जाने के बाद जब राजेन्द्र 'ज्ञानोदय' से संबद्ध हुआ, तो उसकी भी रक्षित के साथ घनिष्ठता बढ़ गई। रक्षित था भी यारों का यार।

मेरे इस संतोष का एक प्रमुख कारण यह भी था कि राजेन्द्र ने अपने 'सारा आकाश' की ही भाँति इस उपन्यास की पृष्ठभूमि भी आगरा की ही रखी थी। इससे पहले, सन् 1940 में, जब रांगेय राघव अपना पहला उपन्यास 'घरौंदे' लिख रहा था, उस समय भी मुझे उसे सुनते हुए वही सुख मिला था जो 'उखड़े हुए लोग' के प्रूफ़ अब दे रहे थे। वे ही जानी-पहचानी सड़कें और गलियाँ, वे ही अपरिचित-से लगते उपन्यास के पात्र और उनकी परिस्थितियाँ। ज्यों-ज्यों मैं प्रूफ़ पढ़ रहा था, राजेन्द्र मुझे वापस अपने आगरा के विद्यार्थी-जीवन में ढकेले दे रहा था। बहुत ही अच्छा लग रहा था अपने बीत चुके को फिर से आँखों के सामने चलचित्र की भाँति मूर्तमान होते देखना।

'उखड़े हुए लोग' के देशबंधुजी को मैं आज तक नहीं भुला पाया हूँ। सन् 1942 में आगरा सेंट्रल जेल में ज़िले और प्रांत के लगभग पौने दो सौ शीर्षस्थ कांग्रेसी नेताओं के साथ दो महीने बिता लेने के बाद मैं उनकी रग-रग से वाक़िफ़ हो चुका था। सिद्धांतप्रियता और सिद्धांतहीनता, उदारता और संकीर्णता, उदात्तता और घटियापन आदि समस्त मानव मूल्यों का ऐसा भव्य सहअस्तित्व उस समय तक मुझे और कहीं देख पाने का अलभ्य अवसर नहीं मिला था। 'उखड़े हुए लोग' के देशबंधुजी में उन सभी पौने दो सौ चरित्रों को राजेन्द्र ने मूर्तमान कर डाला था।

केवल देशबंधुजी के कारण ही नहीं, मैं इस उपन्यास को राजेन्द्र की सर्वश्रेष्ठ कृति इसलिए भी मानता रहा हूँ कि वह, प्रेमचंदजी की ही परंपरा में, तत्कालीन समाज का शत-प्रतिशत एवं अत्यंत कलात्मक चित्र प्रस्तुत करता है। हाल में ही स्वाधीन हुए हमारे देश के प्रत्येक नौजवान के नेत्रों में उस समय तक सातों रंग वाले मीठे-मधुर सपने तैरा करते थे। उन्हें साकार करने के लिए वह कुछ भी करने को तैयार था, कोई भी कुर्बानी देने की उसकी मानसिक तत्परता हर समय रहती थी। बावजूद पंडित जवाहरलाल नेहरू के, सचाई यह थी कि हमारे देश के शासन तंत्र पर नितांत अवसरवादी, मुँह में राम बग़ल में छुरी रखनेवाले घाघ पूँजीपतियों और सामन्ती ज़मींदारों का ही क़ब्ज़ा बरक़रार था। शहीदों की चिताओं पर हर बरस मेले लगाने का वायदा करनेवालों को अब तक धुँधियाती

उन चिताओं पर अपनी बीड़ी सुलगाने की ज़रूरत ज़्यादा महसूस होने लग गई थी।

'उखड़े हुए लोग' का शरद उन्हीं तमाम नौजवानों में से एक है जिनके वे समस्त रंगीन सपने छद्म, पाखंड और दुराचार की ओर तेज़ी से दौड़ लगा रहे हमारे देशबंधुओं की वास्तविकता से परिचित होने की प्रक्रिया में क्रमशः ध्वस्त होते चलते हैं। उनके हाथ लगती है केवल निराशा, हताशा और कुंठा और उनके दिल-दिमाग़ पर जमती ही चली जाती है मोहभंग की परत-दर-परतें। पिछले चालीस-पैंतालीस वर्षों से हमारे देश का बच्चा-बच्चा स्वानुभव से इसी दारुण क्लेशकर स्थिति से भली-भाँति परिचित ही तो होता चला आ रहा है।

राजेन्द्र के इस उपन्यास में आज फूल-फल रही विषम परिस्थितियों के बीज स्पष्ट देखे जा सकते हैं। मेरे निकट यही इसकी सबसे बड़ी सफलता है। शरद, जया, देशबंधुजी और उनकी प्रियतमा मायादेवी तथा क्रांति का 'बिगुल' बजाने की कामना पोसता 'एंग्री यंग' पत्रकार सूरज—इन मुट्ठी-भर पात्रों को लेकर चलनेवाला 'उखड़े हुए लोग' इन पाँच पात्रों के माध्यम से हमारे समाज का उस समय सच लगनेवाला दर्पण हमें दिखलाता प्रतीत होता है।

इस उपन्यास के प्रूफ़ पढ़ने के दौरान मेरी एक विशिष्ट उपलब्धि यह भी रही कि तब तक मेरी आँखों पर चढ़ रहे माइनस सात वाले चश्मे का पॉवर बढ़ते-बढ़ते माइनस बारह तक पहुँच गया। उस ज़माने में किताबें हाथ से कंपोज़ हुआ करती थीं। कलकत्ता के अधिकांश प्रेसों के मालिक बंगाली होते थे। वे अपने यहाँ अलग से प्रूफ़ रीडर कम ही रखते थे। उनकी निगाह में हिंदी का मैटर कंपोज़ करनेवाले कर्मचारी के लिए हिंदी की अच्छी जानकारी क़तई ग़ैर-ज़रूरी थी। पुस्तक ठीक-ठाक छप जाए, इसका उत्तरदायित्व उनके प्रेस का नहीं, लेखक अथवा उसके द्वारा नियुक्त किए गए प्रूफ़ रीडर मित्र का हुआ करता था।

वह तो कहिए, प्रशांत रक्षित मेरा अच्छा दोस्त था और साथ-साथ 'सिंधिया एंडेवर' का मुद्रक भी। लिहाज़ा मेरे जैसे स्वघोषित नौसिखिए प्रूफ़ रीडर द्वारा बार-बार छोटी-बड़ी ग़लतियाँ खोज निकालने पर वह बिना खीजे, बिना झुँझलाए फिर से पूरी गैली का मैटर कंपोज करने दे दिया करता। वैसे भी, यह प्रूफ़ पढ़ने का काम है भी तो घर बुहारने सरीखा ही। जितनी बार बुहारेंगे, थोड़ी-बहुत धूल तो समेट ही लेंगे। अतएव प्रत्येक फ़र्मे को पाँच-छः बार झाड़ने-पोंछने का यह अंजाम तो होना ही था कि भविष्य में मैं गर्व से कह सकूँ कि मैं ही नहीं, मेरा चश्मा भी बड़ा पॉवरफुल है।

'उखड़े हुए लोग' का प्रकाशन राजकमल से हुआ था, मगर शायद राजेन्द्र का आग्रह था कि उपन्यास उसकी देख-रेख में ही छपेगा। उसी व्यवस्था के अंतर्गत

उपन्यास कलकत्ता में छपना था और बिल राजकमल को दिया जाना था।

पुस्तक प्रकाशित होकर आते ही एक बड़ा रोचक प्रसंग बताए बिना नहीं रहा जा रहा है। कॉफ़ी हाउस के हमारे मित्र साहित्यकारों में से अधिकतर लोगों को तो राजेन्द्र ने अपनी आदत के मुताबिक़ अदाज़ ही नहीं होने दिया था कि उसका नया उपन्यास कहाँ और कैसे छप रहा है। प्रकाशन के दो-तीन दिन बाद एक शाम 'सनीचर' के सुप्रसिद्ध (?) संपादक ललितजी मुझे कॉफ़ी हाउस से बाहर ले जाकर अत्यंत रहस्यमय ढंग से मेरे कानों में लगभग फुसफुसाते हुए कहने लगे, "ठाकुर साब, आपको पता है, यादव ने अपने नए उपन्यास में आपकी और कृष्णाचार्यजी की बड़ी बुराई की है? आपको उसने खुले आम अपना पुराना दुश्मन घोषित किया है और बेचारे कृष्णाचार्यजी को तो उसने पागल क़रार दे दिया है। आप दोनों को उस पर कोई कड़ी कार्रवाई करनी चाहिए। मैं आपके साथ हूँ। और भी बहुत-से साहित्यकार आपके पक्ष में रहेंगे।"

उस समय मेरे लिए उस बेचारे ललित की समझ पर तरस खाने के अलावा और कोई चारा था नहीं। ललित बड़ी तेज़ी उस जमात में शामिल होता जा रहा था जिसके लिए गोसाईंजी 'जे बिनु काज दाहिने बाएँ' वाली चौपाइ लिख गए हैं। सो उस समय तो मैंने यह कहकर अपनी जान छुड़ा ली कि उस वक़्त तक मुझे 'उखड़े हुए लोग' की प्रति राजेन्द्र ने दी ही नहीं। मिलते ही, उसे पढ़ लेने के बाद मैं ललित से अवश्य संपर्क कर उसकी सलाह के मुताबिक़ जो करना होगा, ज़रूर करूँगा।

उसके चले जाने के बाद मैं तो मारे हँसी के फटा जा रहा था। वापस कॉफ़ी हाउस में जाकर जब मैंने यारों को यह क़िस्सा सुनाया तो हम सब बड़ी देर तक जी खोलकर हँसते रहे थे। हुआ यह था कि राजेन्द्र ने प्रस्तावना का आरंभ ही यह कहते हुए किया था कि 'कृष्णाचार्य को समझदारी के दौरे आते हैं।' और अंतिम पैरा में आभार प्रदर्शन करते हुए लिख दिया था कि 'मनमोहन ठाकौर तो मेरे पुराने दुश्मन हैं।' दोनों ही वाक्यों में उसने हमारे प्रति अपने गहरे स्नेह का इज़हार किया था। लेकिन अभिधा तक स्वयं को सीमित रखनेवाले धुरंधरों की न तब कोई कमी थी, न आज है। रांगेय राघव के शब्दों में एक ढूँढ़ो, हज़ार घर पर आकर टक्कर मारते हैं।

इस उपन्यास ने राजेन्द्र के उपन्यासकार पर बाक़ायदा स्वीकृति की मुहर लगा दी। अब अपने लेखन को प्रकाशित करने के लिए उसे प्रकाशकों के दरवाज़े खटखटाने की ज़रूरत नहीं रह गई। उसके लिए उस समय के सभी प्रतिष्ठित प्रकाशकों के द्वार उन्मुक्त हो गए। वह धड़ल्ले से प्रकाशित भी होने लगा और उसकी कृतियाँ चर्चित भी खूब होने लगीं।

उन दिनों भारतीय ज्ञानपीठ का कार्यालय कलकत्ता में ही था। श्रीमती रमा

जैन के सक्रिय संरक्षण तथा श्री लक्ष्मीचंद्र जैन के कुशल निर्देशन में ज्ञानपीठ लगातार प्रकाशन किए जा रहा था। उनका 'ज्ञानोदय' भी जगदीशजी के सधे संपादन में देश-भर में अपने झंडे गाड़ रहा था। वे सन् 1956 में ही राजेन्द्र यादव का कहानी संग्रह, 'खेल खिलौने' प्रकाशित कर चुके थे। अब उन्होंने उसके द्वारा अनूदित 'चेखव के तीन नाटक' और उसके साथ उसका एकमात्र कविता संग्रह 'आवाज़ तेरी है' को प्रकाशित कर राजेन्द्र के लेखन का एक अल्पख्यात आयाम भी उद्घाटित कर डाला था।

अठारह से अट्ठाईस के बीच का क़रीब-करीब हर नौजवान अपने दो शौक़ तो पूरे कर ही लेता है। एक तो वह जहाँ भी, जैसी भी सहज ही उपलब्ध हो जाए, उसके साथ प्रेम अवश्य करने लग जाता है। और दूसरे, वह उसकी शान में क़सीदों का ढेर लगाने लग जाता है। राजेन्द्र भी उम्र के उस दौर में इन दोनों स्थितियों से गुज़र रहा था। लिहाज़ा, आगरा के उदीयमान कवि, श्री राजेन्द्र सिंह यादव 'कण' ने कलकत्ता से पहले ही अपने कण को तो झाड़ फेंका था पर अपनी काव्य प्रतिभा की प्रेरणास्रोत को 'आवाज़ तेरी है' की ईमानदार स्वीकृति देकर अपना कविता संग्रह ज्ञानपीठ से प्रकाशित करवा लिया।

सन् 1956-57 का यह काल राजेन्द्र के लिए अत्यंत महत्त्वपूर्ण सिद्ध हो रहा था। उसकी लेखकीय प्रतिभा तथा ऊर्जा तेज़ी से विकसित होती चली जा रही थी और उसी अनुपात में विकीर्णित होती जा रही थी उसकी ख्याति। अब उसे स्वीकृति पाने की चेष्टा में कविता, कहानी, उपन्यास, अनुवाद आदि-आदि विभिन्न विधाओं में अपनी क़लम भाँजने की ज़रूरत नहीं रह गई थी। अब वह स्थिरचित्त से स्वयं को उपन्यास-लेखन तक ही सीमित रखने में सक्षम हो गया था।*

शायद उसने बहुत पहले ही समझ लिया था कि अच्छे लेखन के लिए

* जमशेदपुर में मुझे गोली लगने की घटना शायद मनमोहन ठाकौर के परिचय से पहले ही घटित हो चुकी थी। डायमंड हार्बर रोड के 'ज्योति स्टोर्स' के ऊपर एक फ्लैट में मैं, कृष्णाचार्य और कमलाकान्त द्विवेदी तीनों रहते थे। यही द्विवेदी आगे जाकर कस्टम और एक्साइज़ का चेयरमैन और आतंककारी कवि बने। उन दिनों प्रतियोगिता की तैयारी कर रहे थे। उनके आग्रह पर उनके भतीजे के नामकरण संस्कार पर मैं, रामलुभाया अरोड़ा और द्विवेदी जमशेदपुर गए। वहीं गोली लगने का प्रसंग हुआ। बाद में कलकत्ता में ग्राउंड-फ्लोर पर ही रहने की मजबूरी में मुझे लुभाया की साबुन फ़ैक्टरी के दफ़्तर में महीना-डेढ़ महीना रहना पड़ा। दोनों समय लुभाया के घर से बढ़िया खाना आ जाता था। लुभाया परिवार से यह घनिष्ठता अब भी है, तबकी बालिका सुधा अरोड़ा (भाटिया) आज हिंदी की प्रसिद्ध लेखिका हैं। इन्दु कविताएँ लिखकर शायद गृहस्थी में रम गई है।

—राजेन्द्र यादव

अधिक-से-अधिक और लगातार पढ़ते रहना पहली शर्त होती है। इसीलिए मैं तब भी उसके कमरे में जान-जहान की पुस्तकों तथा पत्र-पत्रिकाओं का अंबार लगा देखता था, आज भी देखता हूँ। उस अंबार को देखकर तब भी मेरी लार टपकती थी, आज भी टपकती है। तब भी राजेन्द्र के उस ज़खीरे से मुझे ईर्ष्या होती थी, आज भी होती है। लेकिन चढ़ती जवानी में ही गहन स्वाध्याय का मंत्र सिद्ध कर लेने का ही नतीजा है कि एम. ए. वाया साहित्यरत्न राजेन्द्र यादव आज सिर्फ़ हिंदी ही नहीं, यूरोप और अमरीका के साहित्यिक रुझानों पर 'हंस' के संपादकीय में साधिकार फ़तवे देता रह सकता है।

सन् 1956-57 के ये दो वर्ष राजेन्द्र की निजी ज़िंदगी के लिए भी उतने ही महत्त्वपूर्ण सिद्ध हुए थे। इसी दौरान उसका मन्नूजी के साथ परिचय हुआ था। तब मन्नूजी कलकत्ता में ही बालीगंज शिक्षा सदन में हिंदी की अध्यापिका थीं। मेरे घर के काफ़ी नज़दीक लैंसडाउन रोड पर अपने बहनोई श्री पराक्रम सिंह भण्डारी के साथ रहती थीं। महानगर के प्रख्यात समाजसेवी श्री भगवती प्रसाद खेतान ने उनके स्कूल की लाइब्रेरी में हिंदी पुस्तकों के लिए दो हज़ार रुपयों का अनुदान दिया था। मन्नूजी पर पुस्तकों के चयन का दायित्व आया तो वे जा पहुँचीं नेशनल लाइब्रेरी और वहाँ संयोगवश उनसे टकरा गए श्रीमान राजेन्द्र यादव। कृष्णाचार्य ने परिचय करया तो मन्नूजी ने राजेन्द्रजी से पुस्तकों के चयन में हाथ बँटाने को अनुरोध कर डाला। राजेन्द्रजी तो जन्म से आज तक महिलाओं के किसी भी अनुरोध को आज्ञा ही मानते चले आए हैं और पवनपुत्र हनुमान की भाँति 'राम काज करिबे को आतुर' रहते हैं।

नतीजे में उसी दिन शाम ढलते ही वे सीधे आ-पहुँचे थे 5 ए, ग्रीक चर्च रो और मजबूर कर डाला था मुझे अपने साथ मन्नूजी के घर जाने के लिए। राजेन्द्र को मालूम था कि मन्नूजी, उनकी बड़ी बहन सुशीलाजी और बहनोई, श्री पराक्रम सिंह भण्डारी के साथ मेरी जान-पहचान कोमल कोठारी दो-तीन वर्ष पहले ही करवा गया था। अतएव उस शाम उसने मेरा उपयोग गेट-पास के रूप में कर डाला। उस दिन लगभग दो घंटे तक राजेन्द्रजी मन्नू भण्डारी के साथ न जाने कहाँ-कहाँ की बातें करते रहे। मैं तो प्रायः मूक-बधिर श्रोता बना कुर्सी पर अपने कोण बदलता बैठा रहा। मुझे बात करने का कोई 'स्कोप' ही नहीं दिया था, न मन्नूजी ने, न राजेन्द्र ने। कान मेरे उन दिनों वाक़ई ख़राब थे। अतः उनकी बातें सुनने की भी कोई गुंजाइश नहीं थी।

लेकिन माहौल में ऐसा कोई अव्यक्त तत्त्व अवश्य व्याप्त हो रहा था कि मेरी छठी हिस ने मेरे दिमाग़ में ख़तरे की घंटी बजा दी। मन्नूजी से विदा लेने के बाद नीचे उतरते ही मैंने राजेन्द्र को उस घर में, जिसके साथ मेरे घनिष्ठ पारिवारिक संबंध स्थापित हो चुके थे, कोई अवांछनीय हरकत न कर बैठने की

सख़्त ताक़ीद भी कर दी। जवाब में राजेन्द्र ने उल्टे मेरी ही मलामत करते हुए झिड़क दिया था कि 'बड़ा गंदा दिमाग़ है आपका, ठाकुर साब। हमेशा ग़लत सोचते हैं।' किंतु आख़िरकार मेरी आशंका सच साबित हुई और राजेन्द्र और मन्नूजी नज़दीक आते ही चले गए।

सन् 1957 हमारे प्रथम स्वाधीनता संग्राम की शताब्दी का वर्ष था। मन्नूजी के बालीगंज शिक्षा सदन की प्रिंसिपल, पुष्पमयी बोस खुद भी कम्युनिस्ट पार्टी के काफ़ी निकट थीं। उन्होंने अपने स्कूल में इस शताब्दी के उपलक्ष्य में एक सात दिवसीय व्याख्यानमाला का आयोजन किया। मन्नूजी को उसका संयोजन करना था। उन्होंने हमारे स्वतंत्रता आंदोलन के विभिन्न पक्षों पर प्रकाश डालनेवाले सात भाषणों की व्यवस्था कर दी। उद्घाटन भाषण देना था श्री मोहनसिंह सेंगर को स्वाधीनता संग्राम में पत्रकारिता के योगदान के संबंध में। उसके बाद बोलना था मुझे, कांग्रेस की स्थापना से लगाकर स्वाधीनता-प्राप्ति तक के इतिहास पर। दोनों भाषण ठीक-ठाक निबट गए।

तब बारी आई तीसरे व्याख्यान की—स्वाधीनता संग्राम में हिंदी साहित्य की भूमिका। भाषण देनेवाले थे श्री राजेन्द्र यादव। आज तो सोच पाना भी असंभव होगा, परंतु वास्तविकता यह थी कि उस दिन राजेन्द्र की घिग्घी बँध गई थी। वह एक शब्द भी नहीं बोल पाया था, उन नन्हीं-नन्हीं स्कूली छात्राओं और उनकी प्राध्यापिकाओं के हज़ार इसरार के बावजूद। पर जान पड़ता है, उस दिन के बाद से राजेन्द्र ने, डिमॉस्थनीज़ की भाँति, स्वयं को आमूलचूल परिवर्तित करने की ठान ली। नतीजे में, आज तो वह धड़ल्ले से बोलता चला जाता है—सामने कौन बैठा है, कौन नहीं की चिंता किए बग़ैर। अपनी घनघोर-से-घनघोर विवादग्रस्त मान्यताओं को भी निस्संकोच अभिव्यक्ति देने से तनिक भी हिचके बग़ैर।

राजेन्द्र और मन्नूजी के रोमांस के समानांतर ही चल रहा था कृष्णाचार्यजी का अपना प्रेम-प्रसंग। कृष्णाचार्य भरी जवानी में विधुर हो गए थे। उनकी एक पुत्री तो फिर भी कुछ बड़ी हो चली थी, एक पुत्र और एक पुत्री तो अभी बच्चे ही थे। ऐसी कच्ची गृहस्थी को सँभालने के लिए बड़े धैर्य और जीवट की ज़रूरत पड़ती है। कृष्णाचार्य में ये दोनों गुण थे भी। परंतु वह बेचारा भी कब तक पराई स्त्री को बहन-बेटी समझता रहता ? ख़ासकर उस स्थिति में जब नेशनल लाइब्रेरी में सुबह से शाम तक बी. ए., एम. ए. तथा पी-एच. डी. की शोध-छात्राएँ आचार्य के चारों ओर भिनभिनाती रहती हों। आख़िर उस विश्वामित्र को भी एक मेनका ने खोज ही निकाला। कृष्णाचार्य और कुमारी विजयलक्ष्मी रस्तोगी को नेशनल लाइब्रेरी के विशाल, विस्तृत तथा वृक्षाच्छादित परिसर में नित्य नए एकांत खोज निकालने

में क़तई कोई कठिनाई कभी नहीं होती थी।

कहावत है कि इश्क़ और मुश्क छिपाए नहीं छिपते। राजेन्द्र का नहीं छिप पाया था। कृष्णाचार्य एकदम छिपा ले गए थे। कॉफ़ी हाउस में राजेन्द्र तो 'हाउस ऑफ़ लॉर्ड्स' में जा बैठता था, मुझे 'हाउस ऑफ़ कॉमन्स' में यारों के चटख़ारे भरी अफ़वाहों, धारदार व्यंग्य-वाणों और जिज्ञासा भरे प्रश्नों को झेलना पड़ जाता था। उधर, इस संबंध में राजेन्द्र मुझसे कभी कोई चर्चा करता नहीं था, और मन्नूजी से कुछ पूछ पाना मेरी शराफ़त को गवारा नहीं था। तो मैं लोगों को क्या बताता ?

हक़ीक़त यह है कि खुद अपनी निगाह में राजेन्द्र चाहे जितना चालाक बने, है वह बेहद सादालौह इनसान। वह अपने राज़ को सात परदों में छिपाए रखने की जितनी ज़्यादा कोशिश करता है, अपनी किसी-न-किसी हरकत से उतनी ही जल्दी उसका पर्दा फ़ाश भी कर देता है। उसकी इस कमज़ोरी से मैं भी बखूबी वाक़िफ़ हूँ और कमलेश्वर तथा मोहन रोकश भी भली-भाँति से परिचित थे। इसीलिए वे दोनों राजेन्द्र को केंद्र कर ढेरों मज़ाकिया क़िस्से गढ़-गढ़कर मज़ा लेते रहते थे।

इस दिशा में महाशय कृष्णाचार्यजी कहीं अधिक चौकन्ने सिद्ध हुए। उन्होंने किसी को कानों-कान ख़बर तक न होने दी। कदाचित् उस नितांत निरीह, भद्र दिखनेवाले प्रौढ़ से उस क़िस्म की उम्मीद हममें से किसी ने दूर-दूर तक नहीं की थी। पर वह भला आदमी तो पोखरन-दो के अणु-विस्फोट की भाँति धमाके करने के बाद ही सूचना प्रसारित करने निकला था। एक दिन सुबह साढ़े नौ बजे मैं दफ़्तर जाने के लिए सड़क पर उतर ही रहा था कि हज़रत नमूदार हुए और बिना किसी भूमिका के मुझे अपने साथ मैरिज रजिस्ट्रार के दफ़्तर चलने का फ़रमान सादिर कर बैठे। बोले, उन्हें तीन गवाहों की ज़रूरत थी। सो एक तो रहेंगे उनके सहकर्मी श्री नागराज, दूसरा मैं और तीसरे सज्जन का नाम मुझे इस वक़्त याद नहीं आ रहा।

पर आज अच्छी तरह याद है कि उस दिन शनिवार था, और तब तक शनिवार को हमें दफ़्तर में आधे दिन, डेढ़ बजे तक, काम करने के बाद ही छुट्टी मिल पाती थी। मुझ पर मेरा क्लर्कों वाला मध्यमवर्गी लोभ सवार हो गया। मैंने सोचा कि आधे दिन के लिए, पूरे दिन की छुट्टी क्यों बरबाद की जाए। अतएव मैंने सड़क पर खड़े-खड़े ही कृष्णाचार्य को अपने स्थान पर कमला को बतौर गवाह ले जाने को राज़ी कर लिया। साथ ही उससे यह वादा भी करा लिया कि रजिस्ट्रार के दफ्तर से निवृत्त होते ही वह और विजयलक्ष्मी मेरे घर आकर ही मुँह मीठा करेंगे।

कृष्णाचार्य विवाह तो चुपचाप जाकर कर आए परंतु विजयलक्ष्मीजी को पत्नी

बनाकर अपनी गृहस्थी में प्रवेश कराने में उन्हें काफ़ी पापड़ बेलने पड़े। लगभग तीन-चार महीने बाद पता चलने पर विजयाजी के परिवारवालों ने ख़ासा बावेला मचाया। मामला मारपीट की हद तक जाता-जाता बचा। कुछ समय के लिए विजयाजी को एक कमरे में ताला बंद कर रख छोड़ा गया। क़रीब छः महीने लग गए थे विजयाजी की ज़िद के सामने उन्हें घुटने टेक देने में। और तब एक दिन हम सब बराती, कृष्णाचार्य को घोड़ी पर बैठाकर, बाजे-गाजे के साथ विवाह-मंडप तक ले गए और आधी रात के वक़्त दुल्हन विजयाजी को नेशनल लाइब्रेरी वाले फ़्लैट में ला पाने में समर्थ हो सके।

उस विवाह-प्रसंग की चर्चा इतने विस्तार से अकारण ही नहीं कर रहा हूँ। इस विवाह में शैतान राजेन्द्र के मज़ाक़ ने ही मदन बाबू के साथ मेरी घनिष्ठता संभव कर दी थी। हुआ यह कि बाक़ायदा सात फेरे डालकर शादी करने का फ़ैसला लिये जाने के बाद, मित्रों को विवाह के निमंत्रण-पत्रों का एक बंडल कृष्णाचार्य ने मुझे भी थमा दिया। बातों-बातों में मैं कह बैठा कि अगर किसी ने पूछ लिया कि मैं किस हैसियत से ये कार्ड बाँट रहा हूँ, तो मैं क्या कहूँगा। इस पर कृष्णाचार्य ने उसी रौ में कह डाला था, "कह दीजिएगा कि आप मेरे बाप हैं।" ठीक इसी प्रकार वे मदन बाबू के घर जाकर उनकी धर्मपत्नी प्रतिभाजी से विवाह में माँ के कर्तव्य निभाने का अनुरोध कर आए थे।

उस समय तक मेरा न मदन बाबू के साथ प्रत्यक्ष परिचय हुआ था, न प्रतिभाजी के साथ। राजेन्द्र दोनों को जानता था। तो, जब हम लोग बरात में शामिल होने के लिए कृष्णाचार्य के घर जमा हुए। राजेन्द्र ने पहले तो मदन बाबू को मेरा परिचय कृष्णाचार्य के बाप के रूप में दिया और फिर वहीं खड़े-खड़े प्रतिभाजी को पास बुलाकर मदन बाबू से पूछने लगा, "इन्हें जानते हैं ? ये हैं कृष्णाचार्य की माँ।" इसके फ़ौरन बाद उसने कृष्णाचार्य को बीच में खड़ा कर एक फ़ोटो भी खिंचवा डाली, "ताकि सनद रहे और वक़्त ज़रूरत काम आए।"

लोग ठहाके लगा रहे थे। मेरा चेहरा बैंगनी पड़ता जा रहा था। प्रतिभाजी का लाल हो रहा था। मदन बाबू और कमला हँस-हँसकर दुहरे हो रहे थे। पूरा माहौल शादी—हँसी-खुशी—से भर गया था राजेन्द्र की इस निश्छल विनोदप्रियता के कारण। बनारस के आपादमस्तक रससिक्त मदन बाबू की उदार ज़िंदादिली ने मुझ आगरावाले के विनोदप्रिय हृदय पर बहुत ही गहरा असर छोड़ा था। फिर तो हम दोनों इस तेज़ी से एक-दूसरे के निकट आते चले गए थे कि साल-दो साल बीतते-न-बीतते प्रतिभाजी ने मुझे अपनी 'सौत' घोषित कर डाला।

राजेन्द्र के माध्यम से जिन दो परिवारों ने मुझे और मेरे समूचे परिवार को आज तक अपना अटूट स्नेह दिया है वे हैं मदन बाबू-प्रतिभा अग्रवाल का तथा श्री श्यामनारायण तथा श्रीमती प्रतिभा नारायण का। बल्कि, राजेन्द्र के दिल्ली

आ-बसने के बाद तो इनके द्वारा राजेन्द्र की अपेक्षा मुझ पर होनेवाली स्नेहवृष्टि की मात्रा और भी बढ़ गई थी। 1979 में मदन बाबू के नितांत अकल्पित एवं अप्रत्याशित निधन तथा नारायण साहब के कलकत्ता छोड़कर मसूरी-अहमदाबाद जा बसने के बावजूद गत चार दशकों में उक्त स्थिति में रंचमात्र परिवर्तन नहीं आया है। ज्यों-ज्यों भींगे स्यामु रंग, त्यों-त्यों उज्ज्वल होय।

एक से बढ़कर एक अनेक प्यारे-प्यारे लोगों की निकटता प्राप्त कर लेने के लिए ही राजेन्द्र के सौ खून माफ़ हो जाने चाहिए थे। उसने तो इससे आगे बढ़कर भी कई अच्छे काम किए हैं—कम-अज़-कम मेरे संदर्भ में तो किए ही हैं। मेरे ख़िलाफ़ राजेन्द्र की शुरू से ही शिकायत रही है कि दोस्त उसके होते हैं, और उन्हें पटा मैं लिया करता हूँ। ग़नीमत है कि उसका यह आरोप उसके पुरुष मित्रों के ही संबंध में हुआ करता है। महिला मित्रों को तो यदि उसका वश चले तो असूर्यंपश्या बनाकर रख छोड़े। बहरहाल उसके पुरुष मित्रों को मेरी मित्रता भी स्वीकार हो जाए—कुछ ज़्यादा ही हो जाए—तो उसमें मेरा क्या दोष?

घनश्याम अस्थाना उसका मित्र था। आगरा कॉलेज में दोनों ने साथ-साथ बी. ए. किया। फिर अगले दो वर्ष राजेन्द्र हिंदी में एम. ए. करता रहा, घनश्याम अंग्रेज़ी में। दोनों हमउम्र थे। दोनों कवि थे। दोनों सहपाठी। घनश्याम का चाचा पूरनचंद अस्थाना मेरे साथ गवर्नमेंट हाईस्कूल में पढ़ता था। घनश्याम का तब कहीं अता-पता भी नहीं था। घनश्याम को कलकत्ता आने का निमंत्रण भी राजेन्द्र ने ही दिया था। आकर वह रुका भी राजेन्द्र ही के साथ था।

अलबत्ता यह शराफ़त राजेन्द्र की ही थी कि वह उसे मुझसे मिलवाने मेरे घर ले आया। फिर कुछ ऐसा हुआ कि एक-दो दिन बाद ही घनश्याम का ज़्यादातर वक़्त मेरे साथ गुज़रने लग गया। घनश्याम रांगेय राघव का फ़ैन था। उसने रांगेय राघव से हमारे ज़माने में ढेर सारे क़िस्से सुन रखे थे। वह खुद भी मेरे मुहल्ले के पास ही गोकुलपुरा का रहनेवाला था। हमारे परस्पर जाननेवालों की तादाद काफ़ी थी। और सबसे बड़ी बात यह थी कि वह और मैं दोनों ही खुलकर क़हक़हे लगा लेते थे। इसलिए हमारी मित्रता को गाढ़ी होते तीन-चार दिन भी नहीं लगे।

यही हुआ था चंदर के साथ। चंदर, अर्थात् चंद्रप्रकाश अग्रवाल। उसकी भी राजेन्द्र के साथ आगरा से ही मित्रता हो चुकी थी। दिल्ली का आदिम निवासी चंदर भी आगरा कॉलेज का ही छात्र था। यूनियन पब्लिक सर्विस कमीशन द्वारा ली जानेवाली देश की उच्चतम परीक्षा में उत्तीर्ण होने के बाद उसे साउथ ईस्टर्न रेलवे की विभिन्न ट्रेनिंग लेने खड़गपुर भेजा गया था। वहाँ से अक्सर शनि-रवि

की छुट्टियाँ बिताने वह राजेन्द्र के पास कलकत्ता चला आता था। राजेन्द्र ने उसे भी मुझसे मिलवा दिया। और तब से आज तक चंदर भी राजेन्द्र जैसा ही मेरे परिवार का अंग बना हुआ है।

वीरेन्द्र मिश्र के साथ भी राजेन्द्र के कारण ही परिचय संभव हो सका था। वे दोनों सुरेन्द्रनाथ बनर्जी रोड के चौराहे पर पान की दुकान पर खड़े थे। दुकान के पास ही बस-स्टैंड है। घर लौटने के लिए मैं उधर जा रहा था। तभी राजेन्द्र को वहाँ खड़ा देखकर मैं उस ओर मुड़ गया। राजेन्द्र ने जैसे ही वीरेन्द्र का नाम लिया, मुझे सन् 1944 में आयोजित हुए अखिल ग्वालियर राज्य विद्यार्थी संघ के अधिवेशन का स्मरण हो आया जिसमें आगरा विद्यार्थी संघ का अध्यक्ष होने के नाते मुझे भी विशिष्ट अतिथि के रूप में आमंत्रित किया गया था। उस अधिवेशन में वीरेन्द्र की कविता पर वहाँ की बीड़ी मज़दूर यूनियन ने उसे सोने का मैडल प्रदान करने की घोषणा की थी।

उस शाम हम तीनों सीधे ग्रीक चर्च रो ही चले आए, जहाँ रात के साढ़े बारह बजे तक वीरेन्द्र बेहद प्यारे-प्यारे गीत सुनाता रहा था और मैं उछल-उछल कर दाद देता चला गया था। जान पड़ता है वीरेन्द्र को मेरी उस दाद ने कुछ ज़्यादा ही प्रभावित कर डाला था। तभी उसने दूसरे दिन मन्नूजी के विद्यालय में मुझे सामने बैठाए बिना अपनी कविताएँ सुनाने से साफ़ इनकार कर दिया।

वीरेन्द्र मिश्र में मैंने एक अप्रतिम कवि मित्र पाया था जिसने अपनी क़लम को पूँजी के हाथों कभी नहीं बेचा। उसका कंठ तथा उसका शास्त्रीय संगीत का ज्ञान अद्‌भुत होने पर भी उसके गीत केवल गलेबाज़ी के बल पर नहीं चलते थे। वीरेन्द्र मिश्र ही अपनी 'त्रिमुखी पीड़ा' में कह सका था—

गीत है संघर्ष का मैंने सदा गाया,
राजरानी-सा तुझे मैं रख नहीं पाया।
जो ज़माने को बनाने में स्वयं मिटते,
क्या करूँ, मुझ पर पड़ी उनकी सघन छाया।

और केवल वीरेन्द्र मिश्र ही था जिसकी 'असमर्थता' शीर्षक कविता का आरंभ इन दो अमर पंक्तियों से हुआ था—

वर्तमान ने ऐसा पाठ कुछ पढ़ाया,
कोई संदर्भ ग्रंथ काम नहीं आया।

वीरेन्द्र का मार्क्सवाद में अपने अंतिम श्वास तक अटूट विश्वास अविचल बना रहा था। इस विश्वास को बनाए रखने की प्रक्रिया में उसे भाँति-भाँति के पापड़ बेलने पड़े। पर उसने उन्हें सहर्ष बेला और गाया—

दर्पण हैं हम कि जिसे देख हँसी दुनिया,
तोड़ा है खुद को ही बार--बार हमने।

वीरेन्द्र की मित्रता मेरे जीवन की अमूल्य निधि सिद्ध हुई। और इसके लिए भी मैं राजेन्द्र यादव का ऋणी हूँ, रहूँगा।

केवल अपने समवयस्क मित्रों से ही नहीं, राजेन्द्र ने कलकत्ता रहते वहाँ आनेवाले साहित्य के दिग्गजों के साथ भी मेरा परिचय पूरे सम्मान के साथ निस्संकोच कराया है। इन दिग्गजों में सर्वोपरि नाम है श्री अमृतलालजी नागर का। यह भी 1957 की ही घटना थी। नागरजी का 'बूँद और समुद्र' तब प्रकाशित हुआ ही था। मैं उसे राजेन्द्र से माँगकर आद्योपांत पढ़ चुका था। तभी एक दिन नागरजी राजेन्द्र के साथ कॉफ़ी हाउस में बैठे दिखाई दे गए।

राजेन्द्र ने जब उनको मेरा औपचारिक परिचय दिया, मैंने लक्ष्य किया कि नागरजी का मूड काफ़ी उखड़ा-उखड़ा-सा हो रहा था। वे रह-रहकर राजेन्द्र से कॉफ़ी हाउस से चल पड़ने का आग्रह कर रहे थे और राजेन्द्र टाल-मटोल कर रहा था। पूछने पर पता चला कि नागरजी को उस समय भांग की सख्त तलब हो रही थी। उधर राजेन्द्र यह सोच-सोचकर दुबला हुए जा रहा था कि पाँच बजने के साथ-साथ अधिकांश दफ़्तर बंद हो चुके थे। इसलिए टैक्सी लगभग अनुपलब्ध ही हो गई होगी। राजेन्द्र की जानकारी के अनुसार नागरजी को भांग का गिलास बड़े बाज़ार में कलाकार स्ट्रीट की केवल एक दुकान पर ही मिल सकता था। 'दुहूँ भाँति दारुण दुख दाहू' वाली स्थिति हो रही थी उसकी।

नागरजी की छटपटाहट देखकर मैंने उन्हें घर चलने का निमंत्रण दे डाला। वहाँ मेरे पिताजी थे जो दिन में तीन बार नियम से निष्ठापूर्वक एक-एक पाव भांग का वर्षों से सेवन करते आ रहे थे। मुझे विश्वास था कि उस दिन नागरजी की ख़ातिर चौथी बार भांग घोंटने में उन्हें हार्दिक प्रसन्नता ही होगी। कुछ देर लखनौआ तक़ल्लुफ़ कर लेने के बाद, नागरजी और राजेन्द्र दोनों मेरे साथ 5 ए, ग्रीक चर्च से आ पहुँचे।

पिताजी ने मेरे विश्वास की रक्षा मात्र नहीं की थी, उस शाम उनका उत्साह चरम पर जा पहुँचा था। विशेषकर इसलिए और भी क्योंकि नागरजी के बड़े सुपुत्र, कुमुद भाई का विवाह मेरे पिताजी के निकट के मामा की पुत्री के साथ हुआ था। और मेरे पिताजी वरपक्ष के समधियाने की ख़ातिर कैसे की जानी चाहिए इससे बखूबी वाक़िफ़ थे।

उसके पश्चात् तो मानो नागरजी ने मुझे गोद ही ले लिया था। सन् 1990 की फ़रवरी में शेष निःश्वास त्याग करने के दिन तक उन्होंने एक क्षण के लिए भी मुझे 'पराया' अनुभव नहीं करने दिया था। दो-तीन ऐसे अवसर भी आए थे

जब मेरी मुँहफट बातों ने उन्हें तनिक उत्तेजित भी कर दिया था। तथापि उनके विशाल हृदय में छलछलाते स्नेह ने मेरे औद्धत्य को दरगुज़र करने में विलंब नहीं किया। सचमुच नागरजी आशुतोष थे। उनके असंख्य स्नेहभाजनों में एक मैं भी था यह विचार मात्र मेरे गर्व का विषय भी है और गौरव का भी। मज़ा यह है कि उनका सान्निध्य उपलब्ध करानेवाले राजेन्द्र को वे आजीवन अपना 'असफल गुरु' पुकारते रहे।

ऊपर मैंने कहा है कि यदि उसका वश चले तो राजेन्द्र अपनी महिला मित्रों को असूर्यपश्या बनाकर रख छोड़े। यह लिखते समय मैं इस सत्य की अपवाद उसकी एक घनिष्ठ महिला मित्र की बात भुला बैठा था। उत्तर प्रदेश के एक अत्यंत प्रसिद्ध औद्योगिक परिवार में जन्मी वे बहुधा कलकत्ता आती रहती थीं। तब राजेन्द्र प्रायः शताभिमुख होकर उनके गुणगान करता रहता था। परंतु उस ज़बानी जमाखर्च का मुझ पर विशेष कोई प्रभाव नहीं पड़ा था।

एक शाम, बिना किसी पूर्वसूचना के, राजेन्द्र घर आ-धमका और मुझे तथा कमला को क़रीब-क़रीब घसीटता हुआ, टैक्सी में बैठाकर पार्क स्ट्रीट ले दौड़ा। मैं रास्ते भर उससे पूछता रहा कि वह कहाँ लिये जा रहा है, क्यों लिये जा रहा है, और वह अपनी विशिष्ट खिलंदड़ी शैली में, जिसे बांग्ला में कहते हैं 'आबोल ताबोल', उत्तर देता रहा। टैक्सी क्वालिटी रेस्तराँ के सामने वाले फुटपाथ के नज़दीक रोककर वह हमें उस रेस्तराँ में धकेल ले गया। हम जिस टेबिल पर रुके, वहाँ एक महिला पहले से ही बैठी हुई थीं। राजेन्द्र को देखते ही उनकी बाँछें खिल खिल उठी थीं।

संपन्न मारवाड़ी परिवार की महिला देखने में ठीक-ठाक ही थीं। बहुत सुंदर नहीं थीं। जैसे ही राजेन्द्र ने उनका परिचय 'दीदी' कहकर दिया, सारी बात मेरी समझ में तुरंत आ गई थी। तो यह था वह हज़ार जहाज़ों को सागर-संतरण करानेवाला चेहरा ! आज याद नहीं आ रहा कि उस दिन राजेन्द्र का जन्मदिन था कि उसकी उन 'दीदी' का। था कुछ उसी क़िस्म का स्मरण रखने योग्य दिन।

डेढ़-दो घंटे बिताए थे हमने क्वालिटी रेस्तराँ में। उस बीच मेरे मन में 'दीदी' की बातें सुन-सुनकर कौंधती रही थीं पन्तजी की वे अमर पंक्तियाँ—

जग पीड़ित रे अति दुःख से,
जग पीड़ित रे अति सुख से।

दुःख की अतिशयता कितनी अधिक पीड़ादायक होती है, यह तो मैं खूब जानता था। समझ में उस शाम आई, सुख की पीड़ा।

मसलन, 'दीदी' की एक हसरत थी जिसे पूरा करने में वे राजेन्द्र की मदद

चाह रही थीं। हसरत थी कि वे उस समय तक कभी रेल के सैकिंड क्लास में नहीं बैठी थीं। एक बार सैकिंड क्लास में सफ़र करने का अरमान उन्हें बेहद सताता रहता था। उस ज़माने में रेल में चार क्लास हुआ करती थीं—फ़र्स्ट, सैकिंड, इंटर और थर्ड। एयरकंडीशंड डिब्बों का किसी ने नाम भी नहीं सुना था।

जब राजेन्द्र ने उनसे इस मजबूरी की वजह जाननी चाही, तो बड़ा मायूस-सा उत्तर दिया था 'दीदी' ने—"ऐसा है, राजेन्द्र, कि हावड़ा स्टेशन से तो मैं सैकिंड में बैठ नहीं सकती। यहाँ तो मुझे छोड़ने और पहचाननेवाले सैकड़ों मिल जाएँगे। अपन ऐसा करेंगे कि टिकिट तो फ़र्स्ट का ही लेंगे। पर बर्दवान से मुग़ल सराय के बीच सैकिंड में सफ़र करने के लिए टी. टी. के साथ जुगाड़ कर लेंगे। चलोगे न तुम मेरे साथ ?" हाय रे इनसान की मजबूरियाँ!

इसी रौ में उन्होंने कुछ ही देर बाद उत्साह भरे स्वर में राजेन्द्र को अपने साथ अगले ही दिन हवाई जहाज़ से बंबई चलने का प्रस्ताव दे डाला था। (बाद में राजेन्द्र ने बताया कि वे उसे बर्दवान तक ज़रूर ले गईं, मगर सैकिंड क्लास वाली इच्छा पूरी नहीं हो पाई) किंतु उस समय राजेन्द्र के हाँ ना कहने के पहले ही उनकी नजर रेस्तराँ में दाखिल हो रही एक अत्यंत रूपवती, तन्वंगी श्वेतचीनांशुक वेष्ठिता युवती पर पड़ गई। पता चला कि आगंतुक सुंदरी भी 'दीदी' की टक्कर के ही एक अन्य अखिल भारतीय ख्याति के उद्योगपतियों के परिवार में हाल ही में विवाह कर सदस्या बनी थीं।

उन्होंने भी 'दीदी' को देख लिया था। उस समय वे अकेली थीं। साथ के लोग कुछ देर बाद आनेवाले थे। अतएव वे भी हमारी टेबिल पर आ बैठीं। उनकी नाक के काँटे का हीरा तो जगमग कर ही रहा था, उससे भी कहीं अधिक दिप-दिप कर रहा था उनके दाहिने हाथ की अनामिका में पहनी अँगूठी का डबल हीरा। क़रीब पंद्रह मिनट तक उन दोनों के वार्तालाप के केंद्र में हीरे और उनके प्राप्ति-स्थान ही बने रहे। क्वालिटी रेस्तराँ के डाइनिंग हॉल के नीम अँधेरे माहौल में जगर-मगर कर रहे वे दोनों हीरे उस क्षण 'दीदी' पर भी भारी पड़ते प्रतीत हो रहे थे। और मेरी मंदबुद्धि में 'सुख की पीड़ा' का अर्थ भली-भाँति धँसता चला जा रहा था।

उसके बाद राजेन्द्र की 'दीदी' से मेरी भेंट कभी नहीं हुई। एक दिन राजेन्द्र के रहते उनकी दीर्घकाय कार ग्रीक चर्च रो की दुबली-पतली-सी गली में घुस भी आई थी। किंतु मन्नूजी की बड़ी बहिन, श्रीमती सुशीला भण्डारी ने न मुझे नीचे जाने दिया था, न कमला को। उनका तर्क था—"आप उससे उम्र में बहुत बड़े हैं। यदि वह आपसे मिलने ऊपर नहीं आ सकती, तो आपको नीचे जाकर उससे मिलने की कोई ज़रूरत नहीं है।" और इस प्रकार उस दिन मैं न 'दीदी'

की उस लंबी-चौड़ी कार के दर्शन कर पाया था, न स्वयं 'दीदी' के, जिनका उस दिन के बाद से कभी कोई ज़िक्र तक मेरे सामने नहीं उठा।

ये और ऐसे-ऐसे पच्चीसों और नामों का ज़िक्र किया जा सकता है जिनके कारण मेरे जीवन के अनुभवों का ख़ज़ाना लगातार बढ़ता ही चला जा रहा है। हमसे मिलनेवाला प्रत्येक स्त्री-पुरुष हमें कुछ देकर ही जाता है—कोई नया विचार, कोई नया अनुभव, कोई नई सीख, कोई नई प्रेरणा। शर्त केवल इतनी-सी है कि हममें ग्रहण करने की क्षमता का अभाव न हो। ठीक जिस तरह प्रत्येक पुस्तक में हमें कोई-न-कोई नया विचार, या कम-से-कम नया शब्द-विन्यास मिल ही जाता है, फिर भले हमने उसे किसी फुटपाथी पुस्तक-विक्रेता से ख़रीदा हो अथवा सैकड़ों रुपये खर्च कर किसी राष्ट्रीय या अंतर्राष्ट्रीय ख्यातिप्राप्त प्रतिष्ठान से।

साथ ही, मैं कृतज्ञता को इनसान का (जिसे इक़बाल ने फ़रिश्ते से बेहतर माना है) प्रधान गुण मानता हूँ। हमें जिस किसी से भी रत्ती-भर भी कुछ मिला हो, उसका कम-से-कम छटाँक-भर आभार स्वीकार करने की शिक्षा मेरी नानी ने बचपन में ही दे दी थी। उसके मुताबिक़ यह हमारी शराफ़त का पहला तकाज़ा हुआ करता है। इस नाते मुझे यह स्वीकार करने में ज़रा-सी भी हिचक नहीं होती रही है कि मुझमें साहित्य के प्रति अनुराग और उसकी यत्किंचित समझ देनेवालों की एक लंबी सूची है जिसमें बाबू गुलाबराय भी थे और प्रो. प्रकाशचन्द्र गुप्त भी। डॉ. रामविलास शर्मा भी थे और प्रो. हरिहर नाथ टंडन भी। रांगेय राघव भी था और राजेन्द्र यादव भी है। इनके अलावा और भी अनेक हैं जो इस फ़ेहरिस्त में शामिल हैं।

इनमें से रांगेय राघव और राजेन्द्र यादव से मेरी घनिष्ठ मित्रता भी हो गई, यह मेरे लिए सोने पे सुहागा सिद्ध हुआ। रांगेय राघव के प्रति मैं अपनी कृतज्ञता 'पप्पू' में विज्ञप्त कर चुका हूँ। राजेन्द्र यादव और उसके बहाने इन पचास-साठ वर्षों के दौरान जिन सैकड़ों और लोगों ने मेरी समझ और अनुभवों का दायरा विस्तृत किया है, उनके प्रति आभार प्रदर्शन अब कर रहा हूँ।

किंतु अभी तो मात्र सन् 1957 तक ही पहुँच पाया हूँ। काफ़ी लंबा सफ़र तय करना है अभी।

1958 आते-आते तीन सयाने एकमत हो गए थे। सयाने थे—सर्वश्री मोहन राकेश, कमलेश्वर तथा राजेन्द्र यादव जो एकमत हुए थे इस नुक्ते पर कि किसी भी देश का दिल उसकी राजधानी में ही धड़क सकता है। देश के बाक़ी हिस्सों के पल्ले तो वहाँ से संचारित होनेवाले रक्त-प्रवाह का केवल वह अंश मात्र ही पड़ता है जिसे छोटी-बड़ी रक्त-नलिकाएँ वहाँ तक पहुँचा दें। इस सत्य का इलहाम

होते ही बाइबिल के 'पूर्वी देशों के तीन बुद्धिमानों' की भाँति जालंधर से निकल पड़े श्री मोहन राकेश, इलाहाबाद से चले श्री कमलेश्वर और सुदूर पूर्व में कलकत्ता से रवाना हुए श्री राजेन्द्र यादव।

दिल्ली पहुँचने के बाद तीनों रहने लगे क़रोबलाग़ क्षेत्र में, जो उस समय तक बृहत्तर दिल्ली के लगभग केंद्र में था। राकेश ने कमरा लिया देवनगर में, कमलेश्वरजी ने नाईवाला में और राजेन्द्र जा बसा गुरुद्वारा रोड पर। कलकत्ता छोड़कर दिल्ली आने का फ़ैसला लेने के पीछे राजेन्द्र का मक़सद आगरा में अपने परिवार के यथासंभव निकट रह पाना भी था। दिल्ली से आगरा तब सिर्फ़ चार-साढ़े चार घंटे में पहुँचा जा सकता था। कलकत्ता से तो चौबीस घंटे लगते।

राजेन्द्र के दिल्ली चले जाने के फ़ैसले से मुझे कष्ट तो हुआ था परंतु तब तक कलकत्ता की मेरी अपनी ज़िंदगी ने एक ढर्रा पकड़ लिया था। मैं अपने दफ़्तर की यूनियन का नेता बन चुका था। दिन-दूनी प्रगति कर रही हमारी पत्रिका 'सिंधिया एंडेवर' का प्रधान संपादक बना दिया गया था। रेडियो पर सेंगरजी द्वारा आए दिन तरह-तरह के विषयों पर 'टॉक' देने बुला लिया जाता था। शामें अक्सर सुशीलाजी तथा पराक्रम सिंहजी भण्डारी, मदनबाबू-प्रतिभा अग्रवाल और भँवरमल सिंघी के साथ ठहाके लगाते कटने लग गई थीं। अतएव, ईमानदारी की बात यही है कि राजेन्द्र की अनुपस्थिति कभी-कभी खटकती तो थी, किंतु उसने व्यथित कदापि नहीं किया था। अब तक कलकत्ता में मुझे व्यस्त बनाए रखनेवाली गतिविधियों का दिन-दिन विस्तार होता जा रहा था और इसकी वजह से नए-नए लोगों से परिचय भी बढ़ रहा था।

दफ़्तर में यूनियन, कॉफ़ी हाउस में साहित्य-चर्चा, सप्ताह में एक-दो दिन मित्रों के परिवारों का जमावड़ा और उसमें अनुपस्थित रहनेवाले मित्र के विषय में 'परनिंदा का परम सुख', शनि-रवि को सपत्नीक सिनेमा—निम्न मध्यवर्ग के क्लर्क के जीवन को समृद्ध बनाने को और क्या चाहिए था ? यदि ऐसे ही चलता रहता तो शायद राजेन्द्र यादव भी मेरे जीवन की क्रमशः तिरोहित होती जानेवाली एक सुखद स्मृति ही बन गया होता। परंतु 1958 के अंतिम महीनों में दिल्ली में प्रगति मैदान में पहली बार एक विशाल प्रदर्शनी का आयोजन किया गया, जिसे नाम दिया गया था—'इंडिया 1958' का। उसमें देश के अन्यान्य प्रमुख व्यावसायिक तथा औद्योगिक संस्थानों के साथ सिंधिया स्टीम नेविगेशन कंपनी ने भी एक लंबा-चौड़ा स्टॉल लगाया था।

उस समय तक हमारे 'सिंधिया एंडेवर' ने कंपनी के कर्ता-धर्ताओं, विदेशी एजेंटों तथा कंपनी के कार्यकर्ताओं, सभी पर ख़ासा प्रभाव जमा लिया था। उस पत्रिका के मुख्य संपादक होने के नाते मैंने मैनेजिंग डायरेक्टर, श्रीमती सुमतिबेन मोरारजी से अपने एक सहयोगी संपादक श्री गुलाब जगतियानी के साथ दिल्ली

जाकर उस प्रदर्शनी तथा विशेषकर उसमें लगे हमारी कंपनी के स्टॉल की विस्तृत जानकारी एकत्रित कर पत्रिका में प्रकाशित करने का सुझाव दिया। उस ज़माने में सिंधिया स्टीम नेविगेशन कंपनी भारत की सबसे बड़ी जहाज़रानी कंपनी थी। सुमतिबेन ने कलकत्ता मैनेजर को हम दोनों को भेजे जाने का आदेश जारी कर दिया।

मेरी यह यात्रा दो-तीन कारणों से अत्यंत रोचक एवं स्मरणीय बन गई थी। कुछ ही दिन पहले कलकत्ता से दिल्ली के बीच डी-लक्स एक्सप्रेस में शीत-ताप नियंत्रित चेयर कार वाले डिब्बे लगाए गए थे। भाड़ा था मात्र नब्बे रुपए। नवंबर के नीम जाड़े में बड़े ठाठ से हुई थी हमारी वह यात्रा। तब तो हमें वह एक्सप्रेस और उसका वह डिब्बा 'पैलेस ऑन व्हील्स' लगा था। कहाँ ग़ायब हो गया था वह 'धंग-धड़ांग, खट्-खट्' का निरंतर होनेवाला कानफाड़ू शोर ? कहाँ थी वे तमाम अवैध रूप से रिज़र्व्ड डिब्बे में घुसकर कभी आजिज़ी से, तो कभी गुर्रा कर—'ज़रा-सा खिसककर बैठिए, हमें भी बैठना है' कहनेवालों की जमात ? और इस सबसे ज़्यादा, नाक-कान और आँख में अड्डा जमाकर बैठ जानेवाले धूल और कोयले के सैकड़ों-हज़ारों कण ? उस वक़्त नब्बे रुपए (जिन्हें कंपनी ने अदा किया था) में इतने आराम की यात्रा दिवास्वप्न ही प्रतीत हुई थी।

दिल्ली पहुँचकर जगतियानी आग्रहपूर्वक मुझे कश्मीरी गेट में रहनेवाली अपनी एक निकट की रिश्तेदार के निवास पर ले गया। वहाँ मुझे पहली बार, हाल ही में 'शरणार्थी' बना दिए गए किसी सिंधी परिवार में चार दिन बिताने, उनके रहन-सहन, खान-पान, हँसी-मज़ाक़ के तौर-तरीक़ों से परिचित होने का अवसर मिला था। खान-पान के अलावा बाक़ी किसी तरह से वे आम मध्यवर्गी परिवार से अलग नहीं लगे थे। हाँ, उनकी आपसी बातचीत में वे सिंधी कम, अंग्रेज़ी ज़्यादा बोल रहे थे।

लेकिन कश्मीरी गेट में बिताए उन चार दिनों में मुझे दो कम्युनिस्टों की याद बार-बार सताती रही थी। हमीद हाशमी से मेरी पहली मुलाक़ात 1944 में आगरा में हुई थी। हम दोनों ने आगरा कॉलेज द्वारा उसी वर्ष इतिहास के विद्यार्थियों के लिए आरंभ की गई 'अखिल भारतीय सर तेज़ बहादुर सप्रू ट्रॉफ़ी' की वाद-विवाद प्रतियोगिता में भाग लिया था। समवयस्क होने के कारण उस प्रतियोगिता के दौरान ही हम काफ़ी निकट आ गए थे।

उसी से पता चला था कि वे तीन भाई थे—अनीस हाशमी, हनीफ़ हाशमी और हमीद हाशमी। उस ज़माने में कम्युनिस्ट भाइयों के इस परिवार और ख़ास कर अनीस हाशमी के नाम से सभी कम्युनिस्ट अच्छी तरह परिचित थे। अक्सर उनके चर्चे पार्टी के मुखपत्रों—'जनयुद्ध' एवं 'पीपुल्सवार' में छपते रहते थे। मैं 1945 से 1948 तक दिल्ली आने पर बहुधा उन्हीं के घर रुकता था। घर पर

अनीस भाई तो कभी नहीं दिखे थे, हनीफ़ भाई और हमीद के साथ ख़ासी जान-पहचान हो गई थी। हमीद के साथ साइकिलों पर लाल क़िले से कुतुबमीनार के बीच ही तमाम ऐतिहासिक इमारतों के चक्कर लगाए थे। हनीफ़ भाई के साथ 1948 में एक अत्यंत रोमांचक—बल्कि कहूँ, लोमहर्षक—घटना का सहभागी बनना पड़ गया।

इस बार हाशमी परिवार के ख़ानदानी फ़र्नीचर के कारख़ाने में जाने पर पता चला कि वे शब्दशः 'दुकान अपनी बढ़ा गए' थे। बड़ी शिद्दत से पीछा करती रही थीं उन चार दिनों में उनकी यादें। हाशमी ख़ानदान का आख़िरी बार ज़िक्र सुनने को मिला था चीन की राजधानी पेइचिङ में जब उनके बेटे सफ़दर हाशमी की शहादत का समाचार मिला था श्री अजय ब्रह्मात्मज के द्वारा। उस रात मेरे मुँह से बिस्मिल इलाहाबादी का एक शेर बेसाख़्ता निकल पड़ा था जो उन्होंने पं. मोतीलाल नेहरू के देहांत पर लिखा था नेहरू परिवार के लिए—

अपनी कुर्बानी से है मशहूर हाशमी ख़ानदान,
शमा-ए-महफ़िल देख ले यह घर का घर परवाना है।

मुझे यक़ीन है कि मरहूम उस्ताद शायर की रूह को मेरे द्वारा 'नेहरू' की जगह पर 'हाशमी' बैठा देने पर ऐतराज़ नहीं हुआ होगा।

कलकत्ता से रवाना होने से पहले ही मुझे पता चल गया था कि डॉ. अशरफ़ भी उन दिनों दिल्ली में ही किरोड़ीमल कॉलेज में इतिहास के प्राध्यापक हो गए हैं। डॉ. कुँवर मुहम्मद अशरफ़ तीस और चालीस के दशकों में ग़ैर-कानूनी कम्युनिस्ट पार्टी के बहुत ही मशहूर नेताओं में से एक थे। सन् 1938 में आगरा में सात दिवसव्यापी 'सोशलिस्ट लेक्चर सीरीज़' में पहले दिन ही उनके अत्यंत रोचक भाषण को सुनकर मैं उनका भक्त बन गया था। उसी दिन से आरंभ हो गई थी मार्क्स के साम्यवादी दर्शन को अपना जीवन-दर्शन बनाने तथा उसी के अनुरूप अपने कार्यों को ढालने की सतत चेष्टा की मेरी यात्रा जो आज तक जारी है।

उसके बाद सन् 1943 में उनके भाषण का जादू श्रोताओं के सिर पर चढ़ने का कमाल मैंने खुद दिल्ली में दीवान-हॉल के पास हुई जनसभा में देखा था। उस रात देवली कंसेंट्रेशन कैंप से हाल ही में रिहा किए गए सभी कम्युनिस्ट दिग्गजों को पार्टी की लोकयुद्ध की नीति के कारण जनसभा के एक [illegible] अंश द्वारा रह-रहकर 'कम्युनिस्ट पार्टी मुर्दाबाद' के चीत्कार के सम्मुख हथियार डालते देख रहा था मैं भी। किंतु तभी डॉक्टर अशरफ़ के लगभग पैंतालीस मिनट तक चले भाषण को चुपचाप सुनते चले जा रहे श्रोताओं ने भाषण की समाप्ति पर समवेत स्वर में 'कम्युनिस्ट पार्टी ज़िंदाबाद' से आकाश गुँजा दिया था। उस

दिन मैंने समझा था शब्द की शक्ति का महत्त्व। उस दिन जाना था कि एक सफल वक्ता किस प्रकार क्रांति का वाहक बन जाता है।

फिर तो मेरी खुशक़िस्मती थी जो पार्टी ने डॉक्टर साहब को आगरा भिजवा दिया। 1944-45 में वे वहीं पार्टी के संगठन-कार्यों में जुटे रहे। तब मैं इतिहास में एम. ए. कर रहा था। डॉक्टर साहब लंदन यूनिवर्सिटी इतिहास के पी-एच. डी. थे। आगरा पार्टी ने मुझे पार्टी का ऑफ़िस सेक्रेटरी बना दिया था। कॉलेज से छूटते ही सुंदर होटल आकर ऑफ़िस को झाड़-पोंछकर तैयार कर रखने की ज़िम्मेदारी मेरी हुआ करती थी। डॉक्टर अशरफ़ और दूसरे कॉमरेड साढ़े तीन-चार तक आ पहुँचते थे। रात के नौ-दस तक जमावड़ा बना रहता था। बड़ा व्यस्त होता था हमारा कार्यक्रम। बड़ा मज़ा आता था उन कार्यक्रमों में भाग लेकर।

इन दो वर्षों में डॉक्टर साहब मुझ पर अत्यंत कृपालु हो गए थे। खुशमिज़ाज डॉक्टर साहब को रोती सूरतों से सख़्त परहेज़ था। घेरकर बैठनेवाले साथियों को खूब हँसाते रहते और खुद भी उने साथ जी खोलकर हँसते रहते थे। खुद को तनिक अधिक बुद्धिमान समझनेवाले कॉमरेडों को अनेक तीखे व्यंग्य-वाणों का अक्सर शिकार होना पड़ता। लेकिन दुर्भावना का क़हीं दूर-दूर तक नाम-निशान नहीं होता था।

देश का विभाजन होने के बाद डॉक्टर साहब की बड़ी दुर्गति हुई। उन्हें भी पाकिस्तान में पार्टी संगठित करने वहाँ भिजवा दिया गया। कराच. पहुँचने पर, पाकिस्तान सरकार ने पहले उन्हें जेल में ठूँसा और फिर जलावतन कर इंगलैंड जाने पर मजबूर कर दिया। इधर, कुछ व्यक्तिगत कारणों से डॉक्टर साहब से नाराज़ पं. जवाहरलाल नेहरू उन्हें भारतीय नागरिकता देने को राज़ी नहीं हो रहे थे। वह तो भला हो कुछ समय के लिए बने जम्मू-कश्मीर के मुख्यमंत्री जी. एम. सादिक का जिन्होंने कश्मीर का इतिहास लिखने के बहाने डॉक्टर साहब को श्रीनगर बुलवा लिया।

इसी बीच वक़्त के थपेड़ों ने मुझे कलकत्ता ला-पटका था और वहाँ मुझे सिंधिया स्टीम नेविगेशन कंपनी लिमिटेड में क्लर्क के सिंहासन पर बैठा दिया था। डॉक्टर साहब के श्रीनगर आ पहुँचने का समाचार मिलने पर मैंने उन्हें एक पत्र लिखा जिसमें तरक़्क़ी करते-करते क्लर्क बन जाने का भी ज़िक्र कर दिया था। डॉक्टर साहब ने अपने ख़ास अंदाज़ में उसका जो जवाब दिया था उसे मैं आज तक नहीं भुला पाया हूँ—"I am much worse than you. I am still a British citizen by birth." जब पाकिस्तान और हिंदुस्तान दोनों ने उन्हें अपना नागरिक नहीं माना, तो इस शीर्षस्थ स्वतंत्रता सेनानी को British Citizen by bitrh का अपमान झेलने पर बाध्य होना पड़ा।

ऐसी-ऐसी ढेर सारी यादों के साथ मैं जगतियानी को साथ लिये जा पहुँचा

था किरोड़ीमल कॉलेज। पता चला कि डॉक्टर साहब क्लास ले रहे हैं। चपरासी हमें टीचर्स रूम में उनकी प्रतीक्षा करने का आदेश देकर चला गया। कुछ ही देर बाद, पीरियड समाप्त होने पर, डॉक्टर साहब ने कमरे में प्रवेश किया, और मुझे देखते ही हाथ की किताबें टेबिल पर पटक कर छाती से चिपका ही लिया। बड़ी ऊष्मा थी उस आलिंगन में। प्रायः एक मिनट तक न उनके मुँह से कोई बोल निकले थे, न मेरे। डॉक्टर साहब के उस आत्मीय आलिंगन का रोब जगतियानी पर आज तक पड़ा हुआ है।

तनिक प्रकृतिस्थ होने पर मैंने जगतियानी का परिचय देने के बाद अपनी डींग हाँकते हुए कहा था—"And Doctor Sahib, now get acquainted with the Editor-in-chief of Scindia Endeavour."

डॉक्टर साहब की बेहद संक्षिप्त, किंतु बेहद सटीक प्रतिक्रिया थी—"Believe it or not." जगतियानी आज भी इसे दुहराते हुए हँस-हँसकर दुहरा हो जाता है।

क़रीब पंद्रह-बीस मिनट चली थी हमारी वह मुलाक़ात। ज़्यादातर वक़्त तो बीता था आगरा पार्टी के साथियों की चर्चा करते। बारह वर्षों के व्यवधान के बाद मिल रहे थे हम। आपबीती सुनने-सुनाने का उस वक़्त न मौक़ा ही था, न माहौल। इसलिए, फिर जल्दी ही मिलने का वादा करके हमने एक-दूसरे से विदा ली। बक़ौल जयपुरवाले परमप्रिय कवि मित्र जगदीश चतुर्वेदी, 'अरे, विदा की वेला में मुसकाए थे।' कितनी वेदनासिक्त थी मेरी वह मुसकान, मैं ही जानता हूँ।

लेकिन कहाँ मिल पाए थे हम उस दिन के बाद ? न जल्दी ही, न देर से। वापस कलकत्ता पहुँचने के कुछ दिनों बाद ही कॉमरेड पदम कुमार जैन ने डॉक्टर साहब के बारे में दो सूचनाएँ एक ही पत्र में दी थीं। पहली कि उन्हें तत्कालीन पूर्वी जर्मनी प्रजातंत्र ने हाइडेलबुर्ग विश्वविद्यालय मे इतिहास के प्राध्यापक के रूप में बुला लिया था। और दूसरी यह कि वहीं अचानक उनका देहांत हो गया था। परंतु मेरे लिए तो उनकी एक-एक स्मृति आज भी जीवित और तरोताज़ा है। कष्ट यही है कि आज के कम्युनिस्ट साथियों में से अनेक को उनका नाम तक पता नहीं है। जो पीछे छूट गया, या जिसे हम छोड़ आए, उसे याद करने और याद रखने की किसे फ़ुरसत है ? और लाभ भी क्या है उसका ? बाज़ार-व्यवस्था पर टिकी आज की दुनिया में तो हर चीज़ और हर शख़्स नफ़े-नुक़सान की तराजू पर तोला जा रहा है।

किंतु कदाचित् डॉ. अशरफ़ की स्मृति-रक्षा के संबंध में मुझे इतना निराश होने की आवश्यकता नहीं होनी चाहिए। इतिहास में बी. ए. (ऑनर्स) की तैयारी कर रही मेरी पौत्री नेहा ने अभी परसों ही मुझे सूचना दी थी कि मध्ययुगीन भारत के इतिहास के पेपर के लिए उसकी प्राध्यापिका ने जिन पुस्तकों का

गहन अध्ययन करने की सिफ़ारिश क़ी है, उनमें एक 'किन्हीं' डॉक्टर अशरफ़ की लिखी 'Life and Conditions of the People of Hindustan' भी है। अब भले ही हमारे आज के कम्युनिस्ट साथी, महापंडित राहुल सांकृत्यायन की 'नए भारत के नए नेता' पढ़ने की ज़रूरत न समझें, आनेवाली पीढ़ियाँ तो इतिहासविद डॉक्टर अशरफ़ से परिचित होती ही रहेंगी।

दिल्ली आए चार दिन बीत चुके थे। क़ायदे से अब हमें कलकत्ता वापस चला जाना चाहिए था। किंतु बीस-बाईस वर्ष के किशोर गुलाब जगतियानी को दिल्ली तक आ जाने के बाद बिना ताजमहल देखे घर लौट जाना क़तई मंजूर नहीं था। उसका कहना था कि सात समंदर पार के लोग तो हज़ारों मील का फ़ासला तय कर संसार के इस आठवें आश्चर्य को देखने आते रहते हैं। हमें तो सिर्फ़ एक सौ मील का ही सफ़र करना है।

बात अगर तर्कसंगत हो, तो मैं उसे तत्काल मान लिया करता हूँ। वैसे भी, आगरा जाने के लिए आज भी मुझे किसी तर्क की नहीं, सही संग-साथ की ज़रूरत काफ़ी होती है। इसलिए हम दोनों दूसरे ही दिन आगरा के राजा की मंडी स्टेशन पर जा उतरे थे। राजेन्द्र की बहन सुमन ने कलकत्ता में ही अगली बार आगरा आने पर अपने घर रुकने की 'गॉड प्रॉमिस' ले रखी थी। अतएव हम दोनों सीधे जा पहुँचे थे रफ़ी अहमद किदवई रोड पर राजेन्द्र यादव के घर।

यह पहली बार मैं आगरा में अपने ननिहाल में नहीं रुका था। लेकिन समूचे यादव परिवार ने जिस गर्मजोशी और तहेदिल से मुझे अपना लिया उससे कहीं भी यह गंध नहीं आ रही थी कि मैं कोई पराया हूँ। यहाँ तक कि सूर्योदय होने के काफ़ी देर बाद आँख खुलने पर चाय तलब करने पर कभी सुमन, तो कभी माधवी एक तो इतनी देर तक सोते रहने और फिर उठते ही 'बिना दातन-कुल्ला किए खाली पेट मरी चाय जैसी आँतें सुखा डालनेवाली फालतू चीज़' पीने के लिए जिन स्नेह छलकाते शब्दों में मुझ पर लानत भेजतीं, उससे मुझे वाक़ई मेरी नानी याद आ जाती थी। वह भी बचपन में बिना नीम के डंठल वाले ब्रश से पंद्रह-बीस मिनट तक दाँतों को रगड़े, पेट में एक बूँद पानी का भी नहीं पटकने देती थी।

और चाय ? वह तो मुझे सिर्फ़ सर्दियों में ही पीने दी जाती थी। और चाय के नाम पर जो पेय हमें मिलता था उसमें अदरख, दालचीनी, जायफल, जावित्री और केसर आदि इस मात्रा में घोल दिए जाते थे कि उस पदार्थ को चाय नहीं काढ़ा कहना अधिक सही होता। केवल चाय की ज़िद करने पर नानी गुजराती का एक गीत सुनाने लग जाती थी, जिसकी पहली पंक्ति आज भी याद रह गई है—'अरे चंडालिनी तू चा, हवे (अब) तो हिंद माँ थी जा।' इसलिए मेरे बचपन की रिवायतों को सन् 1958 तक अक्षुण्ण बनी रहते देखकर मुझे कहीं अच्छा भी

लग रहा था। परेशान होता था बेचारा जगतियानी जिसे 'बेड टी' का रोग गहरा लगा हुआ था। चाय का प्याला ओठों से लगाने के पहले बाथरूम में जाकर कुल्ला करना उसे बेहद अखरता था। पर मजबूरी का नाम महात्मा गांधी ! 'व्हैन इन रोम, डू ऐज़ रोमन्स डू' कहकर हाथ-मुँह धो आता था।

लेकिन हाथ-मुँह धोने के बाद उसे जो नाश्ता दिया जाता, उसे देखकर उसका रोआँ-रोआँ खिल उठता था। राजेन्द्र के घर के पास ही राजामंडी का चौराहा था। वहीं पर सकटुआ हलवाई की दुकान थी जिसकी गर्मागर्म और ख़स्ता-क़रारी जलेबी, कचौडी, समोसों की धाक राजामंडी, मंसादेवी, गोकुलपुरा और बल्काबस्ती पर ही नहीं, सुदूर लोहामंडी के भी एक बड़े भाग पर सुबह-सुबह ही छा जाती थी। उसकी दुकान पर आ जमी भीड़ का 'सकटुआ, पावभर जलेबी, चार कचौड़ियाँ—जरा जल्दी सै प्हैलवान,' का शोर सुबह दस बजे तक गूँजता रहता था।

मेरा नौजवान सिंधी दोस्त गुलाब जगतियानी भी पहले दिन से ही उस नाश्ते का शैदाई हो गया। उसे इतने चाव से जलेबियाँ और कचौड़ियाँ उदरस्थ करते देखकर मुझे भी रश्क़ होने लग जाता था। किंतु जान पड़ता है सकटुआ की एक भी जलेबी-कचौड़ी पर मेरा नाम नहीं लिखा रहता था, क्योंकि बिना स्नान किए मेरी भूख खुलती ही नहीं, और आगरा की उस क़ातिल सर्दी में सबेरे नौ-साढ़े नौ बजे नहा लूँ, इतने पाप मैंने उस समय तक नहीं किए थे। लिहाज़ा, नाश्ते के नाम पर कडक चाय का एक और गिलास डकारकर ही संतोष कर लेना पड़ता था मुझे।

फिर नहाने तक भोजन का समय हो जाता था। उस समय तक आगरावाला ब्रेक-फास्ट, लंच, डिनर, सपर आदि का आदी नहीं हुआ था। वह दो वक़्त भोजन करता था और दो वक़्त ही नाश्ता। राजामंडी, बनिया-प्रधान होने के नाते, यहाँ लोग डिनर के स्थान पर 'ब्यालू' कर लिया करते थे। ख़ैर, दोपहर का खाना खाकर मुझे जगतियानी को कभी क़िला और ताजमहल, तो कभी सिकंदरा, ऐतमादुद्दौला, दयालबाग़ दिखाने ले जाना पड़ता था। वह पहली बार मुग़लिया इमारतें देख रहा था। कितना प्रभावित हो रहा था वह, यह उसका चेहरा दूर से ही स्पष्ट कर देता था। उन तीनों दिन वह हर पल मगन रहता था। लेकिन सिर्फ़ बाहर रहते समय ही। घर में लौटते ही उस पर कोफ़्त सवार हो जाया करती थी। राजेन्द्र के घर में सिगरेट को शराब का पर्यायवाची माना जाता था। सुमन ने कलकत्ता से लौटने बाद घोषणा कर दी थी कि ठाकुर साब की संगत में रहकर राजे भाई साब भी सिगरेट पीना सीख गए हैं। अतएव मुझे क़दम-क़दम पर अपनी सच्चरित्रता के प्रमाण-पत्र पेश करने पड़ते थे। पैंट-शर्ट और कुर्ते की जेबों में न सिगरेट का एक पैकेट रख पाता था, न माचिस की एक तीली। मेरे

चक्कर में बेचारा जगतियानी भी पाक-दामन बना रहने पर बाध्य हो जाता। मुझसे बहुत छोटा था, इसलिए उसके चरित्र की भी ज़िम्मेदारी मुझे ही सँभालनी पड़ रही थी। इलायची-पीपरमेंट डला पान चबा लेने के बाद ही हम घर वापस लौटा करते थे।

घर में घुसते ही गुलाब थकान के बहाने अपने बिस्तर पर जा पसरता था। मैं जा बैठता था बाई के पास। बाई अर्थात् राजेन्द्र-जननी। एक बड़ी मज़ेदार बात लक्ष्य की थी मैंने उन तीन दिनों में। बाई 'टोटल माँ' थी जिसकी चिंतन और जिसकी भावनाओं के केंद्र में चौबीसों घंटे उसके राजे, सत्ते, भूपे, मुन्ना, कुसुम, माधवी, सुमन, अरुणा और दोनों बेबियाँ उपस्थित रहा करते थे और जो खुद अपनी प्रत्येक संतान के दिल-दिमाग़ के केंद्र में रहा करती। मुझसे अपने राजे के कलकत्ता प्रवास-काल की दिनचर्या के बारे में खोद-खोदकर सवालों-पर-सवाल करती बाई उस बार मुझे मैक्सिम गोर्की की 'माँ' की याद दिलाती रही थी।

बाई के साथ बातें करने में मुझे बड़ा मजा आता था। बाई थी भी अद्‌भुत व्यक्तित्व की धनी। महाराष्ट्र के अमरावती नगर में जन्मी, पली-बढ़ी बाई की मातृभाषा मराठी थी। हिंदी तो उसने सोलह-सत्रह वर्ष की आयु में विवाह होने के बाद सीखी। 1958 तक बाई ख़ासी अच्छी हिंदी बोल लेती थी। पर बीच-बीच में, साफ़ झलकता रहता था कि हिंदी उन्होंने सीखी हैं, उनकी अपनी ज़बान नहीं है।

उस बार एक और बड़े दिलचस्प तथ्य का पता चला था मुझे। खुद राजेन्द्र के पिताजी की पढ़ाई-लिखाई उर्दू में हुई थी, हिंदी में नहीं। वे भी उन असंख्य लोगों में एक थे जो देवकीनंदन खत्री की चंद्रकांता, चंद्रकांता संतति, भूतनाथ आदि पढ़ने की ख़ातिर हिंदी सीखने पर मजबूर हो गए थे। और इसी कारण राजेन्द्र यादव की शिक्षा-दीक्षा भी अलिफ़-बे-पे-ते से आरंभ हुई थी, अ-आ इ-ई से नहीं। उसने भी खेल के मैदान में पाँव पर लगी गहरी चोट की वजह से क़रीब तीन साल तक अस्पताल और घर में शैया-सेवन करने की मजबूरी के दौरान ही हिंदी का अभ्यास आरंभ किया था।

बाई के साथ बातें करते समय हम दोनों ही घूम-फिरकर राजेन्द्र की शादी के प्रश्न पर टिक जाया करते। बाई को चिंता सता रही थी कि उसका राजे अब तीस का होने आ गया था। अब तो उसका विवाह हो ही जाना चाहिए। इस विषय में मेरी भी गहरी दिलचस्पी थी। साथ ही, मुझे यह देखकर बड़ा ताज्जुब हुआ था कि बाई को भी राजेन्द्र और मन्नूजी के बीच चल रहे चक्कर की ख़ासी जानकारी हो चुकी थी। कदाचित् सुमन ने कलकत्ता में उसकी गंध सूँघ ली थी। इस दिशा में महिलाओं की घ्राणशक्ति पुलिस के खोजी कुत्तों की अपेक्षा

कहीं अधिक तीव्र हुआ करती है। और यों भी, इश्क़ और मुश्क कब किसी के छुपाए छुपे हैं ?

बाई की भावी पुत्रवधू के संबंध में अपनी राय जताने से पहले मैंने बाई से उसकी अपेक्षाएँ जान लेनी चाही थी। बाई ने एक वाक्य में अपने दिल की बात कह दी थी—"भैया, तुम्हारी कमला जैसी कोई गुजराती लड़की होनी चाहिए—देखने में गोरी, स्वभाव की हँसमुख और घर के कामकाज में हमेशा आगे।" कुछ ही दिन पहले, बूँदी जाते समय, कमला, बाई के साथ कुछ घंटे बिता ही नहीं गई थी, पूरे यादव परिवार पर अपना सिक्का जमा गई थी।

लेकिन उस दिन बाई और उसे घेरकर बैठी लड़कियों को मैं यह समझाने में समर्थ हो गया था कि कमला जैसी तो दुनिया में सिर्फ़ कमला ही गढ़ी जा सकी थी क्योंकि उसके बाद वह साँचा बूढ़े अल्लाह मियाँ के काँपते हाथों से छिटककर चूर-चूर हो गया था। अतएव, मैंने आम चर्चा को ख़ास बनाने के उद्‌देश्य से, दबे-दबे लहजे में, जब राजेन्द्र की आगरावाली पसंद की ओर इशारा किया, तो उसकी बेहद तीखी प्रतिक्रिया सुनकर मैं तो स्तंभित ही रह गया। कारण पूछने पर मुझे बताया गया कि जो तितलियों की तरह दिन-भर साइकिल और बाद में स्कूटर पर इधर-उधर भटकती रहती हो, वह मर्दानी लड़की यादव-परिवार की सबसे बड़ी भाभी के उच्च सिंहासन पर कदापि अभिषिक्त नहीं की जा सकती।

मुझे याद आया कि उस बेचारी के संबंध में कमला ने भी कुछ ऐसी ही राय लिख भेजी थी। बूँदी जाने से पहले राजेन्द्र ने कमला से उस लड़की से मिलकर अपनी 'निष्पक्ष' राय बताने का अनुरोध कर दिया होगा। अपने दायित्व का पालन करते हुए कमला ने बूँदी पहुँचे बाद मुझे लिखे पत्र में सूचना दी थी कि उसे तो यह लड़की सूरत-शक्ल, चाल ढाल, बोलचाल, सबसे 'पतान' लगी। अब राजेन्द्र की बहिनों की समवेत राय सुनने के बाद मेरा यक़ीन और भी पक्का हो गया था कि नारी ही नारी की शत्रु होती है। मुझे उसे देखने का आज तक अवसर नहीं मिला है। अतएव इस संबंध में कोई भी राय देने का मुझे कोई अधिकार नहीं है। परंतु जितना भर सुना-समझा है, उसके आधार पर मेरी समस्त सहानुभूति उस महिला के साथ है जिसने निष्ठापूर्वक राजेन्द्र के प्रति आज तक प्रेम का निर्वाह किया है।

बहरहाल, उस समय तो हम राजेन्द्र के प्रेम नहीं, विवाह की समस्या से जूझ रहे थे। इसलिए जब इस सिलसिले में मन्नूजी का नाम उठा, तो मुझे यह देखकर सुखद आश्चर्य हुआ कि बाई को उसमें कोई ऐतराज़ नहीं था। बल्कि वे तो 'इतनी पढ़ी-लिखी, कमाती-धमाती और नाम की हुई लड़की' के साथ राजेन्द्र के विवाह की कल्पना मात्र से गद्‌गद हो रही थीं। बहुत कुछ यही स्थिति राजेन्द्र

की बहिनों की भी थी। उस समय तक मन्नूजी की 'मैं हार गई' और 'तीन निगाहों की एक तसवीर' ने हिंदी के पाठकों में धूम मचा दी थी।

स्वीकार करता हूँ कि स्वयं मन्नूजी का पक्षधर होने के बावजूद, मुझे उन लोगों की यह प्रतिक्रिया अत्यंत विडंबनापूर्ण लगी। एक जानी-पहचानी लड़की, जिसके साथ राजेन्द्र का काफ़ी अरसे से चक्कर चल रहा था, उसकी आधुनिकता को तो वे पचा नहीं पा रही थीं, और एक अनदेखी, अनजान मन्नूजी की आधुनिकता को वे न केवल आत्मसात् करने को प्रस्तुत थीं, बल्कि उसमें वे कहीं गर्व और गौरव दोनों अनुभव कर रही थीं। मेरे दिमाग़ में दो कहावतें एक साथ चक्कर काटने लग गई थीं—पहली, अति परिचयात् अवज्ञा और दूसरी, दूर के ढोल सुहावने।

आज जब पीछे मुड़कर उस दृश्य को स्पष्ट देख रहा हूँ तो एक और बात पर भी मुझे हँसी आ रही है। उस निरीह आगरावाली लड़की को उसके खुले, मुक्त व्यवहार पर अस्वीकार करने को तत्पर उन लड़कियों में से अधिकांश ने खुद प्रेम करने के बाद ही विवाह किए हैं और आज उनमें उस मध्यवर्गीय पिछड़ी मनोवृत्ति का कहीं कोई अंश तक दिखाई नहीं देता। राजेन्द्र यादव के परिवार की उस क़स्बाई मनोवृत्ति को जकड़े, आगरा में जमे बैठे हैं केवल राजेन्द्र के तीसरे भाई, भूपेन्द्र यादव जिनकी उच्चतम महत्त्वाकांक्षा का आदि और अंत उनके पिताजी द्वारा बनवाए गए मकान पर सालिम क़ब्ज़ा कर लेने तक ही सीमित है।

उस बार आगरा में बिताए गए तीन दिनों में एक बात साफ़ समझ में आ गई थी कि उसका सारा परिवार राजेन्द्र को बेहद प्यार करता था और वे सभी राजेन्द्र के विवाह की उत्सुक प्रतीक्षा कर रहे थे। उनकी एकमात्र चिंता यही थी कि राजेन्द्र का ऊँट किस करवट बैठेगा। उस ज़माने के राजेन्द्र में आज के राजेन्द्र से बहुत फ़र्क़ था भी। आज तो अपने लेखन और भाषणों से आपके सम्मुख वह एक ऐसे बुद्धिजीवी के रूप में उपस्थित होता है जो अपनी मान्यताओं को हठधर्मी की सीमा तक जकड़े रहता है, उनकी ख़ातिर अपनी लोकप्रियता को भी निरंतर दाँव पर लगाता चलता है। लेकिन 1958 में स्थिति ऐसी नहीं थी। राजेन्द्र की अनिश्चयता बार-बार स्पष्ट होती रहती थी। ख़ासकर अपने बारे में कोई निर्णय लेने से पहले वह अपनी भावनाओं से कहीं अधिक अपने आसपास के लोगों की राय पर भरोसा करता था।

इन लोगों की विडंबना यही रही कि बार-बार यह कहते रहने पर भी कि 'हज़ारों सालों से पुरुष ने स्त्री को देह से अधिक कुछ भी नहीं माना...और उसकी देह के स्वामित्व पर ही उसने संस्कृति का सारा वितान खड़ा कर लिया,' इन्होंने उसकी देह को नकारकर उसे यह समझाना शुरू कर दिया कि देह की क्या पवित्रता, क्या अपवित्रता ? एक बार रगडकर ही देह फिर से तरोताज़ा हो जाती

है। इसलिए, नहा लेते यावज्जीवेत् सुखं जीवेत्। इनका विश्वास था कि आज के युग में विवाह संस्था नितांत अप्रासंगिक होती जा रही है। कौन किसके साथ हमबिस्तर होता है, इसका कदापि कोई महत्त्व नहीं है। जब जिसका जिससे जी मिल जाए उस युग्म को जो जी में आए, करने की छूट होनी चाहिए। उनकी निगाह में क्रांति का यह दैहिक मुद्दा आर्थिक तथा सामाजिक मुद्दों से रत्ती-भर कम महत्त्वपूर्ण नहीं है। शायद यही कारण था कि राजेन्द्र और राजेन्द्र के समकालीन लगभग सभी साहित्यकार अपने जीवन में देह का आह्वान फिर-फिर सुनते रहे, जैनेन्द्रजी की भाँति ईमानदारी से विश्वास करते रहे कि हरेक बुद्धिजीवी को एक अदद बीवी के साथ कम-से-कम एक अदद माशूका रखने की इजाज़त समाज द्वारा दी ही जानी चाहिए।

आगरा के इस प्रवास के दौरान रांगेय राघव से भेंट नहीं हो पाई। वह मई 1956 में विवाह करने के बाद बयाना के पास अपने पैतृक गाँव वैर में जा बसा था। आगरा में परिचितों के नाम पर रह गया था केवल घनश्याम अस्थाना जिसके साथ, राजेन्द्र के कारण, कलकत्ता में परिचय गहरा गया था। दिन में एक बार उसके साथ भी बैठक जम जाती—कभी मैं गोकुलपुरा में उसके घर जा पहुँचता, कभी वह राजेन्द्र के यहाँ चला आता था। हँसने-बोलने में वह भी माहिर था और मैं भी। पप्पू और राजेन्द्र की टाँगखिंचाई करते (परोक्ष में तो और भी खुल कर) हमारा वक़्त ख़ासा बीत जाता था।

इस प्रकार वे तीन दिन कहाँ निकल गए, अंदाज़ ही नहीं हुआ। चौथे दिन तूफ़ान मेल पकड़कर जगतियानी और मैं वापस चल पड़े कलकत्ता के अपने-अपने नीड़ों में जा दुबकने। राजेन्द्र की अनुपस्थिति में उसके विवाह के संबंध में निर्णय ले पाने का कोई प्रश्न ही नहीं था। तथापि इन तीन दिनों में उसके परिवार का निकट से परिचय प्राप्त कर तथा उनका स्नेह पाकर मुझे बहुत अच्छा लगा था। अब तक कलकत्ता में केवल राजेन्द्र ही मेरे परिवार का सदस्य बना था। अब आगरा आकर मैं भी उसके परिवार द्वारा अपना लिया गया, इससे बढ़कर संतोष मुझे और क्या हो सकता था ?

घटनाक्रम इस तेज़ी से करवटें बदलेगा, इसका कोई अंदाज़ उस समय मैं नहीं लगा पाया था। राजेन्द्र उन दिनों दिल्ली-आगरा-इलाहाबाद के बीच घूमता रहता था और मैं अपने दफ़्तर की यूनियन की नेतागीरी करते हुए कलकत्ता-बंबई के बीच। हम दोनों अपने-अपने वर्तमान से पूरी तरह संतुष्ट थे।

उधर मन्नूजी ने दुर्गापूजा की छुट्टियों में पहले दिल्ली और वहाँ से इंदौर हो आने का प्रोग्राम बना लिया था ताकि वे राजेन्द्र, राकेश और कमलेश्वर के

तिगड्डे के साथ कुछ समय दिल्ली में बिताकर, इंदौर में अपनी सबसे बड़ी बहिन से मिल आएँ। मन्नूजी की बड़ी बहिन, सुशीला भण्डारी, और मैं मन-ही-मन आस लगाए बैठे थे कि शायद राजेन्द्र मन्नूजी को आगरा ले जाकर अपने परिवार से भी मिलवा लाएगा।

दुर्गापूजा आई। बंगाल भर में ढोल, ढाक और शहनाइयाँ गूँजने लग गईं। मुहल्ले-मुहल्ले में बड़े उत्साह और मेहनत से बनाए गए पूजा-पंडाल सुबह से शाम तक सैकड़ों-हज़ारों खोका-खोकियों, दादा-दीदियों और भद्र पुरुष तथा नारियों की सामूहिक चिल्लपों से गुलज़ार हो उठे। वातावरण में केवल हर्ष-उल्लास और मौज-मस्ती छा गई। समूचा वायुमंडल भर गया अगरुधूम की मादक सुगंधि से। और भर गया प्रत्येक पूजा-पंडाल से 'फुल वॉल्यूम' पर चलाए जा रहे माइक्रोफ़ोनों से लगभग चौबीसों घंटे निस्सृत होनेवाली, कानों को बहरा बना देनेवाली, श्लील-अश्लील सिनेमाई स्वर-लहरियों से। तब तक महँगाई आज जैसी कमरतोड़ नहीं हो पाई थी। इस कारण केवल महानगर कलकत्ता ही नहीं, पश्चिम बंगाल के कोने-कोने में उत्सव—विशेषकर दुर्गापूजा के उत्सव—के दौरान समस्त दैनंदिन चिंता-भावनाओं को एक ओर ठेलकर उन्माद की सीमा-रेखा छू लेने की क्षमता तब तक बची हुई थी।

पूजा आई और आकर चली भी गई। अभी उसका खुमार उतरा भी नहीं था कि बंगाल और बँगाली, जुट गया कालीपूजा की तैयारियों में। बंगाल में दीवाली कालीपूजा के रूप में मनाई जाती है। जब अंग्रेज़ों की कूटनीति के फलस्वरूप हमारे देश के साथ-साथ बंगाल को भी पुनः विभाजित कर दिया गया, तो पूर्वी बंगाल से लाखों लोग भारतीय बंगाल में आ बसे थे। कालीपूजा उन पूर्वी बंगालियों का उतना ही महत्त्वपूर्ण पर्व है जितना दुर्गापूजा पश्चिमी बंगाल के निवासियों का।

परंतु इसके पहले कि दीवाली की फुलझड़ियाँ छूटतीं और पटाखे फूटते, एक ज़ोरदार धमाका हो गया—मन्नूजी के इंदौर से मुझे लिखे गए एक पत्र के रूप में। वे बड़े उत्साह में भरी कलकत्ता से दिल्ली के लिए रवाना हुई थीं। शायद उन्हें यक़ीन हो गया था कि इस बार दिल्ली से इंदौर जाने के पहले ही वे और राजेन्द्र भविष्य में साथ-साथ, पति-पत्नी के रूप में जीवन व्यतीत करने का निर्णय ले ही लेंगे। दिल्ली में राकेश और कमलेश्वर के सान्निध्य में उनका समय कटा भी ख़ासी मौज-मस्ती, हँसी-खुशी और परस्पर टाँगखिंचाई करते।

नई दिल्ली के स्टेशन पर उन्हें बाक़ायदा विदा करने के लिए राजेन्द्र भी उनके साथ ही गया था। ट्रेन छूटने-छूटने को हुई, तभी एकदम नाटकीय परिस्थितियों में राजेन्द्र ने मन्नूजी को सूचित कर दिया कि वह उनके साथ विवाह तो नहीं कर सकेगा, परंतु आजीवन उनका अच्छा मित्र अवश्य बना रहेगा।

इस नितांत अप्रत्याशित वज्रपात से अवाक्, स्तंभित रह गईं मन्नूजी को राजेन्द्र के इस कथन को उसके संपूर्ण अर्थ में आत्मसात् करने में अवश्य ही कुछ क्षण तो लगे ही होंगे। और तभी गार्ड ने सीटी बजाकर हरी झंडी हिला दी। नई दिल्ली धीरे-धीरे पीछे छूटने लगी।

राजेन्द्र ने यह निर्णय क्यों लिया था, किन कारणों तथा तर्कों के आधार पर लिया था, मैं नहीं जानता। अपने व्यक्तिगत मामलों को राजेन्द्र हमेशा केवल अपने तक ही सीमित रखता है, और अपने मित्रों के संबंध में मेरी जिज्ञासा ने उत्सुकता की सीमा कभी नहीं छुई। मेरे बचपन में आगरा में एक कहावत बहुत प्रचलित थी—यार की यारी से काम रखो, यार के फ़ैलों से नहीं। मैं तो यारों की बदफ़ैलियों से भी तब तक कोई सरोकार नहीं रखता, जब तक उनका प्रत्यक्ष प्रभाव मेरी अपनी ज़िंदगी पर नहीं पड़ने लग जाता। नतीजे में राजेन्द्र की इस हरकत की वजह से मैं आज तक अनजान ही हूँ।

पर स्वीकार करता हूँ कि मन्नूजी के उस पत्र ने मुझे भी सिर से पाँव तक हिलाकर रख दिया। बहुत झुँझलाया था मैं मन-ही-मन राजेन्द्र पर कि कंबख़्त अपने आप कभी कोई सही निर्णय ले ही नहीं पाता। कमला भी उसके इस फ़ैसले से बहुत दुःखी हो गई थी। शाम को हम दोनों लैंसडाउन रोड पर भण्डारी साहब के घर जा-पहुँचे। वहाँ पता चला कि सुशीलाजी को भी मन्नूजी का पत्र मिल गया था। भण्डारी साहब अंग्रेज़ी में लाल-पीले हो रहे थे, मैं हिंदी में अपनी भड़ास निकालने लगा।

हँस रही थीं केवल मन्नूजी की बड़ी बहिन सुशीलाजी। स्थितियों के यथार्थ को संपूर्णता से समझने और तनिक भी विचलित न होने में सुशीलाजी तब भी बेजोड़ थीं। 'सुख दुःखे समेकृत्वा, लाभालाभौ जयाजयौ' वाला गीता का श्लोक उन पर चालीस वर्ष पहले भी फ़िट होता था। आज तो, ओशो रजनीश की जागरूक अनुयायी हो जाने और नित्य साक्षी भाव से ध्यानरत होने के वर्षों पुराने अभ्यास ने उन्हें सचमुच स्थितप्रज्ञ का सजीव उदाहरण बना डाला है।

तो उस शाम हम लोगों ने सामूहिक निर्णय केवल यही लिया था कि मन्नूजी को मानसिक खिन्नता से उबारने के लिए मैं और सुशीलाजी उन्हें तुरंत ही पत्र लिख भेजें। उस ज़माने में एस. डी. टी. का किसी ने नाम भी नहीं सुना था और फ़ोन पर ट्रंककॉल किया जाना विलासिता का पर्याय माना जाता था जिसका उपयोग केवल घनघोर इमर्जेंसी में ही होता था।

मुझे अच्छी तरह याद है कि मैंने अपने पत्र में मन्नूजी को लिखा था कि मुझे पूरा यक़ीन है कि राजेन्द्र आगरा के गुरुत्वाकर्षण में रहते समय जमुनादास हो गया है, कलकत्ता आने पर पुनः गंगादास हो जाएगा। मुझे खुशी है कि मेरी वह भविष्यवाणी कुछ समय बाद ही सोलहों आने सत्य सिद्ध हो गई थी।

एक और बात पर भी हम लोग उस दिन एकमत हो गए थे। यदि राजेन्द्र इतने दिनों बाद मन्नूजी को इस प्रकार अकारण ही 'डिच' करता है, तो भविष्य में न भण्डारी परिवार उसके साथ किसी प्रकार का कोई संबंध रखेगा, न ठाकौरों का ही उसके साथ मित्रता रख पाना संभव हो सकेगा। प्रेम का धागा चटख़ा कर तोड़ दिए जाने के बाद, उस धागे को बिना गाँठ पड़े फिर से जोड़ पाना संभव नहीं होता, रहीम का यह दोहा एकदम सच है। और मेरे लिए तो आरंभ से ही 'जहाँ भौंह मैली, तहाँ सौंह हमें जैबे की' आप्तवाक्य रहा है।

किंतु इतनी गंभीरतापूर्वक लिये गए हमारे इन दोनों निर्णयों को कार्यान्वित करने का अवसर ही नहीं दिया था राजेन्द्र ने। उबाल ठंडा होने से बहुत पहले ही आ धमका था ग्रीक चर्च रो। अचानक, बिना किसी पूर्व सूचना के। अब घर आए को तो हमारे अतिथि देवो भव वाले संस्कारों के चलते न तो धक्के मार कर घर से बाहर धकेला जा सकता है, और न उसके स्वागत-सत्कार में ही कोताही की जा सकती है। सो सारा गुस्सा पीकर मुझे उससे साहब-सलामत भी करनी पड़ी थी। परंतु मारे गुस्से के मैंने उससे यह भी नहीं पूछा था कि वह सीधा दिल्ली से आ रहा था कि आगरा से अथवा इलाहाबाद रुककर। और राजेन्द्र ने बिना पूछे कभी कोई सूचना देना सीखा ही नहीं था।

उसे घर पर ही छोड़कर मैं तो दफ़्तर भाग निकला। उसने अगर झाड़ खाई होगी तो कमला के हाथों। बहरहाल, शाम को कॉफ़ी-हाउस से हम दोनों एक साथ घर लौटे थे बस पकड़कर। मुझे जब किसी पर क्रोध आता है और उसे बाहर नहीं निकाल पाता, तो मैं उसके साथ नितांत औपचारिक वार्तालाप आरंभ कर देता हूँ। कॉफ़ी हाउस से घर तक 'और सुनाओ, इस बीच स्वास्थ्य कैसा रहा, क्या-क्या लिख डाला, अब क्या लिख रहे हो,' सरीखे प्रश्न करते-करते और उनके घिसे-घिसाए उत्तर देते-देते हम दोनों ही बोर हो चुके थे।

चलते रास्ते, भरी बस में बैठे, झगड़ा नहीं जा सकता। बंगाल के वातावरण में आगरावाली भाषा का सार्वजनिक रूप से प्रयोग कर पाना हम पर लाद दी गई मध्यवर्गी 'शराफ़त' इजाज़त नहीं देगी, यह न मुझे सहज-सामान्य होने दे रहा था, न राजेन्द्र को। हम दोनों भली-भाँति समझ रहे थे कि घर में दाख़िल होने के साथ ही मेरे भीतर धधक रहा ज्वालामुखी धूम-धड़ाके के साथ फट उठेगा। परिणाम के लिए मैं तो पूर्णरूपेण प्रस्तुत था। राजेन्द्र की तैयारी का कोई अंदाज़ मुझे नहीं था।

राजेन्द्र के निर्णय पर मुझे क़तई क्रोध नहीं आ रहा था। मैं तहेदिल से मानने को तैयार था कि अपनी जीवनसंगिनी के चुनाव पर उसका, और केवल उसका अधिकार होना चाहिए। उस विषय में मेरी अथवा कमला की पसंद-नापसंद का कहीं कोई प्रश्न ही नहीं उठता था। मेरा गुस्सा दो उन बातों को लेकर था

जिनके साथ मैं भी जुड़ गया था अथवा जोड़ लिया गया था और जिनकी वजह से लग रहा था कि मुझे जान-बूझकर भ्रम में रखा गया। जब राजेन्द्र पहली बार मन्नूजी से मिलने भण्डारी साहब के घर मुझे अपने साथ ले गया था, उसी दिन न जाने कैसे मुझे आगे चलकर होनेवाली गड़बड़ी की आशंका हो गई थी, और मैंने राजेन्द्र को इस दिशा में सावधान रहने की चेतावनी भी दे दी थी। इसका ज़िक्र मैं पहले कर चुका हूँ। मेरी उस चेतावनी को हँसी में उड़ाकर अपने प्रेम-प्रकरण को डेढ़-दो वर्ष तक चलाते रहने में मुझे कहीं अपना अपमान अनुभव हो रहा था।

फिर जब कृष्णाचार्य के साथ एक दिन सुबह-सुबह राजेन्द्र के निवास-स्थान पर पहुँच जाने पर उसने हम दोनों के साथ अपने इस प्रेम-प्रसंग की खुलकर चर्चा की और मन्नूजी के साथ विवाह कर घर बसाने के निश्चय से हमें अवगत कराया, उसके पश्चात् अब उसे मुकर जाते देख मैं प्रवंचित हुआ अनुभव कर रहा था।

अतएव घर पहुँचते ही मैं राजेन्द्र पर जमकर बरस पड़ा था। इतना जमकर कि उस दिन कमला भी स्तंभित रह गई थी। बीच-बचाव करने की उसकी हर चेष्टा को, 'मुझे जो कहना है, पहले कह लेने दो, तुम बीच में मत बोलो,' कहकर मैं व्यर्थ करता गया। वैसे मुझे जल्दी क्रोध नहीं आता। परंतु जब आता है तो बेहद आने लगता है। उस समय मुझे उचित-अनुचित, कथ्य-अकथ्य किसी का भी ध्यान नहीं रहता। उस रात भी यही हुआ था। क़रीब पंद्रह-बीस मिनट तक राजेन्द्र मेरे मुँह से अनवरत झर रहे क्रोध-स्फुलिंगों से आपादमस्तक और भीतर-बाहर दग्ध होता रहा।

उस दिन पहली बार मुझे अंदाज़ हुआ था कि राजेन्द्र मेरी कितनी इज़्ज़त करता है, कितना स्नेह करता है। यदि किसी ने मुझसे वे तमाम बातें उस भाषा में कही होतीं तो हज़ार ग़लतियाँ करने और उन ग़लतियों का गहरा एहसास होने पर भी, मैं राजेन्द्र की तरह मुँह बंद किए बैठा नहीं रह पाता। और अधिक नहीं तो भी अपनी सफ़ाई में लचर दलीलें देते हुए कम-से-कम अपनी इज़्ज़त की दुहाई देकर आरोपकर्त्ता से उसकी भाषा को मर्यादित रखने की माँग तो करता ही।

राजेन्द्र ने ऐसा कुछ नहीं किया। मौन साधे बैठा रहा। उबाल ठंडा पड़ जाने के बाद उसने केवल इतना ही पूछा था, "बस ! जो कहना था, कह चुके? अब मेरी भी कुछ सुनेंगे कि नहीं ?" और मुँह घुमाकर कमला से कहा था, "भाभीजी, इन्हें एक गिलास ठंडा पानी पिलाइए। बहुत गरमा गए हैं ठाकुर साब।" इस पर मैं अपने स्वर को बरक़रार रखते हुए बोल उठा था, "कोई ज़रूरत नहीं है पानी की। मैं चाय पियूँगा। तू क्या कर लेगा मेरा ?" और हम तीनों ठठाकर

हँस पड़े। वातावरण सामान्य हो उठा था।

इसके बाद तीन रात देर तक हमारी बैठकें होती रही थीं। राजेन्द्र ने बताया था कि इस बीच उसने अपने विवाह के अत्यंत गंभीर और सार्वजनिक महत्त्व के प्रश्न पर न केवल राकेश और कमलेश्वर, बल्कि इलाहाबाद जाकर श्री उपेन्द्रनाथ अश्क और डॉ. धर्मवीर भारती के साथ भी भली-भाँति विचार-विमर्श कर लिया था। केवल आगरा जाकर अपने भाई-बहिनों और बाई के साथ उस विषय में कोई चर्चा करने की उसने आवश्यकता महसूस नहीं की थी।

मुझे उसकी इन दोनों बातों पर सख़्त एतराज़ था। मेरी तुच्छ बुद्धि में विवाह एक वैयक्तिक, और अधिक-से-अधिक पारिवारिक समस्या होती है। इसमें मित्रों से वोट डलवाकर बहुमत के अनुसार निर्णय नहीं लिया जाना चाहिए। अपने दिल और दिमाग़ का तकाज़ा ही इसका एकमात्र निर्धारक मानदंड होना उचित है। साथ ही, मैं विवाह को समूचे परिवार से संबंधित मसला भी मानता हूँ। भले ही पति-पत्नी अकेले रहने का चाहे जितना दृढ़ निश्चय क्यों न कर लें, वे अपने माता-पिता, भाई-बहिन ही नहीं, नाते-रिश्तेदारों के साथ सारे संबंध जीवन-भर के लिए कभी नहीं तोड़ पाते हैं। भूत न वर्तमान का लिहाज़ करता है, न भविष्य का। वह तो जब चाहे, जहाँ चाहे, हमारे सिर पर सवार होने आ धमकता है। हम चाहकर भी उससे स्वयं को अछूता नहीं रख पाते।

राजेन्द्र की एक और बड़ी समस्या यह थी कि उसने खुद को एक दोराहे पर ला खड़ा कर दिया था और अब वह असमंजस में पड़ा सोच रहा था कि इधर जाए कि उधर। मैंने उसे समझाना चाहा था कि मनुष्य का सबसे बड़ा शत्रु काम नहीं, संशय हुआ करता है। 'संशयात्मा विनश्यति' के सत्य को अर्जुन के गले उतारने के प्रयास में स्वयं कृष्ण को गीता के पूरे अठारह अध्यायों का रसायन पिलाना पड़ा तब कहीं अर्जुन की ऊहापोह का अंत आ पाया।

मुझे तब भी लगा था, और आज तक मैं निःसंशय हूँ कि उन तीन रातों में राजेन्द्र ने जिस भाँति अपना हृदय खोलकर मेरे सामने रख दिया था, वैसा अवसर, कम-से-कम मेरे साथ तो, फिर कभी नहीं आया था। सचाई और ईमानदारी की भाव-भंगिमाएँ अलग ही होती हैं और उनकी भाषा के मुहावरे भी अपनी विशिष्टता लिये होते हैं जो सीधे दिल में ही प्रवेश कर जाते हैं। राजेन्द्र की ईमानदार स्वीकृतियों के उन क्षणों के केवल दो ही प्रत्यक्ष गवाह थे—एक मैं, और दूसरी कमला। उन क्षणों ने हम तीनों को सामान्य बनाने में बड़ी मदद की थी। अब हम खुले मन से, बिना उत्तेजित हुए, परस्पर विचार-विनिमय करने की स्थिति में आ गए थे।

इसके बाद मैंने राजेन्द्र से जानना चाहा था कि उसे अपनी भावी जीवनसंगिनी से क्या-क्या अपेक्षाएँ थीं। इस संबंध में राजेन्द्र, अपनी समझ में बहुत साफ़ था।

उसको ज्यां पॉल सार्त्र की सखी, सिमोन द बुवा सरीखी पत्नी की आवश्यकता थी जो उसे केवल निरंतर उच्च स्तरीय लेखन की प्रेरणा ही न देती रहे, साथ में उन तमाम रोड़ों को भी हटाती चले जो उसके साहित्यिक विकास में बाधा पहुँचानेवाले सिद्ध हों।

हमारी ये बातें छठे दशक के अंतिम दौर में हो रही थीं जब सार्त्र और उसके अस्तित्ववादी चिंतन ने यूरोप के अधिकांश बुद्धिजीवियों के मन-मस्तिष्क पर क़ब्ज़ा कर लिया था। वहाँ तो अब अल्बेयर कामू का ज़माना आ गया था जिसमें समाज में रहते हुए भी स्वयं को 'आउट साइडर' महसूस करते रहना बुद्धिजीवियों के लिए लगभग अनिवार्य हो गया था। हमारे देश के साहित्यिक भी अज्ञेय की भाँति खुद को नदी के सतत प्रवाह के मध्य उभर आए द्वीप की संज्ञा देने में गौरव अनुभव करने लग गए थे। इसलिए यदि राजेन्द्र भी परंपरागत पत्नी की परिभाषा को ख़ारिज कर, अपने लिए सिमोन द बुवा के प्रतिरूप की कामना पोषित करे तो इसमें मुझे कोई आपत्तिजनक बात नहीं लग रही थी। आख़िर हर नौजवान लड़का और लड़की अपने भावी सहचर के संबंध में अपने-अपने, और बिलकुल निजी सपने आदम और हव्वा के बाद से सँजोता ही चला आया है। फिर राजेन्द्र, वह तो कमरा किराए पर लेते समय भी बिलकुल स्पष्ट कहा करता था कि उस कमरे की पूर्वी दीवार पर 5×4 फुट के दो और उत्तरी दीवार में 3×2½ फुट के दो जंगले न हों तो वह कमरा उसके रहने क़ाबिल नहीं हो सकता था। (हालाँकि इस तरह की कल्पना उसने शरद-जया के रूप में 'उखड़े हुए लोग में' सन् '53 में ही कर ली थी।)

परंतु सिमोन द बुवा तो सात समंदर पार फ़्रांस में थी, और राजेन्द्र को सार्त्र के आसपास भी कहीं खड़ा हो पाने का अवसर तब तक भी नहीं ही मिल सका था। अतएव मैंने सुझाव दिया था कि भारतवर्ष में ही सिमोन की कोई प्रतिच्छाया खोजने के लिए उसे एक स्वयंवर रचाने का प्रयास करना पड़ जाएगा। सौभाग्यवश आज के युग में ऐसे स्वयंवर का आयोजन असंभव था, यह बात राजेन्द्र की समझ में, बहस किए बिना ही आ गई थी।

खाना खाने और बच्चों के सो जाने के बाद रात के ग्यारह-साढ़े ग्यारह बजे के बाद आरंभ होनेवाली हमारी ये बैठकें दो-ढाई बजे तक पूरे तीन दिन चलती रही थीं। अंततोगत्वा मैं राजेन्द्र को यह समझा पाने में सफल हो सका था कि पत्नी और प्राइवेट सेक्रेटरी में एक आधारभूत अंतर हुआ करता है। कुशल और दक्षतम प्राइवेट सेक्रेटरी अवश्य ही आपकी कर्मस्थली को आपके मनोनुकूल बना सकती है, आपको निश्चित होकर आपकी कार्मिक समस्याओं से सफलतापूर्वक जूझने योग्य पृष्ठभूमि का निर्माण कर सकती है, आदि-आदि। परंतु आपके बेडरूम में उसका प्रवेश निषिद्ध ही रहता है। वहाँ की आपकी अपेक्षाओं तथा आवश्यकताओं

की पूर्ति करने में तो केवल आपकी पत्नी ही सक्षम हो सकती है।

एड़ी-चोटी का ज़ोर लगाना पड़ गया था मुझे इस मामूली से अंतर को समझाने में। मैंने चौदह वर्षों के अपने पतित्व के अनुभव को आख़िर दाँव पर लगा दिया था। राजेन्द्र ने बड़ी आसानी से यह कहकर मेरे तर्क की काट कर दी थी कि 'ठाकुर साब, आपको तो विवाह से पहले किसी के साथ प्रेम करने का कोई अनुभव कभी मिला ही नहीं। दस वर्ष की आयु में आपके पिताजी ने जहाँ भी तय कर दिया, उसी के साथ ब्याह रचाकर गृहस्थी जमाने पर मजबूर हो गए। आपकी समझ में ये तमाम बातें कैसे आएँगी, कहाँ से आएँगी ?'

उसके इस पुरज़ारे तर्क का केवल एक ही उत्तर हो सकता था जिसका मैंने रामबाण के रूप में प्रयोग किया था। मैंने कहा था, "अच्छा ही है जो मेरी समझ में तुम्हारी ये सब बातें नहीं आतीं। शायद इसी वजह से कमला और मैं पिछले चौदह वर्षों से इतना सुखी दांपत्य जीवन बिताने में समर्थ हो रहे हैं।" निरुत्तर रह गया था राजेन्द्र यह सुनकर। हमारे अन्य पारिवारिक मित्रों की तरह वह भी मेरी गृहस्थी का पिछले चार वर्षों से निकट का तथा प्रत्यक्षदर्शी, साक्षी, रहता चला आया था।

अब सोचता हूँ तो लगता है कि कलकत्ता में तीन-चार वर्ष रहने के दौरान ही राजेन्द्र के अंतर्मन में भी कहीं ऐसे ही सहज, सफल और इसीलिए सुखी दांपत्य जीवन बिताने की अभिलाषा अंकुरित हो चली थी, जैसा न केवल मैं, बल्कि हमारी मित्र-मंडली के अधिकतर लोग जी रहे थे। श्रीमती सुशीला भण्डारी के 'सर्क्यूलर' टेलीफ़ोन पर 'परनिंदा गोष्ठी' में सम्मिलित होने के लिए आए दिन दिए जानेवाले निमंत्रणों में जिस मुक्त रूप से No holds barred, तथापि किसी भी प्रकार की कुत्सा अथवा द्वेष से रहित, मज़ाकों का सामूहिक आदान-प्रदान होता रहता था, उसका प्रभाव बहुत गहरा तथा चिरस्थायी होता था। राजेन्द्र भी उससे कैसे और कब तक अछूता रह सकता था।

आख़िर तीसरे दिन की हमारी बहस एक निर्णायक मोड़ पर आ खड़ी हुई, जब रात के क़रीब दो बजे राजेन्द्र ने अपने हथियार डाल दिए और मुझसे कह दिया, "अच्छा, चलो, अब आप ही तय कर दें कि मैं किसके साथ शादी करूँ। आप जो भी कहेंगे, मैं मान लूँगा।" उसके इस कथन पर मेरे मस्तिष्क में कौंध गया गीता के अठारहवें अध्याय का वह श्लोक जिसमें अर्जुन ने द्विधारहित शब्दों में कह डाला था—

नष्टो मोहः स्मृतिर्लब्धा तत्प्रसादान्मयाच्युतः,
स्थितोसंस्मिगतसन्देहः करिष्येवचनं तव। 18/73

लेकिन मैं कोई कृष्ण तो था नहीं जो लोहा तप चुका देखते ही उस पर

हथौड़ा चलाते हुए कह देता कि–

तस्मादुत्तिष्ठ कौन्तेय, युद्धाय कृत निश्चय।

मैं भी आगरे की यमुना का पानी पीकर ही बड़ा हुआ था। लिहाज़ा अब मैंने अपने नख़रे दिखाना आरंभ कर दिया। "नहीं भैया राजेन्द्र, शादी तो तुम्हें अपने ही फ़ैसले के मुताबिक़ करनी पड़ेगी। मैं कह दूँ कि तुम फलाँ से कर लो, अैर कल को तुम्हारी उसके साथ न बने तो तुम ज़िंदगी भर मुझे कोसते रहोगे कि ठाकुर साहब ने मुझे फँसा दिया। और अगर सब ठीक-ठाक चला तो उसका पूरा श्रेय खुद ले उड़ोगे," वग़ैरा-वग़ैरा ऐसे अवसरों पर कहीं जानेवाली सारी सूक्तियाँ दुहराता चला गया था मैं, और इस संबंध में कभी कुछ न कहने, मुझे कोई दोष न देने का वचन देता चला गया था राजेन्द्र यादव।

अतएव रात के ठीक तीन बजकर बीस मिनट पर हमने एकमत होकर प्रस्ताव पारित कर ही डाला कि श्रीमान राजेन्द्र यादव को कुमारी मन्नू भण्डारी के साथ विवाह करने में क़तई कोई आपत्ति नहीं होगी। अब हमें केवल यह देखना बाक़ी था कि हमारे इस सर्वसम्मत प्रस्ताव की मन्नूजी तथा उनके परिवार के सदस्यों पर क्या प्रतिक्रिया होती है।

आज स्मरण नहीं आ रहा है कि दूसरे दिन रविवार था या कि मैंने दफ़्तर से छुट्टी ले ली थी। परंतु यह बड़ी अच्छी तरह याद है कि सुबह जल्दी ही नहा-धोकर, नाश्ते के साथ, मैं और कमला क़रीब साढ़े दस-ग्यारह के आसपास लैंसडाउन रोड जा पहुँचे। तब तक भण्डारी परिवार को मैंने राजेन्द्र के कलकत्ता-आगमन की हवा तक नहीं लगने दी थी। जब तक राजेन्द्र किसी निश्चय पर न पहुँच जाए, उन लोगों से इस संबंध में चर्चा करने से कोई लाभ भी नहीं था। उल्टे, नुक़सान होने की ही आशंका अधिक थी।

भण्डारी साहब घर पर नहीं थे। केवल सुशीलाजी थीं। एक प्रकार से यह अच्छा ही हुआ, क्योंकि उनके मन में उन दिनों राजेन्द्र के प्रति जो आक्रोश पल रहा था उसका मुझे अच्छी तरह आभास था। श्री पराक्रम सिंह भण्डारी के लिए मन्नूजी उनकी छोटी साली कम, पुत्री अधिक हैं। उनका यह मनोभाव आज तक अक्षुण्ण बना हुआ है। इसलिए यदि कोई व्यक्ति मन्नूजी के क्लेश का कारण हो जाए, तो वे उसे सहज ही क्षमा नहीं कर पाते। साथ ही, वे मुझसे भी कहीं अधिक ऊँची श्रेणी के पत्नी-भक्त हैं।

इतनी ऊँची श्रेणी है उनकी कि जब एक बार मैंने गंभीरतापूर्वक प्रस्ताव रखा कि हम सब मित्र मिलकर एक Henpecked Husbands Association की स्थापना कर भण्डारी साहब को उसके अध्यक्ष पद पर अधिष्ठित कर दें, तो भण्डारी साहब ने उतनी की गंभीरतापूर्वक कहा था, "The word Henpecked is redundant. The very fact that you are a husband, it is obvious that your career as a husband can last only as long as you remain henpecked."

मेरी मूक उपस्थिति में कमला ने सुशीलाजी को पिछली तीन रातों की बैठक का क़रीब-क़रीब पूरा ब्योरा शब्दशः सुना दिया। सुशीलाजी निर्विकार भाव से सुनती रहीं। अंत में उन्होंने कहा कि हमें उसी दिन शाम को सात बजे एक बार फिर आने का कष्ट करना पड़ेगा ताकि वे भण्डारी साहब के अतिरिक्त अपने भाई बसन्त बाबू साहब और प्रभात बाबू साहब को भी बुलाकर उनकी भी सलाह से कोई निर्णय ले सकें। साथ ही उन्होंने यह भी आग्रह किया कि फ़िलहाल यादवजी को उस चर्चा में सम्मिलित न करना ही ठीक रहेगा। दोनों बातें क़ायदे की थीं, लिहाज़ा कमला और मैंने तुरंत ही मान लीं।

शाम को दुबारा पहुँचा तो पाया कि वहाँ का सारा माहौल ही बदल चुका था। सुबह वाली ख़ामोशी, कुछ-कुछ तनाव, काफ़ी-सा तनाव—किसी का भी दूर-दूर तक अता-पता नहीं रह गया था। बसन्त बाबू और प्रभात बाबू ज़ोर-ज़ोर से हँस रहे थे। सुशीलजी उनके साथ-साथ दुहरी हो रही थीं। भण्डारी साहब अपनी चिर-परिचित मुद्रा में मंद-मंद मुसकान छिटका रहे थे। हमें देखते ही बसन्त बाबू, और उनसे भी अधिक प्रभात बाबू ने हमेशा की तरह उच्च-स्वर में बड़े तपाक से स्वागत-वाक्यों का उच्चार किया। पिछले कई वर्षों से मुझे इस घर के ऐसे ही माहौल की आदत पड़ी हुई थी। इसलिए मैं भी तुरंत ही सहजतापूर्वक उसमें फ़िट हो गया था।

शीघ्र ही हम अपनी उस सांध्यकालीन विचारगोष्ठी के सर्वप्रधान एजेंडा पर विचार-विमर्श करने लग गए किंतु कदाचित् मैं यह बात कुछ ग़लत कह गया हूँ। हमने न अधिक विचार-विनिमय किया था, न विमर्श। और हमारे बीच विमर्श वाली स्थिति की कभी कोई गुंजाइश रहती ही नहीं थी। जान पड़ता है, हमारे पहुँचने से पहले ही सुशीलाजी ने उन सभी भण्डारियों को पूरी तरह से 'ब्रीफ़' कर दिया था, और उन लोगों ने सर्वसम्मति से निर्णय ले रखा था कि अब मन्नूजी और राजेन्द्र का विवाह संपन्न हो जाने में ही सबकी भलाई है।

सुशीलाजी बार-बार ज़ोर दे रही थीं कि—

(1) मन्नूजी को इंदौर से फ़ौरन वापस बुला लिया जाए।

(2) यादवजी को वापस न दिल्ली जाने दिया जाए, न आगरा।

(3) विवाह हो जाने के बाद वे दोनों जहाँ चाहें रहें, जैसे चाहें रहें।

(4) विवाह यथासंभव शीघ्र संपन्न हो जाना चाहिए।

बाक़ी तीन मुद्दों पर तो किसी प्रकार का कोई मतभेद नहीं था। आश्चर्य हुआ था यह देखकर कि जब हम सब 'यथासंभव शीघ्र' ही किसी निश्चित परिभाषा पर एकमत होने का समवेत प्रयत्न करने में संलग्न थे, तब भण्डारी साहब अपना

विरोध प्रकट करने का साहस कर बैठे। उन्हें 'सिविल मैरिज' होने में तो ऐतराज़ नहीं था परंतु विवाह की तिथि तथा मुहूर्त के लिए वे किसी पंडित ज्योतिषी से सलाह लेना चाहते थे।

सौभाग्यवश उन्हें मेरा यह तर्क समझ में आ गया कि तिथि और मुहूर्त के लिए वर और वधू दोनों की जन्मपत्रियों की आवश्यकता पड़ती है। मन्नूजी की जन्मपत्री भले उनके पास हो, राजेन्द्र की तो आगरा में ही उपलब्ध हो सकेगी, बशर्ते राजेन्द्र उसे वहाँ से मँगवाने के लिए राज़ी हो जाए। कुछ देर बाद हम सबने बसन्त बाबू साहब के इस फ़तवे से सहमति प्रकट कर दी कि किसी भी शुभ काम के लिए रविवार ही ठीक रहता है, क्योंकि उस दिन सबकी छुट्टी रहती है।

तुरंत कैलेंडर देखा गया और 22 नवंबर, 1959 को दोपहर एक-डेढ़ के बीच माल्य-विनिमय तथा पाणिग्रहण का पवित्र मुहूर्त हम सभी पंडितों ने निर्धारित कर दिया।

22 नवंबर में अभी 15-20 दिन बाक़ी थे। इस बीच मन्नूजी को इंदौर से वापस आना था। राजेन्द्र के सगे-संबंधियों तथा बंधु-बाँधवों को कलकत्ता चले आने की सूचना भिजवानी थी। भण्डारी परिवार को अपनी प्रिय मन्नू को ससुराल भेजने की तैयारियाँ भी करनी थीं। भले हवनकुंड के सात फेरे लगाए जाएँ अथवा मैरिज रजिस्ट्रार द्वारा सर्टिफ़िकेट प्रदान किया जाए, विवाह तो आख़िर विवाह ही होता है। चाहे सूक्ष्म हो या भव्य, उसके लिए कुछ तैयारियाँ तो करनी ही होती हैं। आज के बहुप्रचलित मुहावरे के अनुसार उस दिन क्या-क्या, कैसे-कैसे और कब-कब किया जाएगा, इसकी modalities (विधि-विधान) निर्धारित करने के लिए राजेन्द्र के साथ भी एक दिन बैठकर विचार करना आवश्यक था।

दूसरे दिन कमला को बूँदी चला जाना था। उसने बड़ी हिम्मत जुटाकर उस वर्ष राजस्थान बोर्ड की हाईस्कूल परीक्षा देने का निश्चय कर डाला था। बूँदी की पिछली यात्रा में वह फ़ॉर्म भरकर फ़ीस भी जमा कर आई थी। परीक्षा के पहले चार-पाँच महीने कसकर पढ़ाई कर पाना उसके पीहर में ही संभव हो सकता था। कलकत्ता के हमारे व्यस्त सामाजिक जीवन के कारण वह कदापि संभव न हो पाता।

घर आकर हमने राजेन्द्र को अत्यंत उत्साह भरे मूड में विस्तार से सारी बातें बताकर तुरंत ही बाई और भाई-बहिनों को कलकत्ता बुलवाने की व्यवस्था करने को कहा। गंभीर मुद्रा में राजेन्द्र चुपचाप सुनता रहा। हाँ-हूँ के अतिरिक्त उसमें से कोई आवाज़ नहीं निकल रही थी। केवल, जब कमला ने दूसरे दिन

सुबह की तूफ़ान मेल से सफ़र योग्य सामान सूटकेस में जमाना आरंभ किया तो ज़िद पकड़ ली कि वह बूँदी न जाए। विवाह होने तक कलकत्ता ही रहे। ऐसा कर पाना अब संभव नहीं रह गया था क्योंकि मथुरा पर उसके भाई आकर उसे बूँदी ले जाएँगे, यह व्यवस्था पहले ही सुनिश्चित कर दी गई थी। बड़े हाथ-पैर मारे थे राजेन्द्र ने। लेकिन हमारी भी अनिच्छा के बावजूद कमला को दूसरे दिन बूँदी जाना ही पड़ गया।

दो दिन बाद भण्डारी साहब के घर पर फिर एक बैठक हुई। इस बार राजेन्द्र को भी वहाँ बुलाया गया। आख़िर उसे ही तो बताना था कि उसकी ओर से बारात में कौन-कौन आएँगे, कितने लोग आएँगे, उनके स्वागत-सत्कार की क्या और कैसी व्यवस्था की जानी है।

बड़ी उमंगों से पूछे गए इन तमाम प्रश्नों पर राजेन्द्र ने यह कहकर पानी फेर दिया था कि उसकी बारात में शामिल होने के लिए वह न अपनी माताजी को बुलाएगा, न किसी भाई-बहिन को। केवल ठाकुर साहब उसकी ओर से आएँगे, और कोई नहीं। यह सुनकर औरों पर क्या बीती, मुझे पता नहीं क्योंकि उसके बाद काफ़ी देर के लिए मेरा दिमाग़ सुन्न पड़ गया। अब तक मैं खुद स्वयं को किसी से सूत भर कम आधुनिक नहीं समझता आया था परंतु राजेन्द्र ने तो मेरी सारी आधुनिकता को उस क्षण धूल चटा दी।

वापस लौटने पर मैंने सुना कि अपनी ओर से राजेन्द्र ने केवल एक माँग रखी थी—कि इस विवाह में कदापि कोई 'फ़स' (झंझट) नहीं होगा। इतनी सहज ही समझ में आ जानेवाली और मामूली प्रतीत हुई थी उसकी यह माँग कि उसे तत्काल और सहर्ष स्वीकार करने में किसी को एक क्षण भी नहीं लगा था। उस वक़्त किसने सोचा था कि उसकी यह बात वामन के तीन पग धरती की याचना सिद्ध होती चली आएगी।

मुझे यह देखकर परम आश्चर्य हुआ कि जिस प्रकार राजेन्द्र अपने परिवार के किसी भी सदस्य को न बुलाने का निश्चय कर बैठा था, उसी प्रकार भण्डारी परिवार भी एक स्वर से मन्नूजी के माता-पिता को इस विवाह में आमंत्रित करने के पक्ष में नहीं था। कारण पूछने पर मुझे बताया गया कि मन्नूजी के पिता, श्री सुखसम्पतराय भण्डारी को न उनका यह प्रणय पसंद आया था, न परिणय आएगा। उन्हें घोर नहीं, घनघोर आपत्ति थी इस संबंध में।

श्री सुखसम्पतराय भण्डारी अजमेर में रहते थे। परंतु वे केवल अजमेर में ही नहीं, समूचे राजस्थान में साहित्यिक रुचि संपन्न व्यक्ति के रूप में प्रसिद्धि प्राप्त कर चुके थे। सन् 1949 में कलकत्ता जाने के पहले मैंने तीन वर्ष बूँदी में बिताए थे। तभी मैंने अनेक लोगों से उनकी देशभक्ति, उनके प्रगतिशील विचारों तथा उनके द्वारा लिखी जा रही एक अपने ढंग की अनूठी डिक्शनरी के चर्चे

सुन रखे थे। अब उन्हीं के बेटे-बेटियों से उनकी आपत्तियों के विषय में विस्तार से जानकारी मिलने पर मुझे गहरा धक्का लगा। उनके दर्शन करने का मुझे कभी सौभाग्य प्राप्त नहीं हो सका। होता, तो मैं अवश्य ही सीधे-सीधे उन्हीं से उनकी आपत्तियों की विशद व्याख्या माँगता।

अब स्थिति यह हो गई थी कि इस विवाह में न मन्नूजी के माता-पिता सम्मिलित हो रहे थे, न राजेन्द्र की माँ अथवा भाई-बहिन। घर लौटने पर राजेन्द्र बार-बार आग्रह करने लग गया कि मैं कमला को 22 नवंबर के पहले ही बुलवा लूँ। पर जो दो-तीन दिन पहले ही गई हो, उसे वापस आने को मैं कैसे कह सकता था ? विशेषकर, जब वह हाईस्कूल की परीक्षा देने गई थी। अब मुझे आभास होने लगा था कि राजेन्द्र की ओर से केवल अकेला मैं ही रह जाऊँगा। बहुत ही अजीब लग रहा था मुझे।

अतएव मैंने राजेन्द्र से अनुरोध किया कि कम-से-कम कमलेश्वर और मोहन राकेश को ही पत्र लिखकर उन्हें तुरंत कलकत्ता आने को कह दे। राजेन्द्र खुद पत्र लिखने को भी राज़ी नहीं हुआ। बोला, "लिखना हो तो आप ही लिख दें।" उत्साहातिरेक में मैंने यह भी नहीं सोचा कि कमलेश्वरजी के साथ तो इलाहाबाद जंक्शन पर दस मिनट मिल भी लिया था, मोहन राकेश को तो मैंने, जान-पहिचान तो दूर, कभी देखा तक नहीं था। पत्र लिख बैठा। और राकेशजी ने आने में असमर्थता प्रकट करता उत्तर भी दे दिया।

इस विवाह के प्रसंग में ही मैंने पहली बार जाना था कि राजेन्द्र कितना ज़िद्दी है। उसने न जाने कब कमला के पिताजी को मेरे नाम से टेलीग्राफ़िक मनीऑर्डर भेजकर कमला को तुरंत कलकत्ता भिजवा देने का फ़रमान सादिर कर दिया। मुझे तो जब, बिना किसी पूर्वसूचना के ऑफ़िस से लौटने पर कमला अचानक घर आई मिली, तब कहीं राजेंद्र की इस हरकत का पता चला। नतीजे में आज तक कमला को नॉन-मैट्रिक ही रहना पड़ा। किंतु न कमला को इसका मलाल है, न मुझे और राजेन्द्र को तो क़तई नहीं है।

उधर सबसे अधिक उत्साहित हो रहे थे श्री पराक्रम सिंह भण्डारी। उनकी अपने बेटी, नीरा, अभी छोटी थी। उसके विवाह में बहुत देर थी। उन्हें अरमान पूरे करने का यह अवसर मिल गया था, जिसका वे भरपूर उपयोग कर लेना चाहते थे। तो एक दिन ग्रीक चर्च से आकर राजेन्द्र को कार में अपने साथ ले गए। वापस आने पर पता चला कि उसके लिए सूट सिलवाना था। राजेन्द्र सूट पहनेगा ! शादी के एक दिन पहले तक मेरे पड़ोसी नागरबंधु इसके लिए जमकर राजेन्द्र की टाँगखिंचाई करते रहे थे कि सारी ज़िंदगी कुरता-पाजामा पहननेवाला राजेन्द्र कैसा गुड्डा-गुड्डा-सा दीखेगा। मुझे विश्वास है कि स्वयं राजेन्द्र अपने उस बबुआ रूप की कल्पना कर मन-ही-मन झेंप रहा होगा। पता नहीं, उसने

भण्डारी साहब का यह अनुरोध क्या सोचकर स्वीकार कर लिया था।

आज मुझे याद नहीं आ रहा कि पहले इंदौर से मन्नूजी आई थीं अथवा बूँदी से कमला। बहरहाल, दोनों ही शादी के चार-पाँच दिन (या संभव है, अधिक-से-अधिक सप्ताह-भर) पहले कलकत्ता आ पहुँचीं। हमें तो कुछ करना-धरना था नहीं। सारी व्यवस्था तो भण्डारियों को ही करनी थी। हाँ, विवाह से पहले राजेन्द्र एक बार मन्नूजी के साथ लंबी बातचीत कर लेना चाहता था। परंतु नियम, परंपरा तथा समझदारी उन दोनों के एकांत मिलन की इजाज़त नहीं दे रहे थे। अतएव हल यह निकाला गया कि वे किसी सार्वजनिक स्थल पर—कदाचित् देशप्रिय पार्क में—मिल लें। स्पष्ट है कि उनकी वह बातचीत यथेष्ठ संतोषप्रिय रही होगी।

विवाह-स्थल न तो मैरिज रजिस्ट्रार का दफ़्तर तय हुआ था, न लैंसडाउन रोड का भण्डारी साहब का निवास। निश्चय यह किया गया था कि लॉर्ड सिन्हा रोड स्थित श्री गोविंदजी कानोड़िया की विशाल लॉन में घिरी कोठी में रजिस्ट्रार को दोपहर एक-डेढ़ बजे बुलाकर विवाह संपन्न कर लिया जाएगा और फिर वहीं लॉन पर सायंकाल रिसेप्शन आयोजित कर लिया जाएगा। कलकत्ता की अपनी एक अनन्य विशेषता है वहाँ के मारवाड़ी-बहुल हिंदीभाषी समाज में भरपूर मात्रा में उपलब्ध होनेवाला अद्‌भुत पारस्परिक सौजन्य एवं सौमनस्य। दिल्ली और मुंबई में इसकी कल्पना तक कर पाना असंभव नहीं तो भी अत्यंत कठिन अवश्य है। इसी सौजन्य तथा सहयोग के कारण वहाँ सहज ही सफल आयोजन होते रहते हैं। बड़ी आत्मीयता मिलती है आपको कलकत्ता में। राजेन्द्र और मन्नूजी के विवाह में क़दम-क़दम पर इसके दर्शन होते रहे।

22 नवंबर, 1959 को ग्रीक चर्च रो में सबसे अधिक उत्साह और उमंगों में भरे हुए थे मेरे पिताजी। हालाँकि मैंने उन्हें पहले ही समझा दिया था कि राजेन्द्र अपने साथ मुझे, कमला और हमारे नौ वर्षीय पुत्र दीप के अतिरिक्त और किसी को नहीं ले जाएगा, क्योंकि 'बरात' के साथ विवाह-स्थल पर पहुँचने का अर्थ उसकी निगाह में अनावश्यक 'फ़स' हो जाएगा। फिर भी मेरे पिताजी इसी विचार से गद्‌गद हुए जा रहे थे कि 'दूल्हा' उन्हीं के निवास-स्थान से जाएगा। न जाने कब वे लेक-मार्केट से एक मोटा-ताज़ा फूलों का हार ले आए और उसे हम सबकी निगाह बचाकर कहीं छुपा रखा था।

क़रीब साढ़े बारह पर भण्डारी साहब द्वारा भेजी गई कार ने हॉर्न बजाया। राजेन्द्र ने बालकनी से देखकर संदेह मिटा लिया कि कार को कहीं फूलों से तो नहीं सजा दिया गया है। फिर, आश्वस्त होने के बाद, एक रात पहले भिजवाया गया सूट धारण करना आरंभ किया था उसने। बेहद गंभीर मुखमुद्रा से बोला था, "ठाकुर साहब, ज़िंदगी में पहली बार सूट पहन रहा हूँ।" मेरा उत्तर था,

"बेटा, शादी भी तो पहली बार ही कर रहा है। फिर जब पहन ही रहा है, तो इतना सड़ा-सा मुँह क्यों बनाए हुए है ? जान पड़ता है, सूट नहीं, वल्कल धारण कर रहा हो।" तब कहीं राजेन्द्र के चेहरे पर हलकी-सी मुसकान थिरक उठी।

लेकिन, सच कह रहा हूँ, बहुत फब रहा था उस पर वह नीला सूट और उस नीले सूट में राजेन्द्र। नज़र लगने की सीमा तक। अब बाक़ायदा दूल्हा बने बाद, जब वह दरवाज़े पर पहुँचा तो देखा कि बाहर मेरे पिताजी फूलों का हार लिये खड़े थे। उन्हें वहाँ खड़ा देखकर राजेन्द्र, कमला और मैं—तीनों ही चौंक उठे। हममें से किसी ने उन्हें दरवाज़े से बाहर जाते नहीं देखा था। उनका राज़दार था केवल मेरा नौ वर्षीय पुत्र दीप जो अपने दादाजी के आदेश का पालन कर बिलकुल अनजान बने रहने का सफल अभिनय करता रहा था।

"अरे-अरे, काका साहब, यह क्या कर रहे हैं," राजेन्द्र कहता रहा और पिताजी उसके ऐतराज़ की उपेक्षा कर उसको वह हार पहनाकर ही रहे। साथ-साथ मंत्रोच्चार भी करते जा रहे थे—

मंगलम् भगवान विष्णुः
मंगलम् गरुड़ध्वजः
मंगलम् पुंडरीकाक्षः
मंगलायतनो हरिः।

किसी प्रकार का कोई 'फस' न करने और न होने देने की राजेन्द्र की प्रतिज्ञा पर प्रथम कुठाराघात हुआ था मेरे पिताजी के हाथों।

राजेन्द्र को साथ लिये-लिये उस कार में हम ढाई सवारी पीछे की सीट पर बड़े आराम से बैठे थे। राजेन्द्र ड्राइवर के पास आगे की सीट पर मुँह सुजाए गुमसुम बैठा था, हँसा पाने की मेरी हर चेष्टा को असफल करता। शायद तीस वर्ष की आयु तक मुक्त, बोहेमियन जीवन व्यतीत करनेवाले बुद्धिजीवी परिंदे को विवाद के पिंजरे में क़ैद हो जाने के एहसास ने उसकी सिट्टी-पिट्टी गुम कर रखी थी।

तभी अचानक मुझे राजेन्द्र का आर्तनाद सुनाई दे गया, "ठाकुर साब, ये क्या हो रहा है ? मैंने पहले ही कहा था कि कोई 'फ़स' नहीं होगा। फिर ये सब क्या है ?" बाहर देखने पर पता चला कि कार लॉर्ड सिन्हा रोड में गोविन्दजी कानोड़िया की कोठी पर पहुँचने ही वाली है जहाँ प्रवेश-द्वार पर टँगे लाल बैनर में बड़े-बड़े सुनहरे अक्षरों में लिखा 'वेलकम' राजेन्द्र को मुँह चिढ़ाता प्रतीत हो रहा था। घनघोर क्राइसिस की उस वेला में मेरे मुँह से स्वतः ही निकल पड़ा था, "अबे, तो क्या यहाँ राजेन्द्र यादव गो बैक लिखवाते ? बैठा रह चुपचाप।" यह सुने बाद आगरावाला राजेन्द्र भी ठहाका लगाने पर मजबूर हो गया। इस

प्रकार 'फ़स नं. 2' की समाप्ति भी ठंडे-ठंडे निबट गई थी।

किंतु 'फ़स नं. 3' इन दोनों से बढ़कर सिद्ध हुआ। जिस कमरे में विवाह की रजिस्ट्री होनी थी, उसे अत्यंत सुरुचिपूर्वक फूलों, हारों, स्तवकों आदि से सुसज्जित किया गया था। इस 'अनावश्यक' साज-सज्जा को देखने के साथ-साथ राजेन्द्र की भृकुटियाँ टेढ़ी हो चली थीं। लेकिन, इस बात पर विरोध जताने का न मौक़ा था, न माहौल और न ही दस्तूर। दूसरे, ठीक तभी लाल बनारसी जोड़े में लिपटीं, नमित नयना, विनत वदना मन्नूजी को भी वहाँ ले आया गया था। अतएव किसी भी प्रकार के 'फ़स' के कट्टर दुश्मन श्री राजेन्द्र यादव को बड़ी मुश्किल से दाँत भींचे, छाती पर पत्थर रखे, मौन रह जाना पड़ गया था।

इसके कुछ ही क्षण पश्चात् घट गया था 'फ़स नं. 3'। हुआ यह कि श्री पराक्रम सिंह भण्डारी ने कमरे में एक विशालकाय धूपदान लाकर रख दिया जिसमें बड़े-बड़े अंगारे धधक रहे थे। उसमें जलती धूप के धुएँ ने हम सबके रंध्र-रंध्र में प्रवेश कर हमारी नाक में दम कर दिया। कदाचित् उस अवसर पर हमने धुएँ के उस आक्रमण को सहन भी कर लिया होता परंतु राजेन्द्र की सूक्ष्म निगाहों से उन सुलग रहे अंगारों में निहित नाजायज़ हरकत छुपी न रह सकी और इस बार तो वह विस्फोट कर ही बैठा।

"बहुत ग़लत बात है यह, ठाकुर साब। बहनोई साहब ने जान-बूझकर यह हरकत की है। हटवाइए, फ़ौरन हटवाइए इसे।" मेरी मंदबुद्धि को 'हरकत' का निहितार्थ समझने में थोड़ी-सी देर लग गई थी। पर बात जब समझ में आ गई तो अच्छा मुझे भी नहीं लगा था। बहनोई साहब के परंपरागत संस्कारों को, अग्नि की साक्षी के अभाव में विवाह संपन्न हो, यह गवारा नहीं हो रहा था। अतएव उन्होंने हवनकुंड के प्रतीक के रूप में यह धूपदान ला स्थापित किया था। उन्हें अभी मालूम नहीं था कि राजेन्द्र अपनी मान्यताओं के साथ कभी समझौता नहीं कर पाता।

बहरहाल, सौभाग्यवश, उस क्षण केवल मुझे ही नहीं, सुशीलाजी, बसन्त बाबू साहब, प्रभात बाबू साहब, यहाँ तक कि स्वयं मन्नूजी को भी राजेन्द्र की आपत्ति बिलकुल उचित नहीं लगी थी। बेचारे धूपदान को तुरंत ही सिंहासनच्युत होना पड़ गया। वहाँ उपस्थित प्रत्येक नर-नारी ने उसके आक्रामक अगरुधूम से, तथा उसके कारण उपस्थित हो गए विवाद से, मुक्ति प्राप्त कर सामान्य श्वास-प्रश्वास लेना पुनः प्रारंभ कर दिया।

इसके बाद वही सब हुआ जिसके लिए हम सब वहाँ एकत्रित हुए थे—विवाह का कर्मकांड। पहले मैरिज रजिस्ट्रार महोदय के सामने राजेन्द्र और मन्नूजी ने मैरिज सर्टिफ़िकेट पर दस्तख़त किए। फिर राजेन्द्र की ओर से मैंने और मन्नूजी की ओर से बालीगंज शिक्षा सदन की कार्यकारिणी के अध्यक्ष श्री भगवती प्रसाद

खेतान ने तथा श्री पराक्रम सिंह भण्डारी ने गवाहों की हैसियत से उसी सर्टिफ़िकेट पर अपने-अपने ऑटोग्राफ़ टिकाए। रजिस्ट्रार मोशाय ने "I hereby pronounce you as man and wife." वाला पुनीत मंत्रोच्चार कर राजेन्द्र और मन्नूजी का हस्तमिलाप करवा दिया और अंत में नवपरिणीत युग्म ने पुष्पहारों का परस्पर विनिमय कर लिया। खेल ख़त्म हो गया था। अब केवल बाक़ी था पैसा हजम होना।

कसर उसमें भी राई-रत्ती की नहीं रखी गई थी। उस शाम गोविन्दजी कानोड़िया का वह मख़मली लॉन धीरे-धीरे गुलज़ार हो उठा उन सजी-धजी महिलाओं तथा पुरुषों से जिन्हें अंग्रेज़ी मुंहावरे में महानगर कलकत्ता की 'मलाई' (क्रीम) की संज्ञा से अभिहित किया जाता था। उनमें हिंदी और कुछ बांग्ला के भी, ख्यात-अख्यात लेखक-लेखिकाएँ तो थी हीं, उनके अतिरिक्त थे स्कूल, कॉलेज, विश्वविद्यालय के सुधी अध्यापक-अध्यापिकाएँ। ख्यातनामा व्यावसायिक प्रतिष्ठानों के उच्च पदस्थ कर्मचारी और उन्हीं प्रतिष्ठानों के अनेक कोट्याधिपति अधिकष्ठातागण। कलकत्ता की एक से बढ़कर एक स्वनामधन्य हस्तियाँ। सब हँस-बोल रहे थे। अनेक ठहाके लगाते श्री विष्णुकान्त शास्त्री के स्तर पर हँसने का असफल प्रयास कर रहे थे। एक सोफ़े पर बैठे राजेन्द्र और मन्नूजी बालीगंज शिक्षा सदन की अध्यापिकाओं से घिरे प्रीति-उपहार ग्रहण करते चले जा रहे थे।

लॉन के दूसरे छोर पर खड़ा मैं अपने 'सिंधिया एंडेवर' के सह-संपादक फ्रेंक बैरेटो के साथ ग़पशप कर रहा था, तभी लॉन को चीरती 'ठाकुर साऽऽब' की चीख़ मेरे कानों को भेद गई। चीख़ राजेन्द्र की थी, इसका निश्चय होते ही मैं दौड़ा चला गया था उसके पास। राजेन्द्र ने कोठी के पहले तल्ले पर से माइक लगाकर बजाए जानेवाले संगीत की ओर तर्जनी से इशारा करते हुए झुँझलाए स्वरों में एक बार फिर अपनी टेक दुहरा दी थी, "अब यह क्या हो रहा है ? मैंने पहले ही कह दिया था कि कोई 'फ़स' नहीं होगा। बंद करपाइए इसे।"

उसका यह ऐतराज़ मेरे सब्र के ऊँट की पीठ पर लाद दिया गया आख़िरी तिनका साबित हुआ। इस बार मैं फट पड़ा था, "अबे औरंगज़ेब की औलाद ! फ़ने मौसीक़ी के दुश्मन। इस मौक़े पर गाना-बजाना नहीं तो क्या मर्सिये पढ़े जाएँगे ? चुपचाप बैठा रह।"

बहुत प्रसन्न हुई थीं, मेरे जवाब पर श्रीमती सुशीला सिंघी। उन्होंने ही वह माइक चालू करवाया था। आख़िर राजेन्द्र यादव को उन्होंने अपना भाई जो मान रखा था। सुशीलाजी भी आगरा में ही जन्मी थीं।

काफ़ी देर तक चलता रहा था कलकत्ता के संभ्रांत लोगों का हँसी-खुशी की फुहारें छोड़ता वह जमावड़ा। पूर्व दिशा में होने के नाते कलकत्ता में अँधेरा कुछ जल्दी ही घिरने लग जाता है। क़रीब नौ बजे प्रभात बाबू साहब मुझे 'चलिए

ठाकुर साब, अब घर के लोग भी खाने बैठ रहे हैं,' कहकर अपने साथ ले गए। वैसे भी राजस्थानियों का भोजन बहुत 'रिच' हुआ करता है। पर यदि वे राजस्थानी ओसवाल हों, तब भी आपके पेट का बस खुदा ही मालिक है। हर पदार्थ इतना स्वादिष्ट कि बिना खाए आप रह न सकें, और खाए बाद—चार-पाँच दिनों तक उसकी याद कर अश-अश करते बिताने पर मजबूर हो जाएँ।

इस दावत की याद एक अन्य विशेष कारण से भी रह गई है। दावत के पहले कमला को सास की साड़ी ओढ़ाई गई थी। अच्छा हुआ कि यह रस्म केवल महिलाओं की उपस्थिति में ही अदा कर ली गई अन्यथा राजेन्द्र भले इसे 'फ़स' मानता, न मानता, मैं तो इसे अनौपचारिकता के क्षेत्र में औपचारिकता का अनधिकार प्रवेश की संज्ञा देकर अपनी तीव्र आपत्ति अवश्य ही जताता। बहरहाल, उस साड़ी ने राजेन्द्र और मेरे बीच उसी दिन से एक बड़ा मज़ेदार स्थायी संबंध स्थापित कर दिया है—मैं उसे सार्वजनिक रूप से अपना सबसे ज्येष्ठ कपूत घोषित करता रहता हूँ और वह मुझे वक़्त पड़े पर बनाया गया बाप। है न क़ाबिले रश्क़ हमारे बीच का यह संबंध!

बताशे बँट चुके थे। नमाज़ ख़त्म हो गई थी। मुसल्ला उठने का वक़्त तेज़ी से नज़दीक आता जा रहा था। वर-वधू की मधुयामिनी से संबंधित कोई सूचना मुझे नहीं दी गई थी। लिहाज़ा कमला और मैं घर जाने के लिए टैक्सी की तलाश में सड़क पर आए, तो देखा वहाँ भण्डारी साहब, बसन्त और प्रभातबाबू साहब तथा श्री भँवरमल सिंघी बड़े ज़ोर-ज़ोर से आपस में सलाह-मशविरा कर रहे थे। मुझे देखकर उठे 'आइए ठाकुर साब' के समवेत स्वर से मुझे कुछ क्षण रुक कर उनसे बाक़ायदा विदा-नमस्कार कर घर जाने का अवसर मिल गया। कमला और मैं भी उस दल में शामिल हो गए।

थोड़े ही समय में विवाह की सारी तैयारियों में व्यस्त भण्डारी परिवार को राजेन्द्र और मन्नूजी की मधुयामिनी कहाँ मिलेगी, इस संबंध में कोई निर्णय लेने की याद नहीं आई थी। उस क्षण उसी विषय पर गंभीर विचार-विमर्श किया जा रहा था। 'मुंडे मुंडे मतिर्भिन्ना' वाली स्थिति उपस्थित हो गई थी। सिंघीजी ने नवदंपति को लेक गार्डन में, भण्डारी साहब के घर के निकट ही अपने निवास स्थान पर ले जाने का प्रस्ताव पेश किया था। भण्डारी साहब तुरंत ही ग्रांड होटल में एक कमरा बुक करने के पक्ष में जनादेश हासिल करने की प्रचेष्टा में लगे हुए थे, और प्रभातबाबू साहब के मतानुसार सुदूर शालीमार पेंट्स के लगभग निर्जन एकांत से अधिक उपयुक्त और कोई स्थान हो ही नहीं सकता था—कम-अज़-कम हनीमूनाकांक्षी युगल के लिए।

मैंने तीनों सुझावों को एक वाक्य में 'वीटो' कर दिया था—"बारात मेरे घर से चली थी, वापस भी वहीं जाएगी। और कहीं नहीं।" इसे सुनकर और सब तो

सकते में पड़े क्षण-भर के लिए चुप रह गए, दाद दी थी केवल सिंघीजी ने, "वाह, ठाकुर साब, वाह ! I admire such definite assertions. So logical. वाह !" सिंघीजी के इस ज़ोरदार समर्थन ने सारा वाद-विवाद समाप्त कर दिया। दस-पंद्रह मिनट बाद, राजेन्द्र और मन्नूजी एक गाड़ी में और दूसरी में हम ढाई सवारी ग्रीक चर्च रो की दिशा में प्रस्थान कर चुके थे। मुझे टैक्सी नहीं तलाशनी पड़ी।

घर पहुँचने पर मेरे पिताजी की प्रसन्नता का पारावार नहीं रहा था। उनके घर में लक्ष्मी का आगमन हुए चौदह लंबे वर्ष बीत चुके थे। आज सहसा उनके वात्सल्य को छलक उठने का अवसर मिल रहा था। उन्होंने तुरंत लेक मार्केट से दो बड़े हार और ताज़ा रसगुल्ले मँगवाने का फ़रमान जारी कर डाला। राजेन्द्र और मन्नूजी की तमाम आपत्तियाँ रद्द कर दी गईं। संयोग भी ऐसा हो गया कि उसी समय एक पेशेवर वृद्ध वादक हमारी गली में वायलिन बजाता गुज़र रहा था। पिताजी ने उसे रोककर, आधे घंटे तक हमारी खिड़की के नीचे मस्ती भरी धुनें बजाने का आदेश दे डाला। मैं नागर बंधुओं के साथ एक कमरे की सजावट की व्यवस्था करने में जुट गया था।

उस रात मन्नूजी ने हम सबके छलछलाते, बिछलते उत्साह पर बड़ी निर्ममता से पानी फेर दिया था। बड़ी मिन्नत-समाजत के बाद उन्होंने एक रसगुल्ले का रस निचोड़कर गुल्ला चबाने का अनुग्रह तो कर डाला, परंतु 5 ए, ग्रीक चर्च रो में रात बिताने को वे किसी भी शर्त पर तैयार नहीं हुईं।

बेचारे राजेन्द्र के लिए बड़ी विषम स्थिति हो गई थी। जाड़े की रात के साढ़े दस-ग्यारह बजे मन्नूजी की इस अप्रत्याशित और क़तई ग़ैर-वाजिब ज़िद का वह क्या समाधान खोजे, उसकी समझ में नहीं आ रहा था। विवाहित जीवन के उस प्रथम 'क्राइसिस' ने उसे किंकर्तव्यविमूढ़ बना डाला था। मन्नूजी के दुराग्रह ने मेरे मन में भी गहरी वितृष्णा घोल दी। इतने वर्षों की जान-पहचान, पारिवारिक मित्रता, स्नेह, सम्मान—यदि वे यह सब एक झटके में बुहार फेंक सकती हैं, तो मैं ही क्यों परेशान होऊँ। जाएँ, जहाँ उनकी इच्छा हो, खटखटाएँ जाकर अपने चहेतों के द्वार। आहत अपमान की ज्वाला में सिर से पाँव तक लिपटा, मैं चुपचाप टैक्सी लेने चला गया था।

टैक्सी लेकर लौटा तब तक मन्नूजी श्री भँवरमल सिंघी के यहाँ जाने पर राज़ी हो गई थीं। राजेन्द्र, मन्नूजी और कमला नीचे उतरे तो राजेन्द्र हठ करने लग गया कि मैं उन्हें सिंघीजी के घर तक छोड़ आऊँ। मेरा मन-मिज़ाज तो पहले ही ख़राब हो चुका था और ज़िद्दी मैं भी किसी से कम नहीं हूँ। मैं उनके साथ जाने के लिए क़तई राज़ी नहीं हो रहा था और राजेन्द्र मेरे बग़ैर जाने को प्रस्तुत नहीं था। हुज्जत बढ़ते देखकर कमला ने ही मुझे ठेल दिया था टैक्सी में। सिंघीजी के घर पहुँचे तो लगभग अर्द्धरात्रि हो चली थी।

दिन-भर की उत्तेजना तथा व्यस्तता से पस्त सिंघी दंपति सोने जा चुके थे। कुछ देर खटखटाने के बाद निद्रालस सुशीलाजी ने दरवाज़ा खोला। हमें वहाँ खड़ा देखकर कुछ क्षण के लिए वे अवाक् रह गई थीं। दरवाज़ा खुलने के साथ-साथ, वितृष्णा तथा आक्रोश में भुन रहा मैं उल्टे पाँव घर लौट ही रहा था कि सुशीलाजी ने आग्रह कर मुझे भी भीतर बुला ही लिया। हमारे आगमन ने सिंघीजी की भी नींद उड़ा दी थी। वे भी आ जुटे। परंतु बैठक जमाने का न मेरा मूड रह गया था, न राजेन्द्र और मन्नूजी का।

सुशीलाजी ने अत्यंत संकोचपूर्वक जो कमरा दिखाया था, उसमें एक डबल बेड तो अवश्य था, परंतु बाक़ी कमरा ज़माने भर के सामान से पटा पड़ा था। मैं तो सामान्य परिस्थितियों में भी उसमें घुटा-घुटा महसूस करता। मधुयामिनी मनाने की तो बात तक सोचना असंभव था। मन्नूजी को उसमें भी कोई आपत्ति होते न देखकर मुझे वाक़ई ताज्जुब हुआ। किंतु शायद उन्हें सिंघीजी मेरी अपेक्षा अधिक अपने प्रतीत हुए। स्वीकार करता हूँ कि इस पूरे कांड में पहली बार मैंने स्वयं को उस बेगाने का रोल अदा करता पाया था जो अब्दुल्ला की शादी में दीवाना बना उचकता फिर रहा था।

बेगानेपन के एहसास की ढेर सारी कड़ुवाहट मेरे मन में जमा हो चुकी थी। इसलिए किसी प्रकार रस्सा तुड़ाकर मैं वहाँ से भाग निकला। काफ़ी देर पैदल चलना पड़ा था। तब कहीं रेलवे फ़ाटक के पास एक टैक्सी चालक मुझे मेरे घर पहुँचाने पर राज़ी हुआ था।

उस रात कमला के साथ मैं बड़ी देर तक अपनी इस तुर्शी की बख़िया उधेड़ता रहा था। मेरी समझ में नहीं आ रहा था दिल्ली स्टेशन पर राजेन्द्र द्वारा शादी करने से इनकार कर देने पर जो ठाकुर साहब मन्नूजी को इस क़दर अपने प्रतीत हुए कि उनको जी खोलकर अपनी व्यथा-कथा लिखने में उन्हें तनिक भी संकोच नहीं हुआ, अब विवाह संपन्न हो जाने के पश्चात्, सहसा इतने बेगाने कैसे हो गए, क्यों हो गए ?

इस कटुता से उबरने में बहुत सहायक सिद्ध हुए थे कमला के तर्क। मेरी तरह वह केवल भावुकता के आधार पर तुरत-फुरत निर्णय नहीं लेती। उसका दृष्टिकोण मेरी अपेक्षा कहीं अधिक उदार, कहीं अधिक वास्तविकता पर आधारित, 'प्रेग्मेटिक' हुआ करता है। भोर के क़रीब तीन बजे तक बातें करने के बाद सोने से पहले उसने मुझे बड़ी हद तक शांत, व्यवस्थित कर दिया था।

विवाह के दो-तीन दिन बाद ही उन दोनों को आगरा जाना था। इस बीच, न जाने कब, राजेन्द्र ने अपने भाई भूपेन्द्र के लिए श्री पृथ्वीनाथ शास्त्री से उनके

स्कूटर का सौदा कर लिया था। शास्त्रीजी उस स्कूटर को हावड़ा स्टेशन लाकर राजेन्द्र का सौंपनेवाले थे। अब ठीक याद नहीं आ रहा कि क्या झमेला हो गया। पर ऐसा कुछ हुआ अवश्य था जिसने शास्त्रीजी को बेहद रुष्ट कर डाला था। प्लेटफ़ार्म पर ही राजेन्द्र के साथ वाक्-वितंडा होता रहा।

राजेन्द्र की गाड़ी सुबह नौ-साढ़े नौ बजे छूटी। उसे विदा करने के बाद मैं सीधा अपने दफ़्तर पहुँचा ही था, तभी शास्त्रीजी फ़ोन पर राजेन्द्र पर इस स्कूटर के सौदे के संबंध में न जाने क्या-क्या दोषारोपण करने लगे। मैं शास्त्रीजी की विद्वत्ता का आरंभ से गहरा प्रशंसक रहा हूँ। आज भी हूँ। वे जब तक राजेन्द्र पर आरोप लगाते रहे, मैं उनका लिहाज़ कर, धैर्यपूर्वक उनकी बातें सुनता रहा। किंतु जब वे क्रोधावेश में भरे, मुझे ही राजेन्द्र का स्थानीय प्रतिनिधि मानकर जो मुँह में आया बोलने लग गए तो 'शास्त्रीजी, सौदा आपके और राजेन्द्र के बीच हुआ था। उस समय तो आपने मुझसे कोई बात नहीं की थी। अब आप राजेन्द्र से समझिए। मेरे साथ व्यर्थ की बातें करने की कोई ज़रूरत नहीं है,' कहकर मैंने बड़ी रुखाई से फ़ोन काट दिया।

काफ़ी दिन लग गए थे शास्त्रीजी के साथ मेरे संबंधों को सामान्य होने में। उसकी अपनी बड़ी दिलचस्प कहानी है जो यहाँ नितांत अवांतर है।

पीछे मुड़कर देखने पर लग रहा है कि राजेन्द्र के विवाह का प्रकरण कुछ ज़्यादा ही लंबा हो गया है, अपेक्षाकृत कुछ अधिक ही विस्तार ले बैठा है। संभवतः यह इसलिए हो गया क्योंकि राजेन्द्र के व्यक्तिगत जीवन में केवल इसी प्रसंग में मेरा अपना दख़ल (इन्वॉल्वमेंट) इतनी गहराई तक स्वतः ही होता चला गया था। अन्यथा, मेरी मान्यता रही है कि प्रत्येक मित्र के साथ संबंधों की अपनी-अपनी लक्ष्मण रेखा रहा करती है जिसे किसी भी स्थिति में पार करने की चेष्टा अनधिकृत हो जाती है।

बचपन में सुना था—

दोस्तों से साफ़ रखो लेन-देन,
उनसे गर रखनी है क़ायम दोस्ती।

और बुज़ुर्गों ने समझाया था कि लेन-देन सिर्फ़ रुपए-पैसों का ही नहीं होता। उससे कहीं ज़्यादा महत्त्वपूर्ण होता है भावनाओं का लेन-देन। दोस्तों के बीच होनेवाले हँसी-मज़ाक, व्यंग्य-विद्रूप, राज़-रहस्य—अलग-अलग दोस्तों के साथ उन सभी क्षेत्रों की सीमाएँ भी अलग-अलग निर्धारित हो जाती हैं। उन सीमाओं का जाने-अनजाने अतिक्रमण होते ही मित्रता तुरंत दाँव पर लग जाती है, फिर चाहे हमारी दोस्ती दस दिन पुरानी हो या दसियों वर्ष।

इस लिहाज़ से राजेन्द्र बहुत सही मित्र सिद्ध हुआ है। वह खुद अपने व्यक्तिगत

मामलों में किसी की भी प्रत्यक्ष अथवा परोक्ष दख़लंदाज़ी बर्दाश्त नहीं कर पाता। उसके बारे में वह अधिक चर्चा न खुद करता है, न किसी को करने देता है। इसी तरह वह आपकी ज़िंदगी में भी किसी प्रकार का अतिक्रमण करने का कोई प्रयास नहीं करता। यही वजह है कि हमारी मित्रता शीघ्र ही अपनी पैंतालीसवीं वर्षगाँठ मना लेगी।

आगरा से वापस आने के बाद राजेन्द्र को कुछ समय के लिए अपना दिल्ली-व्यामोह स्थगित कर देना पड़ा। मन्नूजी कलकत्ता में अच्छी-ख़ासी अध्यापकी कर रही थीं। राजेन्द्र जो लेखन दिल्ली में कर रहा था, वह कलकत्ता में भी उतनी ही आसानी से कर सकता था। अतएव फ़िलहाल कलकत्ता में ही रहना चाहिए का सर्वसम्मति से लिया गया प्रस्ताव स्वीक़ार कर लेने में ही उसे भी बुद्धिमानी दिखाई दी। शीघ्र ही सी. आइ. टी. रोड पर एक ढंग का फ़्लैट किराए पर लेकर राजेन्द्र और मन्नूजी ने अपनी गृहस्थी जमा ली।

सी. आई. टी. रोड और कालीघाट के बीच काफ़ी फ़ासला है। परंतु उस फ़ासले का कोई ख़ास प्रभाव हमारे मिलने-जुलने पर नहीं पड़ा। अंतर केवल इतना आया था कि अब रोज़ मिलने का हमारा नियम तनिक शिथिल पड़ गया था। फिर भी, दो दिन से अधिक का अंतराल कभी नहीं पड़ने दिया था—मैं और राजेन्द्र या तो कॉफ़ी हाउस में मिल लेते या एक-दूसरे के घर जा धमकते थे।

घर के काम-काज के लिए मन्नूजी ने एक लड़का रख लिया था। उससे राजेन्द्र ने एक दिन पूछा कि अगर कोई मुहल्ले का व्यक्ति तुमसे हमारे बारे में जानना चाहे कि हम दोनों क्या करते हैं, तो तुम उसे क्या बताओगे ? लड़के का उत्तर बहुत ही मज़ेदार था। उसने कहा था, "साब, हम कह देंगे कि मेमसाब तो काम पर निकल जाती हैं, और साब दिन-भर घर में पड़ा-पड़ा सोता है, सिगरेट पीता है और पढ़ता-लिखता रहता है, शाम को सिनेमा जाता है।" यह थी राजेन्द्र की वास्तविक दिनचर्या जिसे सुनकर हमारी मित्र-मंडली कई दिन तक मज़ा लेती रही थी।

ठीक याद नहीं पड़ रहा कि मन्नूजी ने विवाह के बाद बालीगंज शिक्षा सदन की अध्यापकी छोड़कर रानी बिरला गर्ल्स कॉलेज के हिंदी विभाग की अध्यक्षा होना स्वीकार कर लिया था, या विवाह से पहले ही वे वहाँ चली गई थीं। संभवतः बाद में ही गई थीं। इतना अवश्य याद है कि रानी बिरला कॉलेज की तत्कालीन प्रिंसीपल मिस क्लाइव द्वारा लिये गए इंटरव्यू में लगभग दो घंटे बिताने के बाद उन्होंने खुद पर ताज्जुब करते हुए मुझे सूचित किया था कि वे उन दो घंटों तक लगातार, बिना हिचके, अंग्रेज़ी बोलती रही थीं !

रानी बिरला कॉलेज में वे बालीगंज शिक्षा सदन की सह-अध्यापिका तथा घनिष्ठ मित्र, श्रीमती प्रतिभा नारायण को भी अपने साथ हिंदी विभाग में ले आईं। श्रीमती प्रतिभा नारायण के पति, श्री श्याम नारायण, भारत की सुप्रसिद्ध एयरकंडीशनिंग कंपनी, ब्लू स्टार, के कलकत्ता ऑफ़िस में उच्च पदस्थ अफ़सर थे।

पुरानी दिल्ली के बहुत पुराने सेठ खानदान के नारायण साहब को अपने मित्र के रूप में पाने का संपूर्ण श्रेय मैं मन्नूजी को देता रहा हूँ। उनकी प्रखर मेधा, तर्क में कुतर्क का कदापि आश्रय न लेकर ठोस तथ्यों, तथा केवल ठोस तथ्यों तक सीमित रहना, मित्रों की आर्थिक स्थिति का रत्ती-भर जायज़ा न लेकर अपनी मित्रता को भावुक धरातल पर बनाए रखने की अद्‌भुत क्षमता, सत्तर-अस्सी वर्ष पुराने सामाजिक और पारिवारिक मध्यवर्गीय मूल्यों के साथ-साथ इक्कीसवीं शताब्दी में प्रचलित होनेवाले मूल्यों का अकल्पनीय सम्मिश्रण कर पाने की योग्यता, और इन सबसे बढ़कर निर्मल, किंतु चुटीले, व्यंग्य-सने, अंतस् को भेद डालनेवाले छोटे-छोटे तथा समीचीन (Short, pithy and relevant) वाक्यों का नावक के तीर सरीखा प्रयोग करने में समर्थ नारायण साहब वास्तव में ऐसे व्यक्ति हैं जिनसे परिचित होना मैं अपने जीवन की उपलब्धियों में गिनता हूँ।

क़रीब छः फुट ऊँचे, गौरवर्ण, लगभग अस्सी वर्ष की आयु वाले नारायण साहब ने आज भी अपने शरीर में अक्षय ऊर्जा भर रखी है। साठ वर्ष के हो जाने पर ब्लू स्टार लिमिटेड के डायरेक्टर पद से निवृत्त हो जाने के बाद वे मसूरी जा बसे हैं। वहाँ से प्रतिवर्ष सर्दियों में अपने पुत्र और उसके परिवार के साथ तीन महीने बिताने के लिए स्वयं कार चलाकर सीधे अहमदाबाद आज भी जाते रहते हैं। नशा है उन्हें कार चलाने का। दो बार तो वे मुझे भी कलकत्ता से दिल्ली और रानीखेत का चक्कर लगवा चुके हैं।

यों नारायण साहब के साथ तेज़ी से बढ़ती चली गई मेरी अंतरंगता पर खुद मुझे कई बार आश्चर्य होता रहा है। उन जैसा कट्टर कम्युनिस्ट-विरोधी, उस ज़माने में, मेरा कोई दूसरा परिचित नहीं था। बहस करने में हम दोनों ही बराबरी की टक्कर वाले थे। वे अपने दफ़्तर के मैनेजर, मैं अपनी स्टाफ़ यूनियन का पंडा। उन्हें अपनी स्टाफ़ यूनियन से अनेक शिकायतें, मुझे अपने मैनेजमेंट से नित नए गिले-शिकवे। दोनों मिलते ही अपनी-अपनी भड़ास एक-दूसरे पर निकालने लगते। नारायण साहब कटाक्ष करने में माहिर तो मैं तो आगरा-स्कूल में पला-बढ़ा था जहाँ बच्चे माँ के पेट से ही एक-दूसरे की टाँगखिंचाई करने के विशेषज्ञ होकर जन्म लेते हैं। अपनी बात को ज़ोर देकर कहने के चक्कर में हमारी बहस का स्तर भले ऊँचा न हो, आवाज़ ज़रूर बुलंद हो जाती थी। उस वक़्त कमला और प्रतिभाजी दोनों साँस थामे अंजाम की प्रतीक्षा करती थीं। और

अंजाम होता था अक्सर यह कि कभी उनके किसी व्यंग्य-कटाक्ष पर मैं हँस पड़ता था तो कभी मेरी दलील पर वे।

उधर, श्रीमती प्रतिभा नारायण के अपने निराले ठाठ हैं। कई क्षेत्रों में वे नारायण साहब की बिलकुल प्रतिलोम हैं। उनके लिए सैकड़ों बार मेरे मुँह से बेसाख्ता निकला है—'नारी तुम केवल ममता हो।' विख्यात इतिहासज्ञ, श्री जयचंद्र विद्यालंकार की भानजी, प्रतिभाजी को मैंने आज तक किसी पर क्रुद्ध होते कभी नहीं देखा। उनका ध्यान हमेशा इसी पर केंद्रित रहा करता है कि आपको अच्छे-से-अच्छा खाना मिलता रहे और आप उनकी उपस्थिति में किसी प्रकार की कोई असुविधा अनुभव न करें। उनके साथ रानीखेत में बिताए दिनों को मैं आजीवन नहीं भुला पाऊँगा। विशेषकर वहाँ से कार द्वारा वापस कलकत्ता लौटनेवाला समय, जब मुझे नित्य शाम के चार बजते ही मलेरिया का 104 डिग्री तक पहुँच जानेवाला बुख़ार लगभग बेहोश कर देता था। उस दौर में रात में दो-तीन बजे भी पसीने से सराबोर मेरे वस्त्र बदलने में उन्हें ग़फ़लत करते मैंने कभी नहीं पाया। आज, दशकों बाद भी, नारायण-दंपति की आत्मीयता उतनी ही गहन, उतनी ही स्नेहसिक्त बनी हुई है।

उन्हीं दिनों नारायण साहब को नाटकीय परिस्थितियों में कलकत्ता ऑफ़िस में तीसरे नबंर से पदोन्नत कर मैनेजर बना दिया गया था। इसके फलस्वरूप उन्हें ब्रॉड स्ट्रीट वाले छोटे-से मकान से निकलकर चौरंगी रोड पर अंग्रेज़ों के ज़माने में बने 'एलेक्ज़ेंड्रा कोर्ट' के विशाल एपार्टमेंट में रहने चला आना पड़ा था। बड़े-बड़े बेडरूम, बड़ा-सा सिटिंग रूम और बहुत ही बड़े हॉल वाले इस एपार्टमेंट के लिए नारायण साहब कहा करते थे कि अब उन्हें प्रतिभाजी को आवाज़ देने की बजाए टेलिफ़ोन कर बुलाना पड़ जाएगा।

दक्षिण कलकत्ता आनेवाली अधिकांश बसें चौरंगी रोड पर ही चलती हैं। उस ज़माने में तो ट्राम भी चला करती थी नारायण साहब के घर के सामने से! एलेक्ज़ेंड्रा कोर्ट की बग़ल में ही हमारी मित्र मंडली के सबसे अधिक जीवंत सदस्य, श्री मदनमोहन अग्रवाल तथा उनकी विदुषी पत्नी, श्रीमती प्रतिभा अग्रवाल भी रहा करते थे। नारायण साहब के इधर आ जाने के बाद से हमारी बैठकें उन्हीं के घर अक्सर जमने लगी। राजेन्द्र की सी. आई. टी. रोड बहुत दूर पड़ जाती थी और भण्डारी साहब का लेक गार्डन वाला मकान अभी पूरा-सा बना नहीं था।

विवाह के बाद राजेन्द्र के दिल्ली छोड़कर वापस कलकत्ता आ-बसने के फ़ैसले से एक बड़ा लाभ मुझे यह हुआ था कि अब मुझे ढेरों पत्र-पत्रिकाएँ तथा नए-से-नए साहित्यिक प्रकाशन पढ़ने का अवसर मिल गया। अपनी आर्थिक स्थिति पुस्तकों आदि पर अधिक ख़र्च कर पाने की इजाज़त नहीं देती थी। उधर, मैंने

शुरू से ही लक्ष्य किया है कि राजेन्द्र जितना लिखता है, उससे तीन गुना अधिक पढ़ता रहा है। केवल हिन्दी की पुस्तकें ही नहीं, अंग्रेज़ी की भी।

उस ज़माने में पढ़ने की रफ़्तार मेरी भी कुछ ज़्यादा ही तेज़ रहती थी। इतनी कि बहुधा राजेन्द्र मज़ाक़ कर बैठता था कि ठाकुर साब तो किताबें पढ़ते नहीं, सूँघकर अलग रख देते हैं। एक-दो बार उसने परीक्षा लेने की भी चेष्टा की थी। सौभाग्य से हर बार मैं खरा उतरा था। बहरहाल, यह भी सही है कि मैंने राजेन्द्र को देखकर ही सीखा है कि किसी भी लेखक के लिए एक सार्थक पंक्ति लिखने के पहले कम-से-कम पचास सार्थक पृष्ठ पढ़ लेना आवश्यक होना चाहिए। परिपक्व विचार ही परिपक्व साहित्य को जन्म देने में समर्थ होते हैं।

विवाह के कुछ ही समय पश्चात् राजेन्द्र की छोटी बहिन, माधवी का विवाह भी आगरा में संपन्न होना था। अब तक मैं यादव परिवार के मित्र ही नहीं, आत्मीय के रूप में स्वीकृत कर लिया गया था। अतएव राजेन्द्र के अतिरिक्त बाई के भी प्रचंड आग्रह के कारण मुझे एक बार फिर आगरा की यात्रा करनी पड़ी।

इस विवाह ने मेरा परिचय हिंदी के प्रसिद्ध उपन्यासकार शानी से करवाया। शानी उन दिनों ग्वालियर में सरकारी नौकरी कर रहे थे। दुर्भाग्यवश, आगरा आते ही उन्हें तेज़ बुख़ार चढ़ गया और वे कई दिन तक शैयाशायी रहने पर बाध्य हो गए। इसके बावजूद उनकी मज़ाक़पसंदी, बातों में रस घोलने की अद्भुत क्षमता और यारबाश तबीयत ने गहरा प्रभावित किया मुझे, घनश्याम अस्थाना और आगरा के सभी मित्रों को। घनश्याम के साथ आगरा फ़ोर्ट के पास से गुज़र रहे ऊँट को देखकर शानी ही कह सकते थे, 'देख रहे हैं डॉक्टर साहब, कितना ग़ैर-शायराना जानवर है कंबख्त।'

इसी शादी के दौरान मुझे एक और छोटा भाई मिल गया था—सोम ठाकुर। घनश्याम ले आया था उसे मुझसे मिलवाने। बहुत चौंका दिया था उस खूबसूरत नौजवान ने, जब उसने तुरंत ही झुककर मेरे पाँव छू लिये। उस वक़्त तक न मैं किसी के चरण छू पाता था, और न किसी और ने मुझे इस क़ाबिल समझा था कि वह मेरी चरणवंदना करता। लिहाज़ा बहुत सकुचते-झिझकते मैंने झुककर सोम को छाती से चिपका लिया। आज उस क्षण को बीते क़रीब-क़रीब चालीस वर्ष हो चुके हैं। परंतु सोम, जो उस दिन मेरी छाती से आ चिपका था, आज तक वैसा-का-वैसा चिपका हुआ है।

सोम के प्रति इस आत्मीयता का आरंभ उसके द्वारा सुनाई गई अपनी प्रथम रचना के साथ-साथ ही हो गया था। उसकी कविता का माधुर्य तथा उसके कंठ का लालित्य सचमुच मोहक सिद्ध होता है। युवा-हृदय से निस्सृत मीठे-मीठे छंदों के सस्वर गान मुझे बचपन से ही आकर्षित करते रहे हैं। आगरा की नागरी

प्रचारिणी सभा में हर साल दस-पंद्रह कवि-सम्मेलन होते ही रहते थे जिनमें उस ज़माने में लिखे जानेवाले ब्रज-काव्य की नैसर्गिक मधुरिमा तथा उनका काव्य सौष्ठव श्रोताओं को रस-विभोर कर देते थे। सोम मेरे उस अतीत को साकार कर रहा था। इसके अतिरिक्त उसके स्वभाव की सहज विनम्रता तथा चारित्रिक दृढ़ता तो उसका जन्मजात स्थायी भाव है जिससे प्रभावित हुए बिना आप कदापि नहीं रह सकते।

बाद में तो सोम की ब्रजभाषा की कविता ने समस्त हिंदी भाषियों के साथ मुझे भी चकित ही नहीं, चमत्कृत भी कर दिया। उसके प्रत्येक पद में मुझे ब्रजकाव्य की प्रत्येक उदात्त परंपरा का संपूर्ण निर्वाह मिलता है। साथ ही उसने यह भी सिद्ध कर दिखाया है कि ब्रजभाषा में आधुनिकतम विचारों तथा भावों को सफलतापूर्वक वहन कर पाने का सामर्थ्य आज भी अक्षुण्ण बना हुआ है। वह केवल राजा-महाराजाओं और उनके कामुक सामंतों के मनोरंजनार्थ लिखी गई अधिकांश रीतिकालीन कविता नहीं है, उसमें आज भी सूर, तुलसी, मीरा, रसखान, देव, बिहारी, पदमाकर और भूषण का लालित्य तथा ओज बरक़रार रखा जा सकता है। शर्त केवल सामर्थ्य की है।

सोम की एक और विशेषता ने मुझ पर गहरा प्रभाव डाला है। वह है कविता के क्षेत्र में उसके प्रयोगों की विविधता तथा निरंतरता। उसने जहाँ सीता के पाताल प्रवेश पर, हनुमान स्तवन पर, राधा और कृष्ण की लीलाओं पर अत्यंत मार्मिक तथा हृदयद्रावक छंदों की रचना की है, वहीं इन्दिरा गाँधी द्वारा देश पर थोपी गई इमरजेंसी के ख़ौफ़नाक दिनों में अपना विरोध प्रदर्शित करते हुए यह लिखने का साहस भी किया कि—

देखे इस दरबार के अजब अनूठे खेल,
पूँछ हिले कुर्सी मिले, होंठ हिले पर जेल।

उसने एक ओर जहाँ 'मेरे भारत की माटी है चंदन और अबीर' सरीखी देशप्रेम की भावुक कविताओं द्वारा ढेर-ढेर लोकप्रियता कमाई, वहीं दूसरी ओर

सबसे आगे स्वयं को दिखता हूँ,
सोम कितना पिछड़ गया हूँ मैं।

जैसी आत्मविश्लेषक पंक्तियों में अपने आधुनिक भावबोध का सुंदर प्रदर्शन भी किया।

आगरा क्षेत्र में बहुप्रचलित लोकशैली 'ख़याल' से प्रभावित सोम ने कई ख़याल भी लिखे हैं। उनमें से एक को जब मैंने पहली बार सुना था तो सचमुच बेहद आश्चर्यचकित हुआ। मेरा ख़याल था कि मेरे बचपन में हिंदी और उर्दू मिश्रित

ख़यालों की अर्धदार्शनिक परंपरा वाली यह शैली, जिसे 'तुर्रा' और कंलगी' वाले अखाड़ों के उस्ताद चंग बज़ा-बज़ाकर आशुकविता रचते हुए काव्य दंगलों में गाते थे, वह शैली तो समय के हाथों दम तोड़ चुकी होगी। परंतु जब सोम ने सुनाया—

यह प्याला प्रेम का प्याला है,
तू नाच के और नचाकर पी;
झुक झूम के पी, खुल खेल के पी,
मत ग़ैर से नज़र बचाकर पी।

तो उसे सुनकर मुझमें लगभग 'ब्रह्मानंद सहोदर' रस का संचार हो गया। काश, इतने सामर्थ्यवान कवि की व्यक्तिगत परिस्थितियों ने उसे केवल मंचीय कवि वाली सस्ती लोकप्रियता अर्जित करने के मार्ग पर न ठेल दिया होता ! वीरेन्द्र मिश्र और सोम ठाकुर, दोनों को हिंदी साहित्य के इतिहास में उनका उचित स्थान आजकल मंच पर पढ़ी और सराही जानेवाली भाँड़ संस्कृति ने नहीं मिलने दिया, यह हिंदी की क्षति है।

माधवी की शादी के बाद मैं आगरा से बूँदी चला गया। वहाँ से दिल्ली होकर लौटते समय एक सुखद संयोग घट गया। दिल्ली में कनाट प्लेस में उन दिनों एक टी हाउस हुआ करता था जहाँ नित्य शाम को, हमारे कलकत्ता के कॉफी हाउस की तरह, साहित्यकार आ-जमते थे। भाई सत्येन्द्र शरत मुझे भी वहाँ ले गए। सत्येन्द्र भाई के साथ मेरे प्रिय मित्र चंद्रप्रकाश अग्रवाल ने मेरा परिचय करा दिया था। उस ज़माने में सत्येन्द्र भाई ऑल इंडिया रेडियो में काम करते थे।

उस शाम मैंने टी हाउस के एक सुदूर कोने से उठ रहे अट्टहास से आकर्षित हो उस ओर नज़र उठाई तो उस अट्टहास के स्रोत सज्जन की आकृति काफ़ी जानी-पहचानी-सी लगी, परंतु मैं उन्हें पहचान नहीं पाया। सत्येन्द्र भाई से उनके विषय में जानना चाहा, तो उन्होंने स्वयं चौंकते हुए बताया था, "अरे, आप इन्हें नहीं जानते ? मोहन राकेश को ?" तब समझ में आ गया कि अपरिचित होते हुए भी वह आकृति क्यों इतनी जानी-पहचानी प्रतीत हुई थी। उस चेहरे की रेखाकृति अक्सर ही 'कहानी' मासिक में छपती रहती थी।

सत्येन्द्र भाई मुझे प्रत्यक्ष परिचय करा देने के लिए मोहन राकेश की टेबिल तक ले गए। नाम बताना ही काफ़ी सिद्ध हुआ था मोहन राकेश द्वारा मुझे विशुद्ध पंजाबी स्टाइल से बाँहों में भर लेने के लिए। फिर तो एक मुहूर्त के लिए भी ऐसा कभी नहीं लगा था कि हम एक-दूसरे के लिए कभी अपरिचित भी रहे थे।

राकेश के साथ एक सज्जन और भी वहीं बैठे थे जिनका परिचय न मैंने

पूछा था और न राकेश ने ही दिया था। उसने दो सूचनाएँ अवश्य दी थीं, "ठाकुर साब, मैंने दूसरी शादी कर ली है। और, पिछले सप्ताह ही मेरी सास का देहांत हो गया है।" मेरे मुँह से निकला था, "Quick Work ! यार, वह नुस्ख़ा तो मुझे भी बताओ जिससे इतनी जल्दी तुमने सास खिसका दी।" जवाब में राकेश ने एक और छतफोड़, दीवारतोड़ ठहाका लगाया और कहा था, "इनसे मिलिए, ये मेरे साले साहब हैं।" दबी ज़बान से 'सॉरी' कहते हुए कितना अप्रतिभ हुआ था मैं, सिर्फ़ मैं ही जानता हूँ।

उसके बाद राकेश से मिली प्रगाढ़ आत्मीयता की अपनी एक लंबी कहानी है। राजेन्द्र के साथ उसकी दाँत काटी रोटी रही तब भी और जब दोनों के बीच कुट्टी होकर बोलचाल तक बंद हो गई, उस अरसे में भी राकेश से मुझे असीम स्नेह और निश्छल मित्रता ही मिली थी। उसकी मृत्यु ने मेरा एक बहुत प्रिय अनुज मुझसे छीन लिया था। राकेश की मित्रता मेरे जीवन की उल्लेखनीय उपलब्धि है।

सन् 1959 से 1963 के बीच जब तक राजेन्द्र वहाँ रहा, और उसके बाद भी, मोहन राकेश के कलकत्ता के प्रायः चक्कर लगते रहते थे। इस दौरान मुझे राकेश को काफ़ी खुलकर समझने के अवसर मिलते रहे। बेहद आकर्षक व्यक्तित्व था उसका। पंजाब की अक्खड़ स्पष्टवादिता तथा जीवन का भरपूर मज़ा लेते हुए जीने की अदम्य लालसा, संस्कृतज्ञों की संस्कारप्रियता के साथ-साथ समाज को निरंतर उन्नति की ओर ले जानेवाली प्रगतिशीलता, निश्छल हृदय से निस्सृत होनेवाला प्रचंड अट्टहास और भावुकता से द्रवित हो जाने पर उसी सहजता से नेत्रों से बहती अश्रुधार, और इन सबसे बढ़कर लोगों को समझने-परखने की सूक्ष्म कलात्मक प्रतिभा तथा उसे कहानी एवं नाटक, दोनों विधाओं में खूबसूरती के साथ प्रयोग करनेवाली क़लम—इन सबके सम्मिश्रण का नाम था मोहन राकेश। कम-से-कम मेरे निकट तो था ही।

सी. आई. टी. रोड वाले फ़्लैट में गृहस्थी जमा लेने के बाद से राजेन्द्र के साथ-साथ मन्नूजी से भी मेरा संपर्क कुछ और ज़्यादा बढ़ गया था। अब उनके घर जाने पर तो बैठक जमती ही थी, अक्सर मित्रों के घर पहुँचने पर भी वे दोनों भी वहाँ मिल जाया करते। बड़ी सीमित सी थी हमारी मित्र मंडली। यों भी सामान्यतः चार-छः से अधिक परिवारों के साथ पारिवारिक संबंध स्थापित नहीं हो पाता है। मैं भी इस दिशा में अपवाद कैसे हो सकता था ? भण्डारी साहब के अतिरिक्त नारायण साहब, मदन बाबू, सिंघीजी और कभी-कभी आनन्द साहब, बस इन्हीं के साथ हँस-बोलकर वक़्त गुज़र जाता था।

संयोगवश एक रविवार को राजेन्द्र, मन्नूजी, कमला और मैं आनन्द साहब के घर सुबह-सुबह जा पहुँचे। सुबह-सुबह का अर्थ, हम कलकत्ता वालों के लिए, दस-साढ़े दस का समय हुआ करता है। आनन्द साहब की श्रीमतीजी मन्नूजी के साथ बालीगंज शिक्षा सदन में हिंदी की अध्यापिका थीं। स्थूलकाय कैलाश बहिनजी के शरीर में हाड़-मांस के स्थान पर कूट-कूटकर भावुकता भरी थी। इसी कारण उनकी कविताओं से रसगुल्लों का रस झरता रहता था। उन्हें भी मन्नूजी की तरह अपनी छात्राओं से बेहद प्यार था और छात्राएँ भी अपनी कवयित्री बहनजी पर गर्व किया करतीं जिनके पास हरेक अवसर के लिए उपयुक्त कविताएँ लिख पाने की अद्भुत क्षमता का अक्षय भंडार रहता था।

श्री सूरज प्रकाश आनन्द भी कम भावुक नहीं थे। उनकी भावुकता ने ही उन्हें कम्युनिस्ट बना डाला था। देश-विभाजन के पूर्व हुई डाक कर्मचारियों की हड़ताल में संगठन के पदाधिकारी होने के नाते उन्हें जेल भी जाना पड़ा। पाकिस्तान बन जाने पर दिल्ली चले आने के बाद उन्हें ठेले-रेहड़ियों पर फेरी लगाकर रोज़ी कमाने के अनुभव से भी गुज़रना पड़ा। फिर कलकत्ता आ जाने के बाद उनके दिन बहुरे और 1957 आने तक वे अच्छे-ख़ासे खाते-पीते लोगों की श्रेणी में उन्नत हो चुके थे।

मगर उनका भावुक हृदय अभी भी जस-का-तस धड़क रहा था। कम्युनिज़्म और कम्युनिस्ट पार्टी, दोनों के प्रति उनकी कमज़ोरी अभी भी बरक़रार थी। उसके साथ-साथ उन्होंने उसमें एक इज़ाफ़ा और कर डाला था। अब उन पर एक नई धुन सवार हो गई थी। सशस्त्र आंदोलन के हर जाने-अनजाने वीर क्रांति सैनिक की फ़ोटो इकट्ठी कर, अपने ख़र्च से, उनके बड़े-बड़े रंगीन चित्र पेंट करवाकर, वे उन्हें अपने ड्राइंगरूम की दीवार पर टाँगने लगे। इन चित्रों की संख्या उस समय तक करीब पचास हो चली थी।

ज़ाहिर है कि उन चित्रों से घिरे ड्राइंगरूम में बैठते ही आपकी चर्चा का मुख्य मुद्दा चापेकर बंधु हो जाता। लाला हरदयाल और उनकी गदर पार्टी, कामागाटामारू, रासबिहारी बोस, मास्टर सूर्यसेन, चटगाँव अस्त्रागार लुंठन, काकोरी षड्यंत्र केस के शहीद राम प्रसाद 'बिस्मिल' और अशफ़ाकुल्लाह, सॉण्डर्स हत्याकांड, हिंदुस्तान सोशलिस्ट रिपब्लिकन आर्मी, उसके दुर्घर्ष सेनानायक चंद्रशेखर आज़ाद, अमर शहीद सुखदेव, भगतसिंह, राजगुरु, बटुकेश्वर दत्त आदि का सफ़र तय करने के पश्चात् आपका वार्तालाप यशपाल तक आता फिर बाबा सोहन सिंह भखना, पृथ्वीसिंह आज़ाद और उनकी कम्युनिस्ट पार्टी तक आ पहुँचता।

सन् 1960 में कांग्रेस की प्रमुखतम विपक्षी पार्टी भारत की कम्युनिस्ट पार्टी थी। आज की स्थिति वाला पतन तब तक नहीं आया था कि भारतीय जनता पार्टी और उनके राष्ट्रीय स्वयंसेवक संघ के फ़ासिस्ट आक़ाओं तथा विश्व हिंदू

परिषद् और बजरंग दल के लठैत राष्ट्र के कर्णधार बन जाते। उस समय तक पं. जवाहर लाल नेहरू के कारण राजनीति में सिद्धांतों का अस्तित्व, कमज़ोर हो जाने के बावजूद, बचा हुआ था।

तो हुआ यह कि कांग्रेसी राज की चर्चा करते-करते आनन्द साहब, राजेन्द्र और मैं पं. जवाहर लाल नेहरू की आलोचना करने लगे। उस ज़माने में मन्नूजी की दृष्टि में कांग्रेस और पं. नेहरू राष्ट्र और राष्ट्र-प्रेम के पर्यायवाची थे। वे उनके पक्ष में बोलने लगीं। रविवार की सुबह चाय-नाश्ते के बीच चल रही हमारी बातचीत नितांत अनौपचारिक वातावरण में हो रही थी। वह गंभीर राजनीतिक बहस में परिवर्तित हो पाती इसके पहले ही राजेन्द्र और मैं, मन्नूजी की टाँग खिंचाई करने के चक्कर में, प्रधानमंत्री नेहरूजी के संबंध में कुछ मज़ाकिया बात कहकर ज़ोर-ज़ोर से हँसने लगे।

परंतु हमें अपनी उस हँसी पर सहसा इमर्जेंसी ब्रेक लगाना पड़ गया। मन्नूजी की आँखें आँसू बहा रही थीं और उनकी वाणी में रुदन के स्वर आ घुले थे। हम सभी हत्वाक, आश्चर्यचकित हो रहे थे। हमारे ख़्वाबो-ख़याल में भी नहीं आया था कि विशुद्ध मज़ाक़ में कही गई बातों का ऐसा नतीजा भी निकल सकता है। इससे पहले भी मन्नूजी की उपस्थिति में ऐसी-ऐसी, और इनसे भी कहीं ज़्यादा, हल्की बातें होती रहती थीं जिन्हें मन्नूजी भी उतना ही रस लेकर पचा लिया करती थीं। परंतु वे बातें नेहरूजी, महात्मा गाँधी आदि के संबंध में न होकर परिचित मित्रों के बारे में होती थीं। आज मन्नूजी के एक सर्वथा अनजाने पक्ष का उद्घाटन होने पर मुझे वाक़ई बहुत अजीब लगा था।

हलफ़ तो नहीं उठा सकूँगा, लेकिन बहुत मुमकिन है, विवाह के बाद मज़ाक़-मज़ाक़ में हो गए इस अपराध के परिमार्जन के उद्देश्य से अथवा अन्य किसी कारणवश राजेन्द्र ने 'एक पुरुष, एक नारी' की योजना बना ली। मुमकिन यह भी है कि उसने गर्मियों में कूलू-मनाली जाने के लिए ख़र्चा जुटाने के विचार से इस संग्रह के प्रकाशन की व्यवस्था कर ली हो। अग्रसोची तो राजेन्द्र है ही। बहरहाल, एक दिन उसने बताया कि एक प्रकाशक उसकी तथा मन्नूजी की तीन-तीन बड़ी कहानियों का संयुक्त संग्रह छापने को राज़ी हो गया है पाकेट बुक्स में।

इस संग्रह के लिए उसने मुझसे दोनों के संबंध में एक-एक लेख लिख डालने का अनुरोध किया। उसके अनुरोध ने मुझे सचमुच बहुत चौंकाया। उस समय तक यदा-कथा एकाध कविता लिखने के अलावा, मैंने हिंदी से अंग्रेज़ी और अंग्रेज़ी से हिंदी में कविताओं के अनुवाद अवश्य किए थे, किंतु गद्य में कभी एक पंक्ति भी लिखने का दुस्साहस नहीं किया था। राजेन्द्र वह पहला स्थापित लेखक था जिसने मुझमें अपना विश्वास आरोपित किया था। यह जानकर मुझे असीम संतोष हुआ

और कुछ-कुछ गर्व भी अनुभव किया था मैंने। परंतु उसके विश्वास का मैं किस सीमा तक निर्वाह कर पाऊँगा इसका यक़ीन मुझे नहीं हो पा रहा था।

यक़ीन दिलाया था खुद राजेन्द्र ने, जब उसने मेरा लिखा बिना किसी काट-छाँट के, ज्यों-का-त्यों स्वीकार कर लिया। उस लेख में मैंने क्या लिखा था, क्या नहीं, आज मुझे मुतलक याद नहीं रह गया है। याद सिर्फ़ इतना ही है कि उसे पढ़े बाद, जब राजेन्द्र ने मन्नूजी के संबंध में भी उसी क़िस्म का आलेख लिख डालने की याद दिलाई, तो मैंने साफ़ इनकार कर दिया था।

आरंभ से ही मेरे लिए लेखन एक बड़ी सायास प्रक्रिया रहा है और मैं स्वभावतः अत्यंत आलसी हूँ। हाँ, पत्र लिखने में तो कभी कोताही नहीं करता। वह भी, अगर न लिखना पड़े तो परम सुखी रहता हूँ। जितना जी पढ़ने में लगता है उसका शतांश भी लिखने में नहीं लगता। इसलिए मैंने राजेन्द्र से साफ़ कह दिया था कि 'भैया, इस एक लेख को लिखने में ही अभी तक साँस फूल रही है, दूसरा लिखा, तो जान ही निकल जाएगी। मुझे माफ़ कर, तू कोई दूसरा दरवाज़ा देख।' और कोई दरवाज़ा न मिल पाने पर राजेन्द्र को खुद ही मन्नूजी के बारे में वह बेहद खूबसूरत लेख लिखने पर बाध्य होना पड़ा जो शायद बाद में 'मेरा हमदम मेरा दोस्त' के अंतर्गत ज्यों-का-त्यों, अथवा मामूली-सी फेर बदल के बाद, छपा।

उन्हीं दिनों की एक घटना आज तक दिमाग़ भुला नहीं पाया है। जब भी याद आ जाती है, अकेले बैठे भी अट्टहास कर बैठता हूँ। कलकत्ता की सर्दियों की एक दोपहर की बात है। मैं और राजेन्द्र काली घाट से पैदल-पैदल धर्मतल्ला जा रहे थे। पाँव की ख़राबी के बावजूद राजेन्द्र को पैदल चलने का मेरी ही तरह ख़ब्त था। अक्सर हम लोग तीन-चार किलोमीटर चलते रहते थे। बातों-बातों में रास्ता कब कट जाता, अंदाज़ ही नहीं होता था। उस दिन भी सर्दियों की कुनकुनी धूप का मज़ा लेते-लेते हम ग़पियाते चले जा रहे थे कि एक नौजवान, 'नमस्कार, राजेन्द्रजी,' कहता सामने आ खड़ा हुआ।

फ़िल्म स्टारों की तरह साहित्यकार भी अपने परिचित-अपरिचित सभी क़िस्म के पंखों (फ़ैन) पर वारी-वारी जाने को चौबीसों घंटे और बारहों महीने आतुर रहा करते हैं। सो राजेन्द्र ने भी फ़ौरन ही उस नौजवान के साथ अपनी चोंच जा भिड़ाई। शराफ़त के नाते मैं कुछ दूर जा खड़ा हुआ था। नौजवान का व्यक्तित्व कहीं से भी प्रभावशाली नहीं था, और न उसके मुख-मंडल से ही एकाध बुद्धिरश्मि विकीर्णित होती प्रतीत हो रही थी। पर राजेन्द्र था कि बातें किए जा रहा था, किए ही जा रहा था। कोई पंद्रह-बीस मिनट तक चला होगा वह वार्तालाप।

उधर दूर खड़ा मैं ख़ासा बोर हो रहा था। सिगरेटें जलाने-बुझाने का क्रम भी कितनी देर चलाया जा सकता है ? इतनी देर तक राजेन्द्र किसी लड़की के

साथ बातें कर रहा होता, तो समझा भी जा सकता था। पर वह तो ज़्यादा-से-ज़्यादा एम. ए. का विद्यार्थी रहा होगा। उसके साथ इतनी देर तक बातें करने का क्या अर्थ ? प्रतिक्षण मेरा क्रोध बढ़ता चला जा रहा था।

आख़िरकार जब उस नौजवान ने राजेन्द्र को रिहाई दी, उस वक़्त तक मेरी झुँझलाहट चरम सीमा पार कर चुकी थी। अतएव जैसे ही राजेन्द्र पास आया, मैंने अपने स्वर में भरपूर खीझ घोलते हुए पूछा था, "क्यों भई, क्या कलकत्ते के हर चूतिये के साथ तेरी जान-पहचान है ?" राजेन्द्र ने तुरंत कोई उत्तर नहीं दिया। सिर्फ़ मुझे एक बार ऊपर से नीचे तक देखा और फिर धीरे से कहा था, "हाँ ठाकुर साब।" मज़ा आ गया था राजेन्द्र के उस 'हाँ ठाकुर साब' पर। यह मारा था उसने ठेठ आगरा वाला नहले पे दहला। बड़ी देर तक हँसी आती रही थी राजेन्द्र की हाज़िरजवाबी पर। आज भी आती रहती है।

अब सन् 1960 की केवल एक घटना का ज़िक्र करना और बाक़ी बचा है। अत्यंत महत्वपूर्ण सिद्ध हो सकती थी वह घटना। राजेन्द्र के जीवन को एक निर्णायक मोड़ देने की क्षमता निहित थी उसमें। बस, बाल-बाल बचे थे उसके दूरगामी प्रभाव को झेलने से राजेन्द्र, मन्नूजी, हम सब।

कल सरीखी याद है 21 नवंबर, 1960 की वह संध्या। अचानक ही घर के नीचे भण्डारी साहब की गाड़ी के चिरपरिचित हॉर्न की आवाज़ सुनकर कितनी खुशी हुई थी उनके इस अप्रत्याशित आगमन पर। सुशीलाजी के साथ लगे-बँधे चले आया करते हैं हँसी-खुशी के ठहाकेदार क्षण भी। रोती, उदास, संजीदा, गंभीरता ओढ़े चेहरों से उन्हें भी शुरू से ही एलर्जी रही है और मुझे भी। इसलिए, हॉर्न सुनते ही मुझे अपनी वह शाम सँवरती नज़र आने लगी थी।

किंतु उस समय भण्डारी साहब अकेले ही सीढ़ियाँ चढ़कर ऊपर चले आ रहे थे। और उनका चेहरा ! वह उनके भीतर लगातार बिना रुके उठ रही क्रोध की तरंग-प्रति-तरंग में से प्रत्येक का स्पष्ट आभास दे रहा था। भण्डारी साहब का यह रौद्र रूप इसके पहले मैंने कभी नहीं देखा था। सुर्ख़, तमतमाया चेहरा, आँखों से रह-रहकर झर रहे अग्नि-स्फुलिंग, क्षण-क्षण फैलते-सिकुड़ते नासारंध्र ! "प्लीज़, ठाकुर साहब, चलिए, फ़ौरन चलिए मेरे साथ। भाभीजी, आप भी। नहीं-नहीं, साड़ी ठीक है, बदलिए मत। फ़ौरन चलिए। वी हैव टु सैट द फ़ैलो राइट," (हमें उसका दिमाग ठीक करना है) भण्डारी साहब कहे चले जा रहे थे, कुछ भी प्रश्न करने का अवकाश दिए बग़ैर।

"क्या हो गया बहनोई साहब ? ख़ैरियत तो है ? हूम हैव वी टु सैट राइट ? (किसका दिमाग ठीक करना है) कुछ बताइए तो।"

"आप चलिए तो। वी मस्ट डिसाइड इट वन्स फ़ॉर ऑल। थिंग्ज़ हैव गौन टू फ़ार। व्हाट द हैल डज़ ही थिंक ऑफ़ हिमसेल्फ़ ? चलिए, सुशीला गाड़ी में

ही बैठी है। शी विल ब्रीफ़ यू फुल्ली," कहते-कहते भण्डारी साहब ने सीढ़ियाँ उतरना शुरू कर दिया था।

सामान्यतः भण्डारी साहब कार कुछ अधिक ही सावधानीपूर्वक चलाया करते थे किंतु उस क्षण उनकी उत्तेजना ने उनकी सावधानी की लगाम थोड़ी ढीली कर डाली थी; मुश्किल से दस-बारह मिनट बाद ही हम सी. आई. टी. रोड जा पहुँचे थे। इस बीच सुशीलाजी ने जो कुछ बताया, उससे केवल इतनी-सी जानकारी मिल सकी थी कि एक रात पहले मन्नूजी ने अत्यंत दुःखित स्वरों में फ़ोन पर बताया था कि उनके और राजेन्द्र के बीच तर्क-कुतर्क और वितर्कों ने झगड़े का रूप ले डाला था और इसके फलस्वरूप उन दोनों के दांपत्य जीवन में दरार आ गई थी।

आज तो मुझे न झगड़े के आदि की बातें याद रह गई हैं, न अत की। मुझे मित्रों के पारिवारिक झगड़ों में कभी कोई रुचि रही भी नहीं है और न पति-पत्नी के बीच दोष वितरण की उस दरार को बनाए रखना ही मैंने कभी मित्रता का लक्षण समझा है। मेरी मान्यतानुसार पति और पत्नी से अधिक एक-दूसरे के राज़ और विश्वास जानने का अधिकार किसी अन्य तीसरे व्यक्ति को नहीं होता। पति और पत्नी एक-दूसरे के जितने निकट होते हैं, उतना और कोई नहीं हो सकता और न उसे होना चाहिए।

बहरहाल, मन्नूजी के उस फ़ोन ने भण्डारी साहब (और कुछ हद तक सुशीलाजी को भी) बेहद व्यथित कर डाला था। उन्होंने तय कर लिया था कि यदि आवश्यकता हुई तो वे उसी शाम मन्नूजी को अपने साथ ही घर ले आएँगे—"विद बैग एंड बेग़ेज।" बाद में अगर ज़रूरत समझ में आई तो बाक़ायदा तलाक़ की कार्रवाई भी कर ली जाएगी। "आइ विल नैवर लैट मन्नू फ़ील एलोन विद यादवजी।"

राजेन्द्र के फ़्लैट के कोने-कोने से तनाव टकरा-टकराकर वातावरण में फैल चुका था। समूचा माहौल तार-स्वर से गवाही देता प्रतीत हो रहा था कि प्रेम-त्रिकोण की क्लासिकी समस्या ही एकमात्र मुद्दा बन गया है। मन्नूजी को गहरी आपत्ति इस बात से थी कि राजेन्द्र ने अपनी मेज़ के प्रत्येक ड्राअर पर ताले जड रखे थे। उन्हें तक उन तालों की चाबी छूने का अधिकार नहीं था। इस तथ्य का अकाट्य प्रमाण यह था कि राजेन्द्र उन्हें भी अपना विश्वासभाजन नहीं मानता।

कुछ ही दिन पहले मोहन राकेश ने भी राजेन्द्र की इस मानसिकता का मखौल उड़ाते हुए उसकी उपस्थिति में ही मुझसे कहा था कि राजेन्द्र की इच्छा तो टूथब्रश के हैंडिल वाले छेद में भी ताला लगाने की रहा करती है। उस समय तो हम सब इस बात पर जी खोलकर हँसे थे पर आज राजेन्द्र की उस प्रकृति का ऐसा नतीजा भी निकल सकता है, यह मैं प्रत्यक्ष देख रहा था।

मोहन राकेश हँसी-हँसी में अक्सर बड़े पते की बात कह बैठता था। उसी

दिन राकेश ने एक और वाक्य कहा था, "ठाकुर साब, पत्नी यह तो सहन कर लिया करती है कि उसका पति उसे बताकर किसी पर-स्त्री के साथ संभोग करता दीख जाए, परंतु यदि उसे विश्वास में लिये बिना वह कहीं चाट-पकौड़ी भी खा आए, तो पता चलने पर वह तड़प उठती है। बेहद तीव्र आपत्ति होती है उसे विश्वास भंग होने पर और विश्वासघात को तो वह कदापि सहन नहीं कर पाती।"

उस शाम हम क़रीब डेढ़-दो घंटे वहाँ थे। इस बीच राजेन्द्र बहुत ही कम बोला। उसने केवल दो बातें कही थीं। पहली यह कि वह अपनी ज़िंदगी के कुछ पहलुओं को बिलकुल अपने तक ही सीमित रखता चला आया है। उनमें वह किसी की दख़लंदाज़ी बर्दाश्त नहीं कर सकता। और दूसरी बात जो उसने कही थी वह वाक़ई वज़नदार लगी थी मुझे। उसे अपने दांपत्य ज़ीवन की समस्या में हमारा हस्तक्षेप ग़लत लगा था। उसे लग रहा था मानो हम चारों उसे धमका रहे थे कि अगर उसने हमारा कहा नहीं माना तो मन्नूजी के पक्ष में हमारे आठ ही नहीं, और भी ढेर सारे हाथ उठकर उस पर प्रहार करेंगे।

उस डेढ़-दो घंटे व्यापी बकबक-झकझक का अंत कैसे हुआ, आज क़तई याद नहीं आ रहा। पर अंततोगत्वा लौटते समय भी हम चार ही वापस आए थे। मन्नूजी हमारे साथ नहीं आई थीं। इससे अंदाज़ लगा रहा हूँ कि कुछ 'चेपचाप' हो गया था। मगर मन अभी तक भरा-भरा था और जी खट्टा।

दूसरे दिन दफ़्तर में बैठा काम में व्यस्त था तभी मन्नूजी का फ़ोन आया। उन्होंने शाम को अपने यहाँ शादी की पहली सालगिरह पर मुझे सपरिवार निमंत्रित किया था। मैं इस प्रकार की थोथी रस्म अदायगी का कभी क़ायल नहीं रहा। अतएव मैंने उस निमंत्रण को पहले तो अस्वीकार कर दिया परंतु मन्नूजी के आग्रह के सम्मुख मेरा अस्वीकार अधिक देर तक उस दिन भी टिक नहीं पाया। मन्नूजी ने सूचना दी थी कि भण्डारी साहब, सुशीलाजी, मदन बाबू, प्रतिभाजी और नारायण दंपति भी आएँगे। मुझे न केवल वह शाम बल्कि राजेन्द्र-मन्नूजी का विवाहित जीवन भी इस सूचना से सँवरता दिखाई देने लगा। मैंने निमंत्रण स्वीकार कर लिया।

शाम को देखा तो वातावरण पूरी तरह सामान्य हो चुका था। एक बार फिर उस सी. आई. टी. रोड वाले फ़्लैट में ठहाके गूँज रहे थे। मन्नूजी और राजेन्द्र फिर से 'टिपिकल' पति-पत्नी का रोल अदा करने में लगे थे।

अंत भला सो भला। मैंने आश्वस्ति की साँस ली। राजेन्द्र और मन्नूजी दोनों ही मेरे आत्मीय थे। उनको हँसते-बोलते देखना अच्छा लगता था। साथ ही, उस दिन मेरा विश्वास और भी घनीभूत हो गया था कि मियाँ-बीवी के झगड़े में बीच-बचाव भूलकर भी नहीं करना चाहिए। वे दोनों तो कंबख़्त रात बीतते-न-बीतते एक हो जाते हैं। बुरे बनेंगे तो केवल ठाकुर साहब।

सन् 1960 का अंत होते-न-होते मैं अत्यंत व्यस्त हो गया था। हमारी बंबई तथा कलकत्ता की यूनियनों ने अपनी माँगों का विस्तृत चार्टर सिंधिया कंपनी के मैनेजमेंट को दे रखा था। इस सिलसिले में मुझे अपने यूनियन के अन्य साथियों के साथ आए दिन बंबई के चक्कर लगाने पड़ते थे। 1959 में हमारी सिंधिया कंपनी के समस्त भारतीय बंदरगाहों पर स्थित दफ़्तरों के कर्मचारियों का एक महासम्मेलन बंबई में आयोजित किया गया। उसमें मुझे बंबई से बाहर के तमाम कर्मचारियों का प्रवक्ता निर्वाचित किया गया। कलकत्ता यूनियन का भी मैं कभी मंत्री तो कभी अध्यक्ष बना दिया जाता था। इस दुहरी ज़िम्मेदारी को निभाने के चक्कर में कुछ ज़्यादा ही भाग-दौड़ करनी पड़ जाती।

पिछले छः-सात वर्षों के दौरान मैंने यूनियन की माँगों के चार्टरों पर मैनेजमेंट को बड़ा सहानुभूतिपूर्ण रवैया अपनाते देखा था। उस समय सिंधिया कंपनी के चेयरमैन धरमसी खटाऊ तथा कंपनी के संस्थापकों में अन्यतम, स्व. सेठ नरोत्तम मोरारजी के पुत्र, सेठ शान्तिकुमार मोरारजी बार-बार सगर्व घोषणा करते रहते थे कि हम "दो-चार लाख रुपयों के लिए अपने कर्मचारियों को हरगिज़ नाखुश नहीं करेंगे।" उस ज़माने में लाख रुपयों का मोल आज के करोड़ों रुपयों की तुलना में कुछ ज़्यादा ही था, कम नहीं।

ये वही शान्तिकुमार मोरारजी थे जिनके जुहू स्थित बँगले में '42 के आंदोलन के बाद पूना के आग़ाखाँ महल से रिहा कर दिए जाने के बाद महात्मा गाँधी ने महीनों विश्राम किया था। उन्हें महात्माजी, सेठ जमुना लाल बजाज की भाँति ही, पुत्रवत मानते थे। नतीजे में सेठ शान्तिकुमार मोरारजी भी पूँजीपति होने के साथ-साथ उसी प्रकार गाँधीवादी मूल्यों में आस्था रखते थे जिस प्रकार इन्दिरा गाँधी द्वारा देश पर लादी गई इमर्जेंसी के दिनों में सेठ रामनाथ गोयनका जयप्रकाश नारायण की 'समग्र क्रांति' में आस्था रखने लग गए थे।

परंतु 1955 के आसपास सेठ शान्तिकुमार के घर को आग लग गई थी। घर के चिराग़ से ही। उनकी धर्मपत्नी, श्रीमती सुमति मोरारजी की महत्त्वाकांक्षाएँ तब तक गगनचुंबी ऊँचाइयों को भी भेदकर क्रमशः ऊर्ध्वतर होती जा रही थीं। उन्होंने येन केन प्रकारेण कंपनी के डायरेक्टरों को अपने पक्ष में कर स्वयं अपने पतिदेव को ही अपदस्थ कर डाला तथा खुद उनके स्थान पर प्रतिष्ठित हो गईं। ऐसे पारिवारिक षड्यत्रों के फलस्वरूप न केवल भारत में, विदेशों में भी अनेक पूँजीपतियों के संस्थानों में स्वामित्व परिवर्तित होता ही रहा है।

तो इस बार हमें सीधे-सीधे टक्कर लेनी पड़ गई थी सुमतिबेन से जिन्हें सब 'बाई साहब' कहा करते थे। कुछ अतिरिक्त ही मिठबोली थीं बाई साहब। अंग्रेज़ी, हिंदी, मराठी और गुजराती खूब बोल लेती थीं। उन्हें एक ओर 'वचने किम् दरिद्रता'' में अटूट विश्वास था तो उसी के साथ-साथ 'लेन-देन पर ख़ाक,

मुहब्बत पाक' भी उनका सिद्धांत वाक्य अंत तक बना रहा। नतीजे में हमारी समझौता-कर्म की कमंद ठीक उस बिंदु पर पहुँचकर टूटती रही जब लबे-बाम मात्र दो-चार हाथ रह जाता था।

सिर्फ़ कलकत्ता होता तो ऐसी असफल समझौता-वार्ताओं से तंग आकर हमने कब की हड़ताल कर दी होती। लेकिन हमसे कहीं अधिक बड़ी यूनियन थी हमारे बंबई के हेड ऑफ़िस के कर्मचारियों की। और उस यूनियन का नेतृत्व करते थे अशोक मेहता और मनोहर कोतवाल सरीखे समझौतापरस्त ढुलमुल-यक़ीन नेतागण। सुमतिबेन तो हमें हर बार यह बताना नहीं भूलती थीं कि अशोक मेहता (जो बाद में भारत के अर्थमंत्री बन गए थे) उन्हीं के परिवार में पले-बढ़े थे।

आख़िर सन् 1961 के आरंभ में आपसी समझौते की समस्त कोशिशें नाकाम हो जाने के बाद कंपनी तथा यूनियनों ने हमारी सारी माँगों को गुजरात हाई कोर्ट के अवकाशप्राप्त मुख्य न्यायाधीश, श्री सी. टी. देसाई के पंच-फ़ैसले के लिए सुपुर्द कर देने पर सहमति प्रकट कर दी। न्यायमूर्ति देसाई ने प्राथमिक बैठक दिल्ली में करके, बाद की बैठकों को जून में बंबई में ही दिन-प्रतिदिन सुनवाई करने का अपना निर्णय दिल्ली में ही सुना दिया था।

नतीजे में मुझे जून के मध्य में फिर से बंबई जाना पड़ा। 18 जून को सिंधिया के डायरेक्टरों के मीटिंगरूम में बैठा मैं बहस में भाग ले रहा था, तभी चपरासी ने मेरे नाम का एक तार ला-थमाया था। तार राजेन्द्र ने भेजा था। उसमें लिखा था, 'Daughter Born Congratulations'. इस प्रकार राजेन्द्र और मन्नूजी की संयुक्त कृति, रचना ने 17 जून 1961 को इस वृद्ध संसार का नवीन रूप देखने के लिए अपने नेत्र पहली बार खोले थे।

मेरे चेहरे पर थिरक उठी मुसकान और नेत्रों की चमक को सुमतिबेन ने तुरंत लक्ष्य कर लिया था। ज़ोर से पूछा था उन्होंने गुजराती में ही, "सारी ख़बर लागे छे" (अच्छी ख़बर जान पड़ती है)। बताने पर कमरे में बैठे सभी लोग मुँह मीठा कराने की समवेत माँग करने लगे। गुजरात में खोये के पेड़े से मुँह मीठा करने-करवाने का रिवाज़ है। उस दिन उन सबके पेड़े खा लेने के बाद ही हमारी माँगों पर फिर से बहस जारी हो पाई थी। बहुत आनंद दिया था राजेन्द्र और मन्नूजी ने उस दिन।

इस पंच-फ़ैसले के चक्कर में मुझे कई बार बंबई आते-जाते रहना पड़ा था और हर बार वहाँ दो-तीन सप्ताह बिताने पड़ जाते थे क्योंकि न्यायमूर्ति देसाई बीच-बीच में सुनवाई स्थगित भी कर देते थे। स्थगन का समय काटना भारी पड़ जाता। कोई कितनी बार एलिफेंटा केव्स जाए और कितनी मर्तबा जूहू बीच पर सूर्यास्त देखे ? साहित्यकारों के नाम पर मैं केवल श्री रवीन्द्र कालिया से परिचित था जो उन दिनों 'धर्मयुग' में काम करते थे। उनसे यदा-कदा उनके दफ़्तर

जाकर मिल आया करता था। परंतु वे भी दफ्तर के बाद मेरे सेंट जॉन्स कॉलेज, आगरा के समकालीन वरिष्ठ मित्र, भारतभूषण अग्रवाल की भतीजी, वर्तमान श्रीमती ममता कालिया के साथ अपनी संध्याएँ गुज़ारने निकल जाया करते थे।

अस्तु, जैसे ही मौक़ा मिलता, हम कभी कमला नेहरू पार्क में जा बैठते, कभी मड आइलैंड चले जाते, तो कभी कान्हेरी गुफ़ाओं का निरीक्षण करने निकल जाया करते। अक्सर हमारी रातें किसी-न-किसी सिनेमा हॉल से बारह-साढ़े बारह बजे निकले बाद सीधे वी. टी. (वर्तमान छत्रपति शिवाजी टर्मिनस) पहुँचकर कॉफ़ी पीकर होटल वापस लौटकर ढाई-तीन बजे तक ग़पशप करते बीता करतीं।

ठीक-ठीक तिथि-तारीख़ तो याद नहीं रह गई है, परंतु यही '60-'61 के बीच राजेन्द्र ने एक और अत्यंत महत्त्वपूर्ण काम अंजाम दिया था। श्री चंद्रशंकर नागर, (भोजजी) जिनके साथ मैं सन् 1953 से ही अपने ग्रीक चर्च रो वाले फ़्लैट में रहता चला आया हूँ, उनके एक पारिवारिक मित्र की पुत्री, विमला विवाह योग्य हो गई थी। विमला को हम सब आज तक बिम्मी ही पुकारते हैं। नागरजी ने उसके विवाह के बारे में राजेन्द्र की उपस्थिति में चर्चा चला दी। तब जिस राजेन्द्र ने खुद अपने विवाह में हर संभव टाल-मटोल की थी, उसके बिलकुल विपरीत तत्परता प्रदर्शित कर श्री उपेन्द्रनाथ 'अश्क' के साथ उनके बड़े पुत्र, उमेश के संबंध में पत्र-व्यवहार करना ही आरंभ नहीं किया, अश्कजी को उस संबंध के लिए राज़ी कराने के बाद ही उन्हें चैन की साँस लेने दी।

भारत के इतिहास में भी यह सन् 1961 अत्यंत महत्त्वपूर्ण सिद्ध हुआ था। इसी वर्ष भारतीय फ़ौजों ने गोआ को पुर्तगाल के फ़ासिस्ट तानाशाह सालाज़ार की गुलामी से आज़ाद कराने के बाद भारतीय गणतंत्र में अंतर्भुक्त कर लिया था। इस संबंध में हुए जन-आंदोलन में मेरे बूँदी में बिताए दिनों के पुराने मित्र एवम् कोटा के प्रसिद्ध समाजवादी नेता श्री हीरालाल जैन भी अपने सहयोगियों के एक जत्थे का नेतृत्व कर पुर्तगाली सरकार की जेल का स्वाद चख आए थे। उनके एक साथी को शहीद भी होना पड़ा था।

वास्को डी गामा के भारत आगमन के पश्चात् गोआ, दमन और दीव में स्थापित अपने शासन में पुर्तगालियों ने अंग्रेज़ों के मुक़ाबले में कम जुल्म नहीं ढाए थे। वहाँ की जनता को ईसाई धर्म में जबरन दीक्षित करने की प्रचेष्टा में उन्होंने यूरोप की किसी अन्य सरकार को नृशंसता के क्षेत्र में मीलों पीछे छोड़ दिया था। सुदीर्घ चार सौ वर्षों के उनके अखंड निरंकुश शासन में चाँदी काटते थे केवल पुर्तगाली अफ़सर और उनके चमचे भारतीय दलाल व्यापारी; बाकी आम लोगों पर विदेशी पुलिसवालों के भय और आतंक की पराकाष्ठा का अंदाज़ इसी से लगाया जा सकता है कि पुर्तगाली सरकारी अधिकारी बड़े गर्व से कहते रहते थे कि गोआ में शांति-व्यवस्था बनाए रखने के लिए पाँच मील के दायरे में

उनका केवल एक सिपाही काफ़ी है।

यह जानकारी मुझे सन् '62 में गोआ पहुँचने के बाद वहाँ के निवासियों ने दी थी। उस ज़माने में हमारी सिंधिया स्टीम नेविगेशन की ही एक शाखा-कंपनी, बॉम्बे स्टीम नेविगेशन कंपनी के यात्रीवाही जहाज़ बंबई से गोआ चलते थे। पंच फ़ैसला हमारे पक्ष में आने के बाद सुमतिबेन ने स्वयं हमें गोआ हो आने का सुझाव दिया। हमने जानबूझकर साबरमती नामक जहाज़ में गोआ की यात्रा करने का निश्चय किया क्योंकि भारतीय सेना के साथ पुर्तगाली फ़ौज द्वारा युद्ध में की गई गोलाबारी में साबरमती पर भी तोप के गोले गिरे थे जिसने उसे घायल कर दिया था।

इस फ़ैसले के कारण हमारे कर्मचारियों के वेतन तथा अन्यान्य भत्तों एवं सुविधाओं में प्रचुर अभिवृद्धि हो गई थी। इसका अधिकांश श्रेय हमारी कलकत्ता यूनियन के नेतृत्व तथा हमारे वक़ील श्री नारगोलकर को मिला। हमारी यूनियन की साख कलकत्ते के मध्यवर्गीय क्लर्कों में बहुत बढ़ गई।

किंतु तभी आरंभ हो गया था भारत-चीन संग्राम। अभी तक 'हिंदी-चीनी भाई-भाई' के उच्च कंठस्वर में नारे लगानेवाले दोनों देशों के लोग अब एक-दूसरे का गला काटने में व्यस्त हो गए। एक सप्ताह के अंदर ही चीनी फ़ौज बोमडिला से आगे बढ़ती हुई तेज़पुर तक आ पहुँची थी। हम सब हत्‌वाक एवं आश्चर्यचकित बने किंकर्त्तव्यविमूढ़-से मात्र मौन दर्शक-से इस अकल्पनीय ऐतिहासिक वास्तविकता को टुकुर-टुकुर ताकने के अलावा और कुछ कर भी नहीं पा रहे थे।

इस युद्ध का आरंभ किसने किया, क्यों किया, इसका निर्णय तो भविष्य के निष्पक्ष इतिहासकारों द्वारा किया जा सकेगा, परंतु इस युद्ध ने निश्चित रूप से अंत अवश्य कर डाला था 1947 से अब तक अक्षुण्ण चले आ रहे नेहरू युग का और उसके साथ-साथ मध्यवर्ग में साम्यवाद के तेज़ी से बढ़ते प्रभाव का। चीन के साथ हुए इस अकल्पनीय युद्ध ने हमारे देश में प्रतिक्रियावादी सामंती तथा सांप्रदायिक—सभी शक्तियों के हाथ मज़बूत कर डाले।

तथापि, मुझे यह देखकर प्रायः आश्चर्य होता रहता था कि इस हंगामे भरे माहौल में भी राजेन्द्र का लेखन अक्षुण्ण रूप से गतिशील बना रहा। इसी दौर में उसने 'ज्ञानोदय' के आग्रह पर मन्नूजी के साथ मिलकर 'एक इंच मुसकान' की रचना की थी। 'एक इंच मुसकान' का एक अध्याय राजेन्द्र लिखता था तो दूसरा मन्नूजी। एक वर्ष तक यही क्रम चलता रहा था। इस संयुक्त रचना की मेरे लिए एक विशेषता यह थी कि इसके मंदा भाभी और टंडन क्रमशः कमला और मुझ पर आधारित किए थे राजेन्द्र ने। रचना के जन्म के कारण केवल एक महीने का व्यवधान पड़ा था इस योजना में। वास्तव में रचना के नामकरण की पृष्ठभूमि में भी 'ज्ञानोदय' में प्रकाशित वह टिप्पणी थी जिसमें राजेन्द्र तथा मन्नूजी की इस संयुक्त

रचना को, पुत्री के जन्म के कारण एक माह के लिए स्थगित करना पड़ा था।

इस संयुक्त प्रयोग के अतिरिक्त राजेन्द्र के दो अन्य कहानी संग्रहों के प्रकाशन की स्मृति तो मुझे आज भी ताज़ा बनी हुई है—एक 'छोटे-छोटे ताजमहल' और दूसरा 'किनारे से किनारे तक'। इसके पहले उसका 'अभिमन्यु की आत्महत्या' कहानी संग्रह भी प्रकाशित हो चुका था—कदाचित् 1959 में। उसका कवर डिज़ाइन किया था हमारे गहरे मित्र तथा बंगाल में तेज़ी से मशहूर होते जा रहे युवा चित्रकार कमल बोस ने।

बीच-बीच में राजेन्द्र का अनुवाद-कार्य भी बराबर चलता रहा। उसके द्वारा अल्बेयर कामू के उपन्यास 'Stranger' का 'अनजबी' के नाम से किए गए हिंदी अनुवाद ने ख़ासा नाम कमा लिया था। इससे भी पहले उसने एन्टन चेख़ोव के तीन नाटक—सीगाल, तीन बहनें तथा चेरी का बग़ीचा—के अतिरिक्त तुर्गनेव के 'प्रथम-प्रेम' और 'बसंत-प्लावन' का अनुवाद कर डाला था। राजेन्द्र के इन अनुवादों का, मेरे विचार से उसके क्रमशः उत्तरोत्तर सिद्धहस्त लेखन के लिए बड़ा महत्त्व माना जाना चाहिए। अनुवादों के सिलसिले ने उसका आधुनिकतम पाश्चात्य साहित्य के साथ संपर्क बनाए रखा था। साथ ही इस प्रक्रिया ने उसे पाश्चात्य दृष्टिकोण तथा उसकी अभिव्यक्ति से लगातार परिचित रखकर कूपमंडूक होने से बचा लिया। अन्यथा, वह भी 'अरुण यह मधुमय देश हमारा' वाली मानसिकता का शिकार होकर 'मेरा भारत महान' से आगे शायद ही कभी बढ़ पाता।

सन् 1962 में राजेन्द्र ने मुझे एक बार फिर से बहुत आश्चर्यचकित कर डाला। इस वर्ष 12 सितंबर को रांगेय राघव की मात्र 39 वर्ष की आयु में, बंबई के टाटा कैंसर हॉस्पिटल में रक्त-कैंसर से मृत्यु हो गई थी। रांगेय में जनमा तिरुमल नम्बाक्कम वीर राघव तात्याचार्य, यानी रांगेय राघव हम सबके लिए प्रिय पप्पू कहीं अधिक था। हम, उसके समकालीन, उसी प्रकार उससे प्यार करते थे, उस पर फ़ख्र करते थे जैसे समूचा भारतवर्ष पं. जवाहर लाल नेहरू पर किया करता था।

उस रांगेय राघव से राजेन्द्र यादव की कलकत्ता आने से कुछ समय पहले से ही बोलचाल बंद हो गई थी। बड़ी मामूली-सी बात पर। मृत्यु से कुछ वर्ष पहले से ही पप्पू के सिर के बाल बड़ी तेज़ी से झड़ने लगे थे। बाद में तो वह लगभग गंजा ही हो गया। पप्पू को शुरू से अपनी 'पर्सनेलिटी' पर बेहद नाज़ रहता चला आया था। उसके जिन बालों के लिए हमारा मित्र सुंदर सिंह अक्सर कहा करता था—

Rangeya Raghava with his floating hair,
Ladies, Beware, Beware, Beware,

वे बाल ही उसे दग़ा देने पर आमादा हो जाएँगे, यह उसके आत्मसम्मान के

बर्दाश्त के बाहर था। अतएव वह तरह-तरह की गाँधी टोपी पहनकर इस 'ऐब'(?) को किसी प्रकार छिपाए रखता था।

राजेन्द्र को उसी काल में फ़ोटो खींचने के शौक़ ने धर दबोचा था। तो एक दिन वह कैमरा थामे जा पहुँचा पप्पू के घर 'आचार्यजी' की फ़ोटो खींचने।

बेहद खूबसूरत नाक-नक़्श, गौरवर्ण, शोभन व्यक्तित्व वाले रांगेय राघव को अपनी फ़ोटो खिंचवाने में क़तई कोई ऐतराज़ नहीं होता था। घनश्याम अस्थाना ने कितनी बार, किस-किस पोज़ में पप्पू को अपने कैमरे में बंद किया था, यह आज भी श्रीमती निर्मला अस्थाना तथा उनके पुत्र अभिषेक अस्थाना के पास देखा जा सकता है। शायद डॉ. (श्रीमती) सुलोचना रांगेय राघव के एलबमों में भी तरह-तरह की मुद्राओं में रांगेय राघव चिपके मिल जाएँगे।

परंतु उस दिन राजेन्द्र की बुद्धि पर शैतान सवारी गाँठे बैठा था। दो-तीन बार कैमरा क्लिक करने के बाद, जैसे ही पप्पू ने गाँधी टोपी उतारकर बग़ल में रखी, राजेन्द्र ने फिर से कैमरा तान लिया। अब पप्पू है कि कहे जा रहा है—नहीं राजेन्द्र, बिलकुल नहीं। फ़ोटो नहीं लेगा। उधर राजेन्द्र के हाथ का कैमरा हाथ से उतरने का नाम ही नहीं ले रहा था। उतरा तभी जब पप्पू के असावधान क्षणों में उसने टोपीविहीन रांगेय राघव की एक फ़ोटो खींच ही ली। क्लिक सुनते ही पप्पू को पता चल गया।

और जैसे ही उसे पता चला, पप्पू का चोट खाया अहम् फनफना उठा। उसने क्या-क्या वाही-तबाही नहीं बकी होगी, इसका मैं केवल अनुमान ही लगा सकता हूँ, क्योंकि उस वक़्त मैं पप्पू के स्वदेशी बीमानगर वाले मकान में नहीं, कलकत्ता में था। मुझे तो इस घटना के संबंध में वर्षों बाद घनश्याम से पता चला था। बहरहाल, उस दिन के बाद से राजेन्द्र यादव का रांगेय राघव से जो संपर्क विच्छेद हुआ, वह 1962 तक फिर नहीं जुड़ पाया था।

लेकिन पप्पू की मृत्यु का समाचार सुनते ही राजेन्द्र ने अपने सी. आई. टी. वाले फ़्लैट में अनेक साहित्य प्रेमियों को बुलाकर शोकसभा का आयोजन किया। आज याद नहीं कि किस बात पर मैं उन दिनों राजेन्द्र से रूठा हुआ था। कई दिनों से उसके घर नहीं गया था। उस दिन मन्नूजी ने बड़े आग्रहपूर्वक मुझे उस शाम की शोकसभा में बुलाया था। मौत पप्पू की हुई थी जो मेरा लँगोटिया मित्रों से भी अधिक निकट का दोस्त बन गया था, अतएव न जाने का प्रश्न ही नहीं उठता था।

ख़ासी तादाद में लोग जमा हो गए थे। कुछ भाषण भी हुए थे। भरे मन से मझे भी कुछ शब्द कहने पड़े थे। परंतु इस सारी औपचारिकता पर कहीं भारी पड़ा था वह लेख जो राजेन्द्र ने पढ़ सुनाया था। बहुत द्रवित किया था उसकी पंक्ति-पंक्ति ने। मुझे ही नहीं, उपस्थित सभी श्रोताओं को भी। उसी लेख से मुझे पता चला था कि पप्पू की ढाई वर्ष की बिटिया का नाम सीमन्तिनी है।

उस लेख में राजेन्द्र ने पप्पू के प्रति अपनी वितृष्णा को परे ठेलकर जिस बेबाकी और सहृदयतापूर्वक पप्पू के समूचे एवं बहुआयामी लेखन की समीक्षा की थी वह उसके उन अनेक तथा कथित मित्रों के हल्के मंतव्यों पर कहीं भारी पड़ती थी जिसमें से एक ने हि[illegible] पाठकों को चिरपरिचित फ़तवा दे डाला था कि रांगेय राघव (कागज़) तोलकर लिखते हैं। यदि राजेन्द्र ने अपना वह लेख आज भी सँभाल रखा हो तो चाहूँगा कि उसे पप्पू की आगामी पुण्य-तिथि पर 'हंस' में प्रकाशित कर उसकी स्मृति के साथ न्याय कर डाले।

सन् 1963 की जो याद आज भी तरोताज़ा बनी रह गई है उसकी वजह बड़ी दिलचस्प है। उस साल मैंने, बावजूद राजेन्द्र के, कश्मीर और वहाँ स्थित अमरनाथ गुफ़ा तक की यात्रा कर डाली थी। प्रसंगतः यह मेरी प्रथम हिमालय यात्रा थी।

एक दिन मैं दफ़्तर में बैठा काम कर रहा था। उन दिनों हमारी यूनियन के आग्रह के फलस्वरूप हमारे दफ़्तर में अन्यान्य व्यावसायिक प्रतिष्ठानों की भाँति सायंकाल पाँच बजे तक काम नहीं करना पड़ता था। हमारी छुट्टी साढ़े चार पर ही हो जाती थी ताकि हमें पाँच बजे बाद बस-ट्रामों में हो जानेवाली खचाखच भीड़ में बोरों में ठुँसे आलुओं की तरह घर न लौटना पड़े।

उस दिन चार बजे मदन बाबू मेरे दफ़्तर में आ-पहुँचे। वे अक्सर ही मुझे अपने साथ कॉफ़ी हाउस ले जाने के लिए उस समय आ जाया करते थे। आज उनके साथ श्री श्यामसुंदर लाठ भी थे। इन लाठ साहब को मैंने एकाधिक बार श्रीमती सुशीला भण्डारी के घर की छत पर होनेवाली 'परनिंदा गोष्ठी' में देखा तो था, परंतु उनके संबंध में पोषित की जानेवाली आम राय कि वे अत्यंत 'रूड' और किसी हद तक 'क्रूड' व्यक्ति हैं, के कारण उनके साथ निकटता प्राप्त करने की न मैंने कभी चेष्टा की थी और न उनकी ओर से ही इस प्रकार का कोई प्रयास किया जाते मैंने देखा था।

परंतु उन्हें मदन बाबू के साथ आते देखकर मुझे तनिक भी आश्चर्य नहीं हुआ क्योंकि मदन बाबू किसी के भी साथ इतने घुल-मिल सकते थे, और इतनी जल्दी घुल-मिल सकते थे, जिसकी कल्पना तक कर पाना असंभव था। लाठ साहब उनके अत्यंत घनिष्ठ मित्र थे, इस तथ्य से मैं भी बखूबी परिचित था।

वास्तव में उस दिन लाठ साहब ही मदन बाबू को अपनी कार में मेरे पास लेकर आए थे। उनके साले साहब ने अमेरिका से उनके लिए एक 'ग्रुंडिग' का टेपरेकॉर्डर हमारी कंपनी के जहाज़ से उपहार में भिजवाया था। लाठ साहब भी जानते थे कि पानी के जहाज़ से आनेवाले ऐसे माई-बाप विहीन' अनएकंपनीड बैगेज' के गुम हो जाने, अथवा कम-से-कम टूट-फूट जाने की आशंकाएँ कितनी

उज्ज्वल हुआ करती हैं। अतएव वे मदन बाबू की सलाह मानकर मुझसे इस दिशा में यथासंभव सहयोग माँगने आए थे कि उनको वह टेपरेकॉर्डर सही-सालिम मिल जाए।

यह काम मेरे लिए काफ़ी आसान था। मैंने तुरंत ही अपने मैनेजर, श्री वांकावाला द्वारा डॉक पर काम करनेवाले अपने कर्मठ सहयोगी, श्री एस. एन. बनर्जी को इस संबंध में अधिक सावधानी बरतने के निर्देश दिलवा दिए। लाठ साहब आश्वस्त ही नहीं, बेहद खुश हो गए। तब तक साढ़े चार बज चुके थे। अतएव हम तीनों सीधे कॉफ़ी हाउस जा पहुँचे। वहाँ मदन बाबू के आदेश पर उस दिन की हमारी कॉफ़ी और चीज़-पकौड़ों का बिल भी लाठ साहब ने ही खुशी-खुशी चुकाया।

मदन बाबू तो कॉफ़ी हाउस से अपनी फ़ैक्टरी चले गए पर जाने से पहले लाठ साहब को एक आदेश और दे गए कि ठाकुर को अपनी गाड़ी में इसके घर कालीघाट पहुँचा आना, क्योंकि अब 'ऑफ़िस टाइम' (अर्थात् आफ़िस बंद होने का टाइम) हो गया है, इसे ट्राम-बस मिलने में मुश्किल होगी। लाठ साहब ने उनका यह आदेश भी खुशी-खुशी स्वीकार कर लिया।

लाठ साहब चौरंगी पर ही रहते थे। वहाँ से उन्होंने अपनी श्रीमतीजी को भी साथ ले लिया। उन दोनों को उस शाम लेक गार्डन जाना था श्री भँवरमल सिंघी से मिलने। मेरा घर रास्ते में ही पड़ता था। कुछ दूर चलने के बाद लाठ साहब ने मुझे सूचना दी कि वे चार दिन बाद कश्मीर जा रहे हैं, अमरनाथ के दर्शन करने। मुझे याद आया कि दो-दो बार मैंने भी कश्मीर जाने का प्रोग्राम बनाया था, परंतु दोनों बार वह प्रोग्राम फ़ेल हो गया क्योंकि मेरे साथी श्रीनगर, गुलमर्ग, सोनमर्ग आदि जाने के लिए तैयार थे, अमरनाथ जाने में उन्हें कोई दिलचस्पी नहीं थी, जबकि मेरे लिए कश्मीर का सबसे प्रमुख आकर्षण अमरनाथ का दुरूह मार्ग ही था। उस ज़माने में दुर्गम स्थानों की यात्रा मुझे बेहद आकर्षित करती थी। आज भी वैसी जगहों पर जाने को जी तो बहुत करता है, पर दिल ने इजाज़त देना बंद कर दिया है, पिछले आठ-नौ सालों से। कंबख़्त ज़रूरत से ज़्यादा बड़ा हो गया है 'इस्कीमिया' के कारण।

बहरहाल, उस समय जब लाठ साहब ने कहा कि 'चलिए ठाकुर साब, मेरे साथ चलिए,' तो मैंने इसे उनका तक़ल्लुफ़ ही माना। कोई किसी के साथ जान-पहचान होने के पहले ही दिन साथ थोड़े ही चल पड़ता है। अतएव, मैंने केवल मुसकराकर ही टॉपिक बदल दिया था।

ग्रीक चर्च से पहुँचकर, कार से उतरने के बाद मैंने लाठ दंपति से अपने साथ चाय पीकर जाने का तक़ल्लुफ़ भरा आग्रह किया और संयोग देखिए कि लाठ साहब तुरंत मान भी गए। हम तीनों जा पहुँचे एकतल्ले पर मेरे फ़्लैट में।

चाय-नाश्ते की रस्म अदायगी पूरी होने तक मैं दार्जिलिंग की कॉन्वेंट शिक्षिता

श्रीमती कुलराज लाठ के अंग्रेज़ी उच्चारणों और संभ्रांत वार्तालाप पर सौ फ़ीसदी फ़िदा हो चुका था। आज तक हूँ। कुलराजजी का समूचा व्यक्तित्व अत्यंत आकर्षक है। उनके पिता नेपाल नरेश के निकट संबंधी थे। राणाशाही का विरोध करने के कारण तथा नेपाली कांग्रेस के समर्थक होने की वजह से उन्हें नेपाल से देशनिकाला भी भुगतना पड़ा था। राणाशाही की समाप्ति के बाद वे भारत में नेपाल के राजदूत भी रह चुके थे। उधर, कुलराज की माताजी गुजरात की एक रियासत, मोरवी की राजकुमारी थीं। अतएव कुलराज का आभिजात्य जन्मजात था, नवधनाढ्यों की भाँति ऊपर से ओढ़ा हुआ नहीं।

चाय-पर्व समाप्त होने के बाद कमला कुलराजजी को विदा करने गलियारे में जा चुकी थी। लाठ साहब का भी एक पाँव कमरे की चौखट पर और दूसरा गलियारे में पहुँच चुका था। तभी अचानक लाठ साहब पूछ बैठे, "क्यों ठाकुर साहब, आपको मेरे साथ अमरनाथ चलने में कोई ऐतराज़ है ?" मैंने भी नितांत मज़ाकिया टोन में उत्तर दिया, "कमला से इजाज़त दिलवा दें तो मुझे कोई आपत्ति नहीं होगी।"

उस समय कमला गर्भवती थी। डॉक्टरों ने तीन-साढ़े तीन महीने बाद डिलीवरी की तारीख़ बता रखी थी। उसे ऐसी अवस्था में अकेला छोड़कर जाना मेरे अंतर्मन को लगभग असंभव ही प्रतीत हुआ होगा। कदाचित् इसीलिए मेरे मुँह से अनायास ही यह उत्तर निकल पड़ा होगा। लाठ साहब ने फ़ौरन ही कमला को कमरे में वापस बुलाकर प्रश्न दाग़ दिया, "क्यों भाभीजी, अगर मैं ठाकुर साहब को अमरनाथ ले जाऊँ तो आपको तो कोई ऐतराज़ नहीं होगा ?" पहली बार घर आए मेहमान के इस प्रश्न का बेचारी कमला इसके अलावा और क्या उत्तर दे सकती थी कि भला उसे कोई ऐतराज़ क्यों होने लगा ?

कमला के इस उत्तर से तो लाठ साहब की मानो बाछें ही खिल उठी थीं। अमरनाथ की यात्रा, बिना किसी संगी-साथी के, बिलकुल तनहा, कर पाना उन्हें कितना अखर रहा होगा, इसका प्रमाण उनके नेत्रों की चमक तथा स्वर का उच्छ्वास, दोनों से स्पष्ट झर रहा था, "तो मिलाइए ठाकुर साहब हाथ। अब तो चल रहे हैं न मेरे साथ ?"

लेकिन मैं ऐसे कैसे हाथ मिला लेता ? प्रत्येक यात्रा का एक आर्थिक पहलू भी तो हुआ करता है। लाठ साहब लखपति थे। उनके लिए कभी भी, कहीं भी जाना सहज संभाव्य हो सकता था। किंतु मेरी स्थिति तो आरंभ से ही उस मुर्गे सरीखी रही है जिसके लिए तकुए का घाव भी प्राणांतक सिद्ध होता है। शायद इसीलिए मेरे मुँह से एक गुजराती कहावत स्वतः ही निस्सृत हो गई थी, "लाँबा साथे टूं कूं जाय, मरे नहीं तो माँदू थाय" (लंबे मनुष्य के साथ अगर नाटा व्यक्ति यात्रा करेगा, तो भले वह मरे नहीं, बीमार तो अवश्य ही पड़ जाएगा)।

मेरा कथन था कि लाठ साहब फ़र्स्ट क्लास के यात्री होंगे और मुझे थर्ड का रेलभाड़ा भी अखर जाता है।

जान पड़ता है, उस दिन लाठ साहब ने मेरी हर आपत्ति का उत्तर सोच रखा था। ''अगर मैं भी थर्ड में ही यात्रा करूँ तो ?'' कहकर मुझे निरुत्तर कर दिया था।

तब मैंने अपना ब्रह्मास्त्र फेंका, ''देखिए लाठ साहब, मैंने डिलीवरी के लिए पाँच सौ रुपयों की व्यवस्था कर रखी है। उसमें तो मैं हाथ नहीं लगाऊँगा। बाक़ी ढाई-तीन सौ और होंगे मेरे पास। पर उनसे तो कश्मीर आया-जाया नहीं जा सकेगा। लिहाज़ा मुझे तो आप माफ़ ही करें, मेरा साथ चल पाना संभव नहीं हो सकेगा।''

''और ढाई सौ में हो जाए तो ? मैं ठेका लेता हूँ, ढाई सौ से एक पैसा ज़्यादा नहीं लगेगा आपका। अब बोलिए, क्या कहते हैं ?''

''तो ठीक है लाठ साहब, आप भी क्या कहेंगे किसी रईस से पाला पड़ा था आपका,'' मैंने हाथ बढ़ा दिया था।

दूसरे दिन दफ़्तर पहुँचा तो टेलीफ़ोन ऑपरेटर ने बताया कि किन्हीं लाठ साहब का मेरे नाम फ़ोन आया था। दस मिनट बाद ही फ़ोन फिर से टनटना उठा था, ''ठाकुर साहब, जै बाबा अमरनाथ की। 26 के दो टिकिट बुक हो गए हैं। पंजाब मेल से अमृतसर के। स्लीपर के। अमृतसर से श्रीनगर और वहाँ से अमृतसर रिटर्न होने के हवाई जहाज़ के टिकिट भी बुक करवा लिये हैं। शाम तक आपके पास टिकिट पहुँच जाएँगे।''

''अमृतसर से श्रीनगर के प्लेन टिकिट ? आ गए न आप अपनी जात पर ?'' मैं परेशान हो उठा था। कहाँ से लाऊँगा इतने पैसे ?

''रिटर्न टिकिट कुल 117 रुपए का है। अगर पठानकोट एक्सप्रेस से चलते तो रेलभाड़ा भी बीस-बीस रुपए ज़्यादा लगता। फिर वहाँ से श्रीनगर की डेढ़ दिन की बस यात्रा में हमें एक रात कुड या बटोट कहीं होटल में बितानी पड़ती। तो होटल-भाड़े के भी कम-से-कम दस-दस रुपए तो लग ही जाते। कुली भाड़ा और नाश्ते-पानी का ख़र्च और जोड़ लीजिए। फिर लौटते समय भी इतना ही ख़र्च और बैठता कि नहीं। अब आप ही हिसाब लगा लीजिए कि कुल टोटल 117 रुपयों से कुछ ही कम पड़ता और परेशानी होती चार गुनी ज़्यादा। ठीक कह रहा हूँ न ठाकुर साहब ?''

हिसाबी तो गुजराती भी कम नहीं होता लेकिन मारवाड़ी के मुक़ाबले में उसकी क्या बिसात होती है, यह श्री मनमोहन ठाकौर का गुजराती चोला उस दिन बड़ी अच्छी तरह समझ गया था। चलो, जो होगा, भोग लेंगे। अब ओखली में तो सिर दे ही बैठा था, मूसलों से डरने से कोई लाभ नहीं होगा। ''ठीक है, लाठ साहब, बात समझ में आ गई। तो शाम को मिलेंगे न !'' कहकर मैं दफ़्तरी फ़ाइलों में व्यस्त हो गया था।

आगरा के मुहावरे में कहूँ तो ख़बर सुनते ही राजेन्द्र सोंठ हो गया। बड़ा भन्नाया, बहुत बिलबिलाया। "ठाकुर साहब को तो कोई रास्ते चलते भी कह दे, तो उसके साथ हो लेंगे। बिना यह पूछे कि कन्याकुमारी जाना है कि कामाक्षा। भाभीजी, आप ही ने तो बताया था कि एक बार बूँदी में घर से निकले थे कोयला खरीदने, और जा पहुँचे थे सौ मील दूर, अजमेर। बिना आपको बताए। अपनी ज़िम्मेदारियों का कुछ भी ख़याल ही नहीं। आपको ऐसी हालत में अकेला छोड़कर चल दिए कश्मीर। अमरनाथ के बर्फ़ीले रास्ते पर कुछ हो-हवा गया तो ? बित्ते भर के आदमी···अरे भई, जाना ही था तो मुझसे कहते। मैं जाता उनके साथ। ये लाठ साहब कब से उनके दोस्त हो गए ? एक दिन की जान-पहचान से आदमी साथ लग लेगा ? देख लीजिएगा, बोर हो जाएँगे पहले ही दिन से। नहीं भाभीजी, आपको ऐसे राज़ी नहीं हो जाना चाहिए था। आप भी ज़रूरत से कुछ ज़्यादा ही सीधी हैं। ख़ैर, अभी भी कुछ नहीं बिगड़ा। साफ़ मना कर दीजिए, फिर देखें कैसे चले जाते हैं ठाकुर साहब।"

क्या-क्या 'आबॅल-ताबॅल' समझाने की कोशिश नहीं की थी राजेन्द्र ने उस शाम कमला को। पर लाठ साहब के साथ पूरी 'डील' तो उसकी उपस्थिति में और उसकी सहमति से ही हुई थी। भला अब वह किस मुँह से मुझे मना कर सकती थी। अतएव उस दिन तो राजेन्द्र के सारे बाण व्यर्थ ही सिद्ध हुए। उसकी बातों से स्पष्ट आभास मिल रहा था कि यदि वह भी हमारे साथ जा सकता, तो उसे मेरे कश्मीर जाने में कोई आपत्ति न होती। घुमक्कड़ राजेन्द्र भी कम नहीं था। अमृतलालजी नागर के साथ सारा दक्षिण छान आया था। खुद मेरे साथ चित्तरंजन, नबद्वीप आदि-आदि बड़े उत्साह से जाता रहा था। परंतु उस समय शायद वह अपनी किन्हीं व्यस्तताओं के कारण कलकत्ता छोड़ पाने की स्थिति में नहीं था। इसलिए इस वक़्त खिसियानी बिल्ली खंभा नोंच रही थी। लोमड़ी को अंगूर खट्टे प्रतीत हो रहे थे।

केवल राजेन्द्र ही नहीं, मेरे अधिकांश मित्रों की प्रतिक्रिया इतनी ही तीव्र हुई थी। उन्हें सबसे अधिक आश्चर्य इस बात पर हो रहा था कि मुझे अचानक ही लाठ साहब पर इतना लाड़ कहाँ से उमड़ पड़ा था जो मैं एक नहीं, दो नहीं, पूरे तीन सप्ताह उनके साथ चौबीसों घंटे बिताने को तैयार हो गया था। मन्नूजी, सुशीलाजी, मदन बाबू—सभी मुझसे बार-बार पूछने लग गए थे कि हम दोनों में क्या कुछ 'कॉमन' था ? इस बात पर सभी एकमत हो रहे थे कि मैं लाठ साहब की कंपनी में इतना बोर हो जाऊँगा कि दो दिन बाद ही कलकत्ता वापस न आ जाऊँ तो देखना।

इन सबके मुँह तो मेरे इस उत्तर से बंद हो गए थे कि जब मैं सन् बयालीस में आगरा सेंट्रल जेल में पौने दो सौ काँग्रेसियों के साथ दो महीने बिताने के बावजूद बोर नहीं हुआ तो लाठ साहब तो काँग्रेसी नहीं, शरीफ़ आदमी थे। उनके साथ तीन

हफ़्ते तो पलक झपकते बीत जाएँगे। लेकिन राजेन्द्र तो, जिसे बांग्ला भाषा में 'नाछाड़ बंदा' कहा जाता है, उसका श्रेष्ठ उदाहरण है। उसने कमला का मनोबल क्षीण करने की अपनी चेष्टाएँ अनवरत जारी रखीं। चतुर्दिक से हो रहे अजस्र प्रहारों को अडिग खड़े झेलते रह पाना हर किसी के वश की बात होती भी नहीं है। अतएव जब कमला के मस्तिष्क में अपने पति के सुरक्षित भविष्य के प्रति संदेह के बुलबुले रह-रहकर फूट उभरने लगे, तो मुझे विशेष आश्चर्य नहीं हुआ।

और तभी, हमारी कश्मीर रवानगी से ठीक चार दिन पहले एक भयानक बिस्फोट हो गया। 22 जुलाई को सुबह-सबेरे, बिस्तर में लेटे-लेटे अख़बार पढ़ना शुरू करते ही मुखपृष्ठ पर छपे दो कॉलम के समाचार के शीर्षक पर नज़र पड़ी—क्लाउड-बर्स्ट इन पहलगाम, टू होटेल्स स्वेप्ट अवे (पहलगाम में बादल फटा। दो होटल बह गए)। यह तो सिर मुँडाने से पहले ही ओले गिरना आरंभ हो गया था।

''लो कमला, मक्खी छींक गई इस बार भी। कश्मीर-यात्रा कैंसिल।''

कमला का रोम-रोम इस दुर्घटना के समाचार को सुनकर गद्गदा उठा था। बच गए, उसके पतिदेव अवश्यम्भावी मृत्यु से बाल-बाल बच गए, यह सोचकर वह झूम उठी। मुझे यह प्राकृतिक आपदा राजेन्द्र की कुदृष्टि का ही नतीजा लग रही थी।

ऑफ़िस पहुँचकर लाठ साहब को फ़ोन किया तो पता चला कि समाचार उन्होंने भी पढ़ा था और पढ़ने के साथ-साथ उन्होंने कश्मीर के डायरेक्टर ऑफ़ टूरिज़्म को एक जवाबी तार ठोक दिया था—'वायर इफ़ अमरनाथ यात्रा सेफ़ एंड ऐलाउड।' वे उत्तर की प्रतीक्षा कर रहे थे। यदि उधर से सकारात्मक और संतोषजनक उत्तर मिला तो चलेंगे, वरना जै बाबा अमरनाथ की!

23 जुलाई को दोपहर में फ़ोन आया, ''ठाकुर साब, जवाब आ गया है। तैयारी कीजिए। मैं ऑफ़िस आ रहा हूँ।'' चार बजने से पहले ही लाठ साहब दफ़्तर आ पहुँचे और मेरे हाथ में तार थमाते हुए बोले, ''देखिए, इसमें लिखा है, जर्नी सेफ़ एंड ऐलाउड। आप यह मूल प्रति अपने पास रखिए। कमलाजी को दिखा दीजिएगा। कुलराज का काम तो इसकी प्रतिलिपि से चल जाएगा।''

घर लौटा तो देखा राजेन्द्र वहीं बैठा था। मुझे देखते ही लगा उछल-उछलकर मज़ाक़ बनाने, ''और जाइए अमरनाथ! हमने तो पहले ही मना किया था। तभी कैंसिल कर देते तो यह क्लाउड-बर्स्ट तो न होता। दो-दो होटलों को तो बहना नहीं पड़ता। अब वहाँ का मलबा हटने में ही लग जाएँगे दो-ढाई महीने।''

मैंने तार दिखाया तो राजेन्द्र की चोंच कुछ देर के लिए हिलनी बंद हुई। लेकिन अब कमला की बारी थी। ''तुम्हें नहीं जाना है, कोई कुछ भी कहे,'' उसने फ़ैसला सुना दिया। मैंने उसे समझाने की चेष्टा की कि यह तो फ़तवा था, तर्क नहीं था। इस पर कुछ देर बहस का बाज़ार भी गर्म हुआ। वे दो थे, मैं एक। राजेन्द्र ने मुझे नहीं, कमला को समझा दिया कि कश्मीर गवर्नमेंट का

तो तीन-चौथाई बजट ही टूरिस्टों से होनेवाली आमदनी पर निर्भर करता है। वह ऐसे तार न दे तो वहाँ के लोग भूखों न मर जाएँ। राजेन्द्र ऐसे-ऐसे कुतर्क देने में कितना माहिर है, इसका पहली बार प्रमाण मुझे उस शाम मिला।

परंतु मैं भी तो कम अड़ियल नहीं हूँ। मेरी अपनी कमज़ोरी है कि अगर कोई कुतर्क के ज़रिए अथवा अपने पद या हैसियत का नाजायज़ फ़ायदा उठाकर मुझे चुप कराने की कोशिश करता है तो मेरी अपनी ज़िद भी आसमान छूने लग जाती है। मझसे किसी की भी धौंस बर्दाश्त नहीं हो पाती। उस समय मैं सामनेवाले की मान-मर्यादा आदि भुला बैठता हूँ और अपनी बात पर ऐसा अड़ जाता हूँ कि तिल-भर भी नहीं डिगता।

लिहाज़ा उस दिन भी यही हुआ। कमला लाख मना करती रही, राजेन्द्र लाख उसे शह देता रहा, मैं तो 'प्राण जाहिं पर वचन न जाही' वाली रघुकुल-रीति का पालक बन बैठा। नतीजे में तीन दिन तक न कमला मुझसे बोली, न मैं कमला से। चौथे दिन, 26 जुलाई को मेरा जन्म-दिवस भी था और उसी दिन शाम को हमें पंजाब मेल पकड़नी थी।

मेरे जन्म-दिवस पर हर साल कमला मुझे वस्त्र उपहार में देती रही थी। उस दिन भी उसने एक बुश्शर्ट मुझे देने के लिए ख़रीद रखा होगा। शाम को तीन बजे उसने सूजे मुँह से, बिना कुछ बोले, जब वह बुश्शर्ट मुझे थमाया तो मेरे मुँह पर मुसकान थिरक उठी जिसके प्रत्युत्तर में मुसकान की एक क्षीण-सी रेखा को कमला के ओंठ भी न रोक सके और उस मुसकानों के रेले में हम दोनों के सारे गिले-शिकवे ऐसे बह गए कि कुछ मत पूछिए। हमारी वह समवेत मुसकान ही बहा ले गई थी राजेन्द्र की सारी-की-सारी हाय-तौबा भी। मैं पूरे उत्साह और विश्वास के साथ निकल पड़ा था अमरनाथ की दिशा में।

उस यात्रा ने मुझे लाट साहब के रूप में एक अत्यंत सहज, सरल, स्पष्टभाषी आत्मीय मित्र प्रदान कर दिया था जो कहीं से भी, किधर से भी, न 'क्रूड' था, न 'रूड'। बहुधा साफ़-साफ़ शब्दों में कहे गए विचारों को हमारी मध्यवर्गीय तथाकथित सभ्यता पचा नहीं पाती और हम उन्हें या तो 'क्रूड' कह देते हैं या 'रूड'। इस प्रकार हम स्वयं को कुछ ऊँचे स्थापित कर लेते हैं। परंतु मैंने तो अपने जीवन में ऐसे ही लोगों के मुँह से सत्य निस्सृत होता पाया है। कुनैन की गोली पर शक्कर लिपटा देनेवाले बहुधा अपने उपचार में असफल हो जाते हैं।

यह लाट साहब ही थे जिन्होंने इस यात्रा के आरंभिक क्षणों में ही मुझे एक अविस्मरणीय पाठ पढ़ा दिया था यह कहकर कि 'देखिए ठाकुर साहब, आपको लिखने-पढ़ने में इंटरेस्ट है, मुझे नहीं है। मुझे फ़िल्म में इटरेस्ट है, आपको नहीं है। तो ये दो टॉपिक एकदम बंद। इनके अलावा भी तो हमें बात करने के लिए और सैकड़ों टॉपिक बचे रहते हैं। उन पर चर्चा कर हम वक़्त काट लेंगे।'

लाठ साहब की इस एक बात ने ही मुझे उनका मुरीद बना दिया। भला तनाव-रहित, क्लेश-विहीन जीवन जीने तथा सामाजिक स्तर पर शिष्टतापूर्ण पारस्परिक व्यवहार का इससे अच्छा और कौन-सा नुस्ख़ा हो सकता है। उनकी इस जीवन-नीति को मैं मित्रों के मध्य आंतरिकता अक्षुण्ण बनाए रखने का रहस्यसूत्र मानता हूँ और अकुंठ भाव से स्वीकार करता हूँ कि इस रहस्य की दीक्षा मुझे लाठ साहब से ही मिली थी।

गत 16 नवंबर, 1998 को उनके देहांत ने मुझसे मेरा एक बेहद प्रिय मित्र छीन लिया है। लेकिन उनसे मिली सीख तो मेरे साथ अंतिम श्वास तक बनी ही रहेगी।

सन् 1963 में ही एक और स्मरणीय घटना घटी थी अगस्त की एक रात के ढाई बजे जब मदन बाबू ने मेरे घर के नीचे अपनी कार रोककर मुझे आवाज़ लगाई। आवाज़ सुनकर जागी थी कमला और उसने मदन बाबू को छज्जे पर से ही सूचित किया था कि 'वे सो रहे हैं।' 'और नहीं तो क्या, इस समय जग रहे होंगे ?' उत्तर था मदन बाबू का। साथ ही उन्होंने कमला को आदेश दिया था कि 'जगाओ उन्हें।' कमला ने मुझे जगा तो दिया था पर यह इच्छा भी प्रकट कर दी थी कि मैं मदन बाबू को यह कहकर टाल दूँ कि अभी तो गहरी नींद आ रही है।

मैं उस रात कमला के निर्देश की अवहेलना कर पैंट पहनकर नीचे उतर गया। मदन बाबू को उस रात नैश-भ्रमण की तीव्र इच्छा हो आई थी। लिहाज़ा हम दोनों चल पड़े थे चौरंगी की ओर। मुश्किल से एक-डेढ़ किलोमीटर चले होंगे कि मदन बाबू को शौच की हाजत हो आई। मेट्रो सिनेमा के सामने इसी काम के लिए बना विशाल शौचालय बंद देखकर हम दोनों की राय यही हुई कि सी. आइ. टी. रोड पर राजेन्द्र के फ़्लैट पर दस्तक दी जानी चाहिए।

सुबह तीन बजे दरवाज़े पर प्रकट हुई थीं मन्नूजी 'अरे, मदन बाबू, आप इस वक्त ?' कहतीं। मदन बाबू उनके स्वागत-वाक्य को अनसुना करते हुए, किसी भी मैगज़ीन की माँग कर, सीधे शौचालय में जा धँसे। राजेन्द्र को भी मजबूरन जागना पड़ा। पता चला कि उसी शाम डॉ. नामवर सिंह भी उसके घर आ टिके थे। उनसे बातें करते डेढ़-दो बज गए थे। नींद आई ही थी कि मदन बाबू और मैं पहुँच गए। राजेन्द्र की इच्छा रही होगी कि वह यह सब बताकर हममें अपराधबोध जाग्रत कर दे। पर हमारी मित्र मंडली का हर सदस्य चिकना घड़ा था। मन्नूजी और मैं उसकी परेशानी पर खुलकर हँस रहे थे।

हमारी हँसी सुनी तो नामवर भी हमारे साथ आ जुटे पुरमज़ाक़ माहौल में इज़ाफ़ा करने। पाँच-सात मिनट बीतते-न-बीतते मदन बाबू भी बाहर निकल आए। मुझे लग रहा था कि अब हमारी चांडाल-चौकड़ी सूरज उगाकर ही बिखरेगी। परंतु जब मन्नूजी ने गृहिणी की भूमिका का निर्वाह करते हुए पूछा, "मदन बाबू,

चाय चलेगी न," तो मदन बाबू की नितांत अप्रत्याशित प्रतिक्रिया ने हम सबको चौंका डाला था, "यह भी कोई चाय का वक़्त है ? अभी चाय पी ली तो तुम्हारी नींद उड़ जाएगी। चलो ठाकुर, चलें।"

राजेन्द्र कह रहा था, "अब नींद और बची ही कहाँ है जो उड़ जाएगी ? वैसे भी आपके चक्कर में अच्छे-अच्छों की नींद उड़ जाती है।" लेकिन मदन बाबू उसकी बात सुने बिना ही सीधे सीढ़ियाँ उतर गए थे। तब तक उनके कानों का ऑपरेशन हुआ भी नहीं था।

तथापि सड़क पर खड़ी अपनी मॉरिस माइनर में चालक के स्थान पर बैठते ही मदन बाबू ने प्रश्न किया था, "ठाकुर, गरमागरम हलुआ-पूरी खाई जाए ? पेट साला ख़ाली-ख़ाली लग रहा है।" और इसी के साथ वे गाड़ी को ले गए थे पार्क सर्कस ट्राम डिपो की दिशा में जो राजेन्द्र के घर से ज्यादा दूर नहीं था। वहाँ एक छोटी-सी गली के मोड़ पर गाड़ी पार्क कर वे मुझे ले गए उस गली की एक दूकान पर जहाँ पहले से ही दो बेंचों पर ख़ाकी वर्दी डाटे ट्राम कर्मचारी जमे बैठे थे। दूकान में तैर रही थी हलुए की खुशबू जिसको सूँघने मात्र से आपकी भूख स्वतः खुल जाए।

हमें दूकान में प्रवेश करते देख कैश बॉक्स के पास बैठा दूकान का मालिक ज़ोर से बोल उठा था, "बाबूरा के बशबार जायगा कोरे दे रे (बाबुओं के बैठने लायक़ जगह कर दे)" और फिर मदन बाबू से खीसें निपोरते हुए शिकायती लहजे में पूछने लगा, "की बाबू, ऐतो दिन कोथाय छिलेन ? प्रायो ऐक बछर पॅरे दैखा दिलेन जे (क्यों बाबूजी, इतने दिन कहाँ रहे ? क़रीब एक साल बाद दिखाई पड़े हैं)।"

अर्थात् मदन बाबू से यह दूकान बख़ूबी परिचित थी। सिर्फ़ वही क्यों, मदन बाबू का कलकत्ता की हर ऐसी दूकान से बड़ा गहरा परिचय था जहाँ बेगुन भाजा और प्याज़ की पकौड़ियाँ तली जा रही हों, ख़स्ता कचौड़ी और स्वादिष्ट सिंघाड़े (समोसे) चटाख़ेदार चटनी में लपेटकर बेचे जा रहे हों, सुगंधित बनारसी मगही पान के बीड़े मिलते हों और/अथवा मसालेदार चाय कुल्हड़ में बिक रही हो। अच्छे ज़ायकेदार खाने-पीने के शौक़ीन मदन बाबू के लिए दूकान अथवा खोमचे से बेचे जानेवाला पदार्थ अधिक महत्त्व रखता था, उसके आसपास के परिवेश से क़तई कोई ऐतराज़ कभी नहीं होता था। और उनकी इसी आदत से बेहद परेशान रहती थीं उनकी नफ़ासत-पसंद धर्मपत्नी, डॉक्टर प्रतिभा अग्रवाल।

शायद उस रात के हमारे भ्रमण का ही नतीजा था कि 'सारिका' के संपादक बनने के बाद मोहन राकेश ने राजेन्द्र से 'कलकत्ता : रात की बाँहों में' लिख भेजने का अनुरोध किया, तो उसे मदन बाबू ही याद आए थे। रात के ग्यारह बजे आरंभ हुआ था हमारा कलकत्ता परिभ्रमण अभियान। सुबह पाँच बजे जब

चिड़ियों की चहचहाहट आरंभ हो गई और निद्राकांत मदन बाबू की नाक के खर्राटों से डायमंड हार्बर रोड का अपेक्षाकृत शांत वातावरण मुखर हो उठा था, तब तक हम झूमते रहे थे रात की बाँहों में डूबे कलकत्ता की अलियों-गलियों में।

उस रात हमने कालीघाट, टॉलीगंज, चौरंगी, धरमतल्ला, सियालदह, श्यामबाज़ार, बहूबाज़ार, बड़ाबाज़ार, हावड़ा, सलकिया, शिबपुर—कलकत्ता तथा हावड़ा का कोना-कोना छान मारा था और इन सभी जन-विरल मोहल्लों में उस समय भी खुले, मदन बाबू के सुपरिचित 'भोज्य-प्रतिष्ठानों' की मेहमाननवाज़ी क़बूल की थी। स्वयं उसमें शरीक़ होने के कारण ही शायद मुझे 'रात की बाँहों में' लेखमाला का राजेन्द्र का कलकत्ता का नैश-चित्रण सर्वश्रेष्ठ लगा था।

वाक़ई, कलकत्ता का हमारा उस युग का सामाजिक जीवन अत्यंत स्पृहणीय था। हमारे मित्रों में प्रत्येक ही अपनी किसी-न-किसी विशेषता के कारण अद्वितीय था।

पिछले एक साल से राजेन्द्र के दिमाग़ में 'दिल्ली चलो' वाला कीड़ा तेज़ी से कुलबुलाने लगा था। 'बिना राजधानी में बसे कोई भी लेखक महान नहीं हो पाता' वाला अपना तर्क वह फिर से दुहराने लगा था। कलकत्ता उसे 'बैकवाटर्स' लगता था। 'मेनस्ट्रीम का कलकत्ता तो दिल्ली से ही प्रतिध्वनित होता प्रतीत हो रहा था। अक्सर ही वह इस संबंध में बहस करते समय मुझ पर उद्धरणों तथा उदाहरणों की बौछार करने लग जाता।

मुश्किल इसमें सिर्फ़ दो थीं—एक तो मन्नूजी की रानी बिरला कॉलेज की जमी-जमाई प्राध्यापकी और दूसरी, कलकत्ता के हिंदीभाषी समाज के सांस्कृतिक परिवेश में दो-दो कहानी संग्रहों के प्रकाशित हो जाने के साथ-साथ दिन-प्रतिदिन बढ़ती जा रही उनकी लोकप्रियता। उधर, हमारी मित्र मंडली को भी राजेन्द्र और मन्नूजी का कलकत्ता से संबंध विच्छेद कर परदेश जा बसने की कल्पना तक विचित्र लगती थी। कलकत्ता की इस सघन और गहन आत्मीयता का सही-सही आकलन कलकत्ता में कुछ वर्ष बिताने के बाद ही संभव हो पाता है।

यों साहित्यिक गुटबाज़ी एवं पारस्परिक प्रतिस्पर्धा कलकत्ता में भी अन्य किसी भी नगर (अथवा महानगर) के मुकाबले में कदापि कम नहीं है। वहाँ भी प्रत्येक साहित्यकर्मी किसी-न-किसी राष्ट्रीय गुट के साथ प्रत्यक्ष अथवा प्रच्छन्न रूप से जुड़ा हुआ है। विचारधाराओं का घात-प्रतिघात कलकत्ता में भी होता ही रहता है। परंतु इस सबके बावजूद व्यक्तिगत सौजन्य का लोप लगभग नहीं ही होता है। यह दृश्य कदाचित् कलकत्ता में ही देख पाना संभव होगा कि राष्ट्रीय स्वयंसेवक संघ के प्रतिबद्ध कार्यकर्ताओं द्वारा संचालित संस्था 'गुरुकुलम', नक्सलवादी जनसंस्कृति मंच के राष्ट्रीय अध्यक्ष श्री त्रिलोचन शास्त्री को दिल्ली से आमंत्रित

कर उनका अमृत महोत्सव आयोजित करे।

लेकिन जब राजेन्द्र के दिमाग़ में कोई फ़ितूर जम जाता है तो उसकी जड़ों में मट्ठा हरग़िज़ नहीं डाला जा सकता। उसने पहले तो मन्नूजी का 'ब्रेन वॉशिंग' किया—इस हद तक कि जो मन्नू जी कहा करती थीं कि उनके लिए कलकत्ता छोड़कर और कहीं भी जा बसने का 'सवाल ही नहीं उठता', वे मन्नूजी ही एक दिन कह बैठी थीं कि 'ठाकुर साब, मैं दिल्ली चली ज़ाऊँगी।' यह तब जबकि मैं उनके कलकत्ता में टिके रहने के निर्णय पर कसकर डटे रहने और राजेन्द्र के बहकावे में हरग़िज़ न आने का अविराम अभियान एक महीने से पूरे जोशो-ख़रोश के साथ चलाए जा रहा था। मन्नूजी के इस कथन की प्रतिक्रियास्वरूप मेरे मुँह से निकला था, "जाओ मरो।" घनघोर निराशा हुई थी मन्नूजी की इस 'फिसलन' से। मन्नूजी यदि राज़ी हो गईं तब तो राजेन्द्र दिल्ली जाकर ही दम ले़गा।

और वही हुआ भी। राजेन्द्र ने अपने कुछ साहित्यकार-अध्यापक मित्रों की सहायता से मन्नूजी को मिरांडा कॉलेज में हिंदी की लेक्चररशिप दिलवा दी। अब न तो मन्नूजी को किसी प्रकार की हिचक हो सकती थी और न हममें से किसी को तनिक-सी भी आपत्ति कर पाने की कोई गुंजाइश बाक़ी रह गई थी।

खुद अपने स्थिर उज्ज्वल भविष्य की भी उसने एक विस्तृत योजना बना डाली थी। अवश्य ही, अपनी आदत के चलते उसने उस योजना के क-ख-ग का भी हममें से किसी को कोई आभास दूर-दूर तक नहीं होने दिया। कम-से-कम मुझे और कमला को तो बस इतना ही मालूम था कि जैसे राजेन्द्रजी कलकत्ता में रहकर उपन्यास और कहानी लिखते रहते हैं, वैसे ही दिल्ली में बैठकर लिखते रहेंगे। और कि दिल्ली से आगरा पास ही है, जब जी चाहेंगे वहाँ अपने परिवारवालों से जाकर मिल भी आया करेंगे।

लेकिन जैसा मैं पहले भी कह चुका हूँ, राजेन्द्र के दिमाग़ में जब कोई विचार धँस जाता है, तो वह उसे कार्यरूप में परिणत करने में कोई कसर नहीं उठा रखता। इसीलिए मैं उसे ज़िद्दी ही नहीं, झक्की भी कहता हूँ। मेरे ख़याल से, राजेन्द्र ने कॉलेज में पढ़ते समय ही अपनी एक प्रकाशन संस्था स्थापित करने का निश्चय कर लिया था। उस ज़माने का प्रत्येक सफल लेखक अपनी रचनाएँ खुद ही प्रकाशित करने का स्वप्न सँजोया करता था। शायद आज भी करता है। यों भी हिंदी के ही नहीं, संसार-भर के प्रकाशक लेखकों को 'कुटिया में रहकर' माँ सरस्वती की उपासना करते रहने का उपदेश पिलाकर उनका निर्मम शोषण कर स्वयं अपनी गगनचुंबी अट्टालिकाएँ निर्मित करते रहे हैं, यह सभी जानते हैं।

अपने लेखकीय जीवन का आरंभ करते ही राजेन्द्र श्री कन्हैयालाल मिश्र 'प्रभाकर', श्री रामरिख संहगल और श्री उपेन्द्र नाथ 'अश्क' के काफ़ी निकट

संपर्क में आ गया था। वह यह भी देख रहा था कि भले ही प्रेमचंद को भूखे पेट रहकर साहित्य-सृष्टि करनी पड़ी हो, उनके दोनों सपूत, श्रीपतराय और अमृतराय अभाव नहीं, समृद्धि भरे जीवन जी रहे थे—सरस्वती प्रेस की बदौलत, जिसके पास प्रेमचंद की समस्त रचनाओं का कॉपीराइट सुरक्षित था। उसे यह जानकारी भी थी कि चंद्रशेखर 'आज़ाद' और भगतसिंह की 'हिंदुस्तान सोशलिस्ट रिपबिल्कन पार्टी के कर्मठ सदस्य, आजीवन क्रांति का शंखनाद करनेवाले, यशपाल का उनकी धर्मपत्नी द्वारा कुशलतापूर्वक संचालित 'विप्लव प्रकाशन' फल-फूल रहा था।

शायद इसीलिए राजेन्द्र ने भी सन् 1950-51 में ही अपनी एक प्रकाशन संस्था स्थापित कर डाली थी। नाम रखा था 'विश्व साहित्य।' ज़ाहिर है, नातजुर्बेकार लोगों द्वारा शुरू कर दिए गए ऐसे प्रयोग अक्सर सफ़ल नहीं हो पाते। राजेन्द्र की इस चेष्टा को भी असफल सिद्ध होना ही था। उसने अपना पहला उपन्यास 'प्रेत बोलते हैं' प्रगति प्रकाशन, दिल्ली से प्रकाशित करवाया था। उसका यह उपन्यास बाद में 'सारा आकाश' (राजकमल प्रकाशन) के नाम से बहुत प्रसिद्ध हो गया। इसी पर विख्यात फ़िल्म निर्देशक बासु चटर्जी ने इसी नाम की फ़िल्म भी बनाई थी।

लेकिन अपने प्रयोग की असफलता के बावजूद, राजेन्द्र के मन-मस्तिष्क में गहरा धँसा बैठा प्रकाशन संस्था का विचार पूरी तरह से नेस्त-नाबूद नहीं हो पाया था। जैसे सर्दियों में अनेक बीज बर्फ़ की मोटी सतह के नीचे से अपने अस्तित्व को बचाए रखकर वसंत के आगमन की प्रतीक्षा करते रहते हैं, राजेन्द्र ने भी दिल्ली आने के साथ-साथ अपने इस अधूरे रह गए स्वप्न को वास्तविकता में परिणत करने के लिए हाथ-पाँव चलाना आरंभ कर दिया।

सौभाग्य था उसका कि उसे साथ भी मिल गया श्री जवाहर चौधरी का। मैं अब तक जवाहर भाई से केवल दो बार मिला हूँ। पहली बार कलकत्ता में—इतना पहले कि आज तो उस भेंट का सन्-संवत् तक याद नहीं रह गया है। याद सिर्फ़ यह है कि हम मिले थे हाजरा मोड़ के निकट ही भाई गिरीश अस्थाना के घर पर। काली शेरवानी और सफ़ेद पाजामे से लैस लंबे-चौड़े, गोरे-गट्ट जवाहर भाई का व्यक्तित्व आज भी आँखों के सामने जस-का-तस घूम रहा है। और उनकी साम्यवाद के प्रति अडिग, एकनिष्ठ प्रतिबद्धता ने भी मुझ पर गहरा प्रभाव छोड़ा था। लगभग दो-तीन घंटे की बातचीत के दौरान मुझे यह जानकर बेहद संतोष और हार्दिक प्रसन्नता हुई थी कि उन जैसा साफ़गो और ईमानदार व्यक्ति जब तक साम्यवाद के प्रति आस्थावान है, इस दर्शन की सफलता सुनिश्चित है।

दूसरी बार जवाहर भाई मिले थे दिल्ली में—राजेन्द्र के शक्ति नगर वाले

मकान में। तब तक राजेन्द्र के साथ मिलकर उन्होंने अक्षर प्रकाशन प्रा. लिमिटेड की स्थापना कर डाली थी। उस दिन मुश्किल से एक घंटे रुके थे वे, किंतु उसी बीच उनके स्वभाव की तेजस्विता, उनकी बेलाग बातों तथा सुलझे मस्तिष्क ने मुझे उनका मुरीद बना डाला था। दुर्भाग्यवश, राजेन्द्र के साथ उनकी भागीदारी अधिक समय तक नहीं चल पाई। परंतु उनकी ईमानदारी के चर्चे करते आज तक न राजेन्द्र अघाता है, न मन्नूजी। जवाहर भाई ने अक्षर प्रकाशन से अलग होने के बाद स्वयं अपना ही प्रकाशन संस्थान 'शब्दकार' स्थापित कर लिया। इधर वर्षों से वे बीमार चल रहे हैं। मेरी आंतरिक कामना है कि वे दीर्घायु हों। उन जैसे लोगों की हमारे देश को बड़ी ज़रूरत है।

अक्षर प्रकाशन की स्थापना के लिए राजेन्द्र को कौन-कौन-से और कैसे-कैसे, पापड़ बेलने पड़े होंगे, इसका अंदाज़ मुझे क़तई नहीं है। वैसे, उसने पत्र लिखकर और छपे हुए सर्क्यूलर भेजकर इस महायज्ञ में मेरे भाग की आहुति की याचना की अवश्य थी। लेकिन मेरा आलम तो शुरू से ही कुटुम समाने और साधु को भूखा न जाने देने से आगे आज तक नहीं बढ़ पाया है। सो, नंगा क्या तो नहाता और क्या निचोड़ता ? लिहाज़ा, मैं तो न पत्रम्-पुष्पम् के क़ाबिल हो सका था, न फूल की जगह पाँखुरी अर्पित करने योग्य। मैं तो यह सोच-सोचकर ही संतुष्ट हो लेता था कि अब दिल्ली पहुँचकर राजेन्द्र और मन्नूजी तेज़ी से सुख-समृद्धि की ओर अग्रसर होने लग गए हैं।

राजेन्द्र के कलकत्ता छोड़ जाने के बाद भी मेरे दैनंदिन जीवन में कोई बहुत बड़ा परिवर्तन नहीं आया था। फ़र्क़ सिर्फ़ इतना पड़ा था कि अब से मेरा ज़्यादातर वक़्त या तो मदन बाबू के साथ बीतने लग गया था, या फिर नारायण साहब के घर पर। उधर कॉफ़ी हाउस भी बरक़रार था। सेंगरजी भी दिल्ली चले गए थे ऑल इंडिया रेडियो के पूर्णकालिक प्रोड्यूसर होकर। तो अब हमारी रोज़ की बैठकें होती थीं हाउस ऑफ़ कॉमन्स में। शरद देवड़ा, छेदीलाल गुप्त, अवधनारायण सिंह, श्रीहर्ष, शलभ श्रीराम सिंह, निर्भय मल्लिक और कभी-कभी रमेश बख़्शी के साथ वक़्त अच्छा ही कट जाता था। 'सनीचर' संपादक ललित अक्सर एक-न-एक शिगूफ़ा छोड़ता रहता था।

दुनिया के अन्य देशों की भाँति यह साठ का दशक हमारे लिए भी तरह-तरह की हलचलों से भरा सिद्ध हुआ था। ख़ासकर कलकत्ता के हिंदीभाषी संप्रदाय की सांस्कृतिक गतिविधियाँ अपने चरम पर पहुँच गई लगती थीं। भारतीय ज्ञानपीठ का मुख्य कार्यालय कलकत्ता में ही था। शरद देवड़ा की जगह इंदौर से आए श्री रमेश बख़्शी को 'ज्ञानोदय' का संपादन-भार सौंप दिया गया था। शरद देवड़ा ने अपना 'अणिमा' मासिक निकालना आरंभ कर दिया था। दोनों ही मासिक पत्रिकाओं को हिंदी के समस्त प्रमुख साहित्यकारों का सहयोग मिल रहा था।

काफ़ी हाउस की शामों की रौनक़ और चहल-पहल का आकर्षण अपने चरम बिंदु को छूने की दिशा में तेज़ी से क़दम बढ़ाता चला जा रहा था।

उस दशक में साहित्य के अतिरिक्त नाटक ने भी कलकत्ता के हिंदीभाषी नागरिकों को अपनी ओर बहुत खींचा था। वैसे, कलकत्ता में व्यावसायिक तथा शौक़िया हिंदी नाटक इस शताब्दी के आरंभ से ही खेले जाते रहे थे। गिरीश घोष, द्विजेंद्र लाल रॉय, माइकेल मधुसूदन दत्त का बंगाल उन्नीसवीं सदी से ही बांग्ला नाटकों का सिक्का सारे देश पर जमा चुका था। अल्फ़्रेड और माडर्न थियेटर के बाद पारसी शैली के नाटकों का नियमित व्यावसायिक प्रदर्शन मूनलाइट थियेटर में मास्टर फ़िदा हुसैन 'नरसी' और सीता देवी करते चले आ रहे थे। बड़ाबाज़ार की 'अभिमन्यु क्लब' सरीखी संस्थाओं के तत्त्वावधान में शौक़िया नाटकों का मंचन भी होता रहा था।

परंतु कलकत्ता में हिंदी नाटक को गरिमा प्रदान की थी 'अनामिका' ने। श्री भँवरमल सिंघी तथा श्यामानंद जालान के प्रयास तथा श्री सीताराम सेकसरिया के आशीर्वाद ने 'अनामिका' की स्थापना कर कलकत्ता के हिंदीभाषी समुदाय में नाटकों के प्रति एक नया उत्साह जगा दिया था। आरंभ से ही 'अनामिका' को डॉ. प्रतिभा अग्रवाल का सहयोग मिलते रहने से अनेक अन्यान्य संभ्रांत परिवारों की महिलाएँ इस संस्था के साथ जुड़ती चली गईं। इसकी प्रस्तुतियों ने अल्प समय में ही अखिल भारतीय प्रशंसा प्राप्त कर ली थी। 'नए हाथ', 'जनता का शत्रु' तथा 'आषाढ़ का एक दिन', 'स्टील फ्रेम', 'पगला घोड़ा'—सभी एक से बढ़कर एक लोकप्रिय हुए थे।

अपनी नाट्य यात्रा में 'अनामिका' ने एक और महत्त्वपूर्ण पड़ाव पार किया 1964 के दिसंबर में 'प्रथम नाट्य समारोह' का आयोजन करके। सात दिन तक चला था यह समारोह। इसमें मूनलाइट थियेटर के पारसी शैली के नाट्य 'सीता बनवास' में लगभग सत्तर वर्ष के मास्टर फ़िदा हुसैन 'नरसी' को राम की भूमिका में तथा साठ के आसपास पहुँची श्रीमती सीता देवी को सीता के चरित्र का अभिनय करते देखकर सारे-के-सारे दर्शक अश-अश कर उठे थे।

इसी नाट्य समारोह के प्रसंग में एक नाट्य परिसंवाद भी आयोजित किया गया था। उसमें भाग लेने मोहन राकेश, डॉ. धर्मवीर भारती, डॉ. लक्ष्मीनारायण लाल, डॉ. नामवर सिंह, सत्यदेव दुबे, बासु भट्टाचार्य आदि-आदि अनेक महान हस्तियाँ कलकत्ता आई थीं। अत्यंत रोचक रही थीं नाटक संबंधी तू-तू, मैं-मैं की सीमा रेखा को छूती बहसें। इसी परिसंवाद में मोहन राकेश ने मज़ाक़ किया था कि अब जबकि उसने नाटक लिखना शुरू कर दिया है, तो शीघ्र ही साहित्य की केंद्रीय विधा कहानी न रहकर नाटक हो जाएगी। 'नई कहानी' के तीन तिलंगों—राकेश, कमलेश्वर और राजेन्द्र—में से एक का यह कथन, और वह भी

'नई कहानी' के दार्शनिक, आख्याकार डॉ. नामवर सिंह की उपस्थिति में—उस समय तो किसी ने गंभीरता से नहीं लिया, परंतु बहुत शीघ्र ही राकेश ने अपनी कथनी को करनी में परिवर्तित कर दिखाया था, इसमें कोई संदेह नहीं है। कुछ ही समय बीतते-न-बीतते 'नई कहानी' पुरानी पड़ गई। मैदान में आ गई 'अकहानी', 'समांतर कहानी' और ऐसी-ऐसी अनेक विशेषणयुक्त कहानियाँ।

इस नाट्य समारोह की चर्चा यहाँ एक विशेष कारण से कर रहा हूँ। इस समारोह की स्मरणिका के मुद्रण का भार 'अनामिका' ने दिया था 'ज्ञानोदय' में ताज़ा-ताज़ा आयातित संपादक श्री रमेश बख़्शी को और उनकी सहायता के लिए रखा गया था मैं। कलकत्ता के अधिकांश मारवाड़ी प्रतिष्ठानों के स्वामी इस समारोह के साथ किसी-न-किसी उपसमिति के सदस्य/पदाधिकारी के रूप में संबद्ध थे। लिहाज़ा स्मरणिका में विज्ञापनों की भरमार हो गई, जिससे उसका कलेवर अत्यंत हृष्ट-पुष्ट हो गया था।

स्मरणिका के मुद्रण के दौरान मुझे श्री रमेश बख़्शी को निकट से जानने का अवसर मिला। कलकत्ता आने से पहले ही रमेश बख़्शी अपनी तेज़-तर्रार लेखनी के कारण काफ़ी चर्चित हो चुके थे। यहाँ आकर उन्होंने बांग्ला भाषा की सुप्रसिद्ध भूखी पीढ़ी के समस्त विवादास्पद, सशक्त लेखकों—मलयराय चौधरी, शक्ति चट्टोपाध्याय, सुनील गंगोपाध्याय, सुबिमलबसाक—आदि के साथ अंतरंगता स्थापित कर 'ज्ञानोदय' को भी हिंदी की लोकप्रिय पत्रिका बना दिया।

उनके साथ काम करते-करते बख़्शीजी मुझे भी बहुत प्रभावित करने लगे थे। विचित्र सी ताज़गी थी उनमें, उनके खान-पान में, उनकी बातचीत में। मकान भी उन्होंने मेरे घर के पास ही ले रखा था। अक्सर मेरे घर आ जाते थे वे और उनकी पत्नी। चुलबुलाहट भरे हाज़िरजवाब व्यक्तित्व के धनी रमेश बख़्शी हँसते भी जी खोलकर थे। बहुत पसंद आ गए थे उन दिनों श्री रमेश बख़्शी मुझे और मेरे परिवार को।

और हमारी इस निकटता ने जन्म दिया था 'प्रथम कथा समारोह' की परिकल्पना को।

अभी कल की-सी याद है कि वह रविवार का दिन था। उस दिन स्वदेश भारती ने रमेश बख़्शी और मुझे अपने घर पर बुलाया था—ग़पशप करने। स्वदेश भारती की रमेश बख़्शी के साथ नई-नई छनने लगी थी। धोती-कुर्ता पहननेवाले स्वदेश भारती को रमेश ने आधुनिक ही नहीं, अत्याधुनिक बनाने का बीड़ा उठा लिया लगता था—केवल वेशभूषा में ही नहीं, खान-पान में भी। और जिस द्रुतगति से वह अपने इस अभियान में सफल होता जा रहा था, उसे देखकर सचमुच दाँतों

तले उँगली दबानी पड़ जाती थी।

तो, उस शाम चाय पीते-पीते, बातों-ही-बातों में प्रस्ताव आया कि इस नाट्य-समारोह सरीखे एक कथा-समारोह का आयोजन भी कर लिया जाए क्योंकि अब हमें भी ऐसे समारोहों की सफलता के रहस्य-मंत्र की थोड़ी-बहुत जानकारी हो ही गई थी। रमेश बख़्शी के रहने से 'ज्ञानोदय' और ज्ञानपीठ (अर्थात् श्रीमती रमा जैन, और उनकी वजह से साहू शान्ति प्रसाद जैन) की सर्वांगीण सहायता मिल जाने पर धनबल तथा जनबल की समस्या का भी बड़ी सीमा तक समाधान हो ही जाएगा। और अगर इस समारोह के उद्घाटन के लिए हम उस काल के सर्वाधिक चर्चित 'अस्तित्ववाद' के आदि प्रणेता ज़्याँ पॉल सार्त्र और उनकी सहचरी सीमोन द बुवा को भी आमंत्रित कर पाने में सफल हो गए, तब तो फिर हमारे समारोह का डंका सारे आलम में बजने में कोई संदेह ही नहीं रह जाएगा।

ज्यों-ज्यों हमारी बातें आगे बढ़ रही थीं, इस ख़याली पुलाव की सोंधी-सोंधी खुशबू हम तीनों के दिल-दिमाग़ पर तेज़ी से क़ाबिज़ होती चली जा रही थी। बातों से आगे बढ़कर हम समारोह की सूचना प्रसारित करनेवाले परिपत्र का प्रारूप बनाने में जुट गए। आरंभ से ही मेरा आग्रह रहा था कि समारोह में कलकत्ता के साहित्यकारों की भी महत्त्वपूर्ण भागीदारी रखी जाए। ऐसा न हो कि सदा की भाँति इस बार भी हमारी फूलमालाएँ कलकत्ता के बाहर रहनेवाले साहित्यिकों के लिए ही सुरक्षित रहें। स्वदेश भारती और रमेश बख़्शी भी मेरे इस विचार से पूरी तरह सहमत थे। अतएव परिपत्र में विभिन्न सत्रों की अध्यक्ष-मंडलियों में प्रो. कल्याणमल लोढ़ा ही नहीं, छेदीलाल गुप्त, अवधनारायण सिंह तथा शरद देवड़ा के नाम भी सम्मिलित किए गए।

दूसरे दिन, रमेश बख़्शी के अलावा श्यामानंद जालान भी कॉफ़ी हाउस में आ पहुँचा। अपने नाट्य समारोह की सफलता से प्रोत्साहित श्यामानंद को जब हमने सार्त्र के बुलाए जाने की योजना सुनाई, तो वह भी जोश में आ गया। श्यामानंद के सहयोग का आश्वासन मिलने से अपनी योजना हमें साकार होती नज़र आने लग गई।

इस सबके बाद आप खुद ही अंदाज़ लगा लीजिए कि मुझ पर क्या बीती होगी जब तीन-चार दिन बाद स्वदेश भारती ने कथा-समारोह संबंधी पहले परिपत्र की एक प्रति थमाई थी। कथा-समारोह के संयोजक के स्थान पर रमेश बख़्शी का नाम था और संयोजक संस्थाओं में भारतीय ज्ञानपीठ के अतिरिक्त एक और भी नाम जोड़ दिया गया था—भारतीय संस्कृति संसद का। यह देखकर अधिकस्य अधिकम् फलम्' में विश्वासी मेरे मन को खुशी ही हुई कि अब हमारे आर्थिक संसाधनों में कुछ अभिवृद्धि और हो जाएगी।

परिपत्र के साथ ही संलग्न था तीन दिनों के छहों सत्रों का विस्तृत

कार्यक्रम—उन सत्रों के विचारणीय विषय, उन विषयों पर वक्तव्य देनेवाले विद्वान वक्ताओं के नाम तथा प्रत्येक सत्र की प्रस्तावित अध्यक्ष मंडली-सब कुछ लगभग वैसा ही था जैसा हम लोगों ने प्रारूप में लिखा था। बस, नहीं थे तो केवल स्थानीय साहित्यकारों के नाम। क्यों नहीं थे, पूछने पर स्वदेश भारती ने हमारी जानकारी में इज़ाफा किया कि उस संबंध में श्री रमेश बख़्शी का वक्तव्य अत्यंत स्पष्ट एवं द्विधाहीन था—कलकत्ता में साहित्यकार हैं ही कहाँ ? सब तो साले चपरक़नाती हैं।

आज सोचता हूँ तो रमेश बख़्शी के उस कथन पर ठठा कर हँसने को जी करता है। परंतु मुक्त हृदय से स्वीकार करता हूँ कि उस दिन उसे सुनते ही मेरा रोम-रोम फुँक उठा। स्वभाव से मैं बहुत कुछ सहन कर लिया करता हूँ। यारों के तो सौ खून माफ़ होते हैं। उस क्षण तक रमेश बख़्शी को भी मैं प्यारा शख़्स मानता चला आया था। उसकी कमज़ोरियों से बखूबी वाकिफ़ होने के बावजूद, उसकी चुलबुलाहट मुझे बहुत आकर्षित करती थी। लेकिन उस दिन उसने अपना जो चेहरा बेनक़ाब कर दिखाया, उससे मुझे गहरा, बहुत गहरा, धक्का लगा।

दो स्थितियाँ ऐसी हैं जिन्हें मैं कभी, किसी भी कारणवश, आत्मसात् नहीं कर पाता। उनके विरुद्ध मुखर प्रतिरोध के स्वर उच्चारित किए बिना मुझसे रहा ही नहीं जाता। फिर उस समय मुझे न आगा सूझता है, न पीछा। स्वदेश भारती की उस सूचना ने वे दोनों स्थितियाँ मेरे सम्मुख ला उपस्थित कर दीं।

पहली स्थिति होती है वह जब कोई व्यक्ति साथ-साथ लिये गए निर्णय को, बिना दुबारा परस्पर विचार-विमर्श किए, अकेले ही बदल देता है। और दूसरी वह, जब कोई अपनी आयु, पद अथवा धन के जोम में किसी को अपमानित कर बैठता है। रमेश बख़्शी इन दोनों ही कामों का दोषी था। उस पर क्रोध आना मुझे नितांत न्यायसंगत प्रतीत हुआ।

उस समय तक कलकत्ता के हिंदी साहित्यकारों ने कभी कोई सामूहिक आदोलन नहीं किया था। शायद इस पर भी अधिक बावेला न मचा होता परंतु स्वदेश भारती ने उसी शाम कॉफ़ी हाउस जाकर रमेश बख़्शी के इस कथन की चर्चा कर सभी को अपमानित अनुभव करा दिया था। अतएव जब मैं कॉफ़ी हाउस पहुँचा, तब तक वातावरण काफ़ी गर्मा चुका था। छेदीलाल गुप्त, अवध नारायण सिंह, निर्भय मल्लिक, आलोक शर्मा आदि-आदि सभी भरे बैठे थे। कुछ ही देर बाद शरद देवड़ा भी आ पहुँचा।

पूरी बात सुनने के बाद शरद देवड़ा ने सुझाव दिया कि हममें से कुछ लोगों को भारतीय संस्कृति संसद के तत्कालीन मंत्री, श्री परमानंद चूड़ीवाल से मिलकर उनसे अनुरोध करना चाहिए कि वे हमारा सामूहिक अपमान करनेवाले

रमेश बख़्शी के स्थान पर किसी और को कथा-समारोह का संयोजक नियुक्त कर दें तो हम सभी उनके साथ पूरा-पूरा सहयोग कर पाएँगे। शरद के इस सुझाव से सभी सहमत हो गए। उन लोगों ने शरद देवड़ा, अवधनारायण सिंह तथा मुझे चूड़ीवालजी से मिलने को कहा।

दूसरे दिन हम तीनों चूड़ीवालजी से भेंट करने उनके दफ़्तर पहुँचे। बड़ी शिक्षाप्रद सिद्ध हुई हमारी वह मुलाक़ात। हमारी उस भेंट ने न केवल मार्क्सवाद में मेरा विश्वास और भी पुख़्ता कर दिया बल्कि मेरे सामने सेठाश्रयी संस्थाओं और उनके नियमक सेठों के निर्मम, अनुदार चेहरों पर चिपके नक़ाब भी उघाड़कर रख दिए। उस दिन अच्छी तरह समझ में आ गया कि देशी राज्यों की समाप्ति के बाद, राजा-महाराजाओं के रिक्त हुए साहित्य और संस्कृति के पोषक का स्थान हथियाने की ललक से भरे इन नवधनाढ्यों की शक्कर घुली वाणी तथा ओढ़ी हुई विनम्रता कितनी सतही, कितनी मिथ्या हुआ करती है।

मुश्किल से पंद्रह मिनट बातें की होंगी परमानंदजी ने हमारे साथ। उन पंद्रह मिनटों में प्रति पल वे हमें आभास कराते रहे मानो हम उनके कारख़ानों के मज़दूर हों जो उनसे मँहगाई भत्ता बढ़ाने की दरख़्वास्त करने उनके हुजूर में पेश किए गए हों। ट्रेड यूनियन करते-करते मैं तो ऐसे मालिकों से उनकी सूखी, हेकड़ी भरी बातों से और उनकी 'सूच्याग्रं नैव दास्यामि' वाली मानसिकता से भली-भाँति परिचित हो चुका था। बेचारे शरद देवड़ा के लिए कदाचित् यह बिलकुल नया अनुभव था। स्वयं भी मारवाड़ी होने के नाते शायद उसे परमानंदजी से तनिक अधिक मिष्ट व्यवहार की आशा रही होगी। बड़ी स्पष्ट लक्ष्य की जा सकती थी उसकी निराशा।

अगला दिन शायद रविवार रहा होगा। तभी लगभग चालीस-पचास लेखक गण आलोक शर्मा के बाराणसी घोष स्ट्रीट स्थित निवास-स्थान के आँगन में आ जमा हुए थे। हमें यह देखकर प्रसन्नता मिश्रित आश्चर्य हुआ कि इन लोगों में कलकत्ता विश्वविद्यालय के हिंदी विभागाध्यक्ष, प्रोफ़ेसर कल्यांणमल लोढ़ा भी आ गए थे। इसमे कोई संदेह नहीं कि उनकी उपस्थिति ने हमारे मनोबल को बहुत बढ़ा दिया। न आनेवालों में स्वदेश भारती था। हर कोई उसकी अनुपस्थिति का कारण जानना चाह रहा था। बता कोई नहीं पा रहा था। शायद आग लगाने के बाद जमालो दूर जा खड़ी थी।

लोढ़ाजी की अध्यक्षता में हुई उस सभा ने सर्वसम्मति से एक परिपत्र का मसविदा स्वीकृत कर उस पर सभी उपस्थित लोगों के हस्ताक्षर करवाने के बाद अवधनारायण सिंह को उसे छपवाकर देश के समस्त हिंदी साहित्यकारों के पास भिजवाने का अधिकार दे दिया। उस परिपत्र में हमने श्री रमेश बख़्शी की वादाख़िलाफ़ी तथा उनके द्वारा कलकत्ता के साहित्यकारों का सामूहिक अपमान

करने की विस्तृत पृष्ठभूमि बताने के बाद इस कथा-समारोह के बहिष्कार किए जाने के निर्णय की सूचना देते हुए उनसे भी इसमें सम्मिलित न होने का अनुरोध किया था।

सचमुच कितने नादान थे उस ज़माने के कलकत्ता के हम साहित्यकार! हमारा ख़याल ही नहीं, निश्चित विश्वास था कि देश के अन्य भागों की साहित्यिक बिरादरी के लोग हमारे अपमान को अपना अपमान मानकर कथा-समारोह का बहिष्कार कर देंगे। तब तक हमें ज्ञान ही नहीं था कि हिंदी का साहित्यकार किसी के भी मान-अपमान से बहुत ऊपर रहनेवाला स्थितप्रज्ञ प्राणी है। उसे यदि आवागमन का मार्गव्यय, आनुषंगिक व्यय तथा भोजन-आवास की सुविधाओं का विश्वास दिला दिया जाए, तो वह झुमरीतलैया भी जाने को सदैव प्रस्तुत रहता है। यहाँ तो साहू शान्ति प्रसाद जैन तथा उनकी धर्मपत्नी, श्रीमती रमा जैन के भारतीय ज्ञानपीठ का आमंत्रण था, कलकत्ता की यात्रा थी और कलकत्ता के श्रेष्ठियों के राजसी आवासों में स्वागत-सत्कार का आश्वासन था।

नतीजे में सारे देश में हल्ला हो गया—चलो, बुलाबा आया है। मुझे याद नहीं कि हमारे परिपत्र के समर्थन में अवधनारायण सिंह के पास कितने और किसके पत्र आए। इतना अवश्य याद है कि एक दिन रात के लगभग दस बजे मेरे फ़ोन की घंटी बज उठी। फ़ोन श्री कमलेश्वर कर रहे थे। वे लगभग आधे घंटे पहले कलकत्ता पधारे थे, कथा-समारोह के संबंध में उठ खड़े हुए विवाद का हल निकालने के उद्देश्य से। सदा की भाँति उस दिन भी उनका हवाई जहाज़ कुछ लेट पहुँचा था, इसलिए वें रात में कष्ट देने पर बाध्य हो रहे थे। परंतु हज़ार असुविधाएँ होने के बावजूद मुझे उसी समय चौरंगी स्थित भारतीय संस्कृति संसद के दफ़्तर पहुँच ही जाना था। शरद देवड़ा भी पहुँच रहा था। अवधनारांयण से, उस समय, फ़ोन न होने के कारण, संपर्क कर पाना संभव नहीं था। उसे कल सुबह बुला लेंगे। परंतु मुझे फ़ौरन संसद के दफ़्तर पहुँचना है।

कमलेश्वरजी का आग्रह कौन टाल सका है ? मैंने तुरंत टैक्सी पकड़ी। 10 नबंर, चौरंगी रोड की सीढ़ियाँ चढ़ते समय मुश्किल से दस बजकर बीस मिनट हुए होंगे। रात में चौरंगी रोड पर वैसे भी यातायात कम ही रहता था। शरद देवड़ा भी साढ़े दस तक आ पहुँचा। फिर लगभग दो घंटे तक कमलेश्वरजी हमें आश्वस्त करते रहे कि वे हमारे अपमान को अपना भी अपमान समझते हैं। अतएव यदि हम उस कथा-समारोह का बहिष्कार करेंगे, तो वे ही नहीं, कोई भी स्वाभिमानी साहित्यकार उसमें कैसे सम्मिलित हो सकेगा।

उन्होंने निश्चित रूप से एक बात कही कि श्री रमेश बख़्शी इस समारोह का संयोजन नहीं करेंगे और उनके द्वारा निर्धारित की गई सत्रों की योजना

निरस्त समझी जाएगी। नए सिरे से पूरी य[illegible]ना बनाने, सत्रों के अध्यक्ष-मंडलों के नाम निर्धारित करने आदि-आदि के लि[illegible] [illegible]सरे दिन सुबह हमें एक बार पुनः संसद के दफ़्तर में आना पड़ेगा ताकि अव[illegible]नारायण का मतामत भी ले लिया जाए।

दूसरे दिन प्रातःकाल लगभग तीन घंटे तक चली थी हम चारों की बैठक़। कमलेश्वरजी ने हमसे पूछ-पूछकर छहों सत्रों के विषय तथा उनके अध्यक्ष-मंडलों के सदस्यों के नाम एक कागज पर खुद लिखे। दूसरे पर हमें लिखवाए। इन तीन घंटों के दौरान, वे हमें बारबार आश्वस्त करते रहे कि यदि अब उस योजना में राई-रत्ती का भी फेर-बदल हुआ, तो वे खुद भी उस कथा-समारोह का बॉयकाट कर देंगे। आख़िर वे भी तो मार्क्सवादी हैं, रिवोल्यूशनरी सोशलिस्ट पार्टी के सदस्य हैं।

उसी दिन शाम के सात बजे शरद देवड़ा के 'अणिमा कार्यालय' में सभी स्थानीय साहित्यकारों की एक सभा बुलाई गई। श्री रमेश बख़्शी भी उसमें शामिल हुए। वहाँ भी कमलेश्वरजी ने अपने आश्वासन दुहराए और सुबह की बैठक में तय हुए मुद्दों की सूचना देते हुए एक बार फ़िर घोषणा की कि वे हमारे अपमान को अपना अपमान समझते हैं। उसका प्रक्षालन न हुआ तो वे भी हमारे साथ समारोह का बहिष्कार करेंगे।

अगली सुबह कमलेश्वरजी प्लेन से दिल्ली लौट गए। वर्षों पहले इलाहाबाद के रेलवे स्टेशन पर हुई संक्षिप्त-सी भेंट के पश्चात् उनके साथ अधिक समय बिताने का मेरा यह पहला मौक़ा था। बड़ा गहरा प्रभाव छोड़ा था उनके विनोदी स्वभाव ने, उनकी स्पष्ट, बेलाग़ बातों ने, उनके बिरादराना लहजे ने। राजेन्द्र को तो मैं जानता ही था, राकेश के ठहाकों का कुछ समय पहले से मुरीद हो चुका था और अब 'नई कहानी' के इस तीसरे पहलू के सान्निध्य ने मुझे भी इस त्रिपुटी का प्रशंसक बना छोड़ा था।

परंतु अत्यंत क्षणस्थायी सिद्ध हुए थे मेरे ये खुशनुमा विचार। कुछ ही दिन बाद कथा समारोह के सिलसिले में मिले दूसरे परिपत्र ने न केवल मुझे, कलकत्ता के प्रत्येक साहित्यकर्मी को एक ज़ोरदार धमाके के साथ वापस ठोस, पथरीली धरती पर ला-पटका। उस परिपत्र में संयोजक के पद पर श्री रमेश बख़्शी ही विराज रहे थे और श्री कमलेश्वर के साथ हुए निर्णयों की कहीं कोई चर्चा तक नहीं थी। हम लोग पुनः मूषक बना दिए गए थे।

अब हमारे पास सिवाय 'युद्धाय कृत निश्चय' के कोई विकल्प नहीं बचा था। अतएव हम सब पुनः आलोक शर्मा के घर पर समवेत हुए, कथा-समारोह के बहिष्कार का निर्णय दुहराने के लिए। समारोह के आरंभ होने में अधिक समय नहीं रह गया था। अतएव अपनी ओर से साहित्यकारों के पास एक और परिपत्र

भेजने का न तो वक़्त ही था, न उससे कोई लाभ होने की संभावना ही नज़र आ रही थी।

जिस दिन समारोह का उद्‌घाटन होना था, उसी दिन सुबह की उड़ान से राजेन्द्र, राकेश, कमलेश्वरजी तथा मन्नूजी आनेवाले थे। राजेन्द्र ने पत्र द्वारा यह सूचना मुझे दी थी। क़ायदे से मुझे उसे लिवाने एयरपोर्ट जाना चाहिए था। परंतु मैं तो भरा बैठा था कि आने दो कंबख़्तों को, मुझे उनसे क्या लेना-देना ? एक अन्य कारण से भी दमदम न जाने का निर्णय लेना पड़ गया। उसी दिन बंबई की हमारी स्टाफ़ यूनियन के पदाधिकारीगण कलकत्ता आ रहे थे। उनकी स्वागत सभा शाम को साढ़े चार बजे बाद होनेवाली थी, जिसकी अध्यक्षता मुझे ही करनी थी।

उधर, राजेन्द्र का पत्र मिले बाद, कमला अड़ गई थी कि कलकत्ता छोड़ने के पश्चात् राजेन्द्र-मन्नूबाई सब पहली बार आ रहे हैं। लिहाज़ा वह तो उन्हें लिवाने दमदम अवश्य ही जाएगी। उसने भण्डारी साहब को फ़ोन कर उसे भी उन्हीं की कार में एयरपोर्ट ले जाने का अनुरोध भी कर दिया था। नतीजे में, मैं गया अपने दफ़्तर और कमला रवाना हो गई दमदम हवाई अड्‌डे की ओर।

क़रीब बारह-सवा बारह बजे कमला ने दफ़्तर में फ़ोन कर मुझे बताया कि दमदम पर कमला को देखते ही राजेन्द्र ने अपना ओवरकोट उसके कंधे पर डालते हुए घोषणा कर दी थी कि वह भाभीजी के साथ कालीघाट ही जाएगा, मन्नूजी के साथ भण्डारी साहब के घर नहीं। निस्संकोच स्वीकार करता हूँ कि यह सुनकर मुझे कहीं बहुत ही अच्छा लगा कि राजेन्द्र अभी तक मेरे घर को ही अपना घर समझ रहा था। परंतु साथ ही, इस विचार से खीझ भी कम नहीं हो रही थी कि कथा-समारोह के हमारे सामूहिक बहिष्कार की जानकारी होने के बावजूद वह उसमें शिरकत करने के लिए सेठों के आह्वान और ख़र्चे पर हवाई जहाज़ से दौड़ा चला आया है।

कमला से पूरी-सी बात होने से पहले ही राजेन्द्र ने उससे फ़ोन छीन लिया और लगा मुझसे ऑफ़िस छोड़कर तुरंत घर चले आने की ज़िद करने। ज़िद करने की राजेन्द्र की अपनी एक विशिष्ट शैली है जिसमें वह आपकी सुने बिना, अपना आग्रह उस सीमा तक दुहराता रहता है, जब तक आप बोर होकर हथियार नहीं डाल देते। उस दिन भी उसने वही तकनीक अपनाई और बाध्य होकर मुझे एक घंटे बाद, शाम को होनेवाली यूनियन की मीटिंग की व्यवस्था करने के पश्चात्, घर की ओर रवाना होना ही पड़ा।

घर पहुँचने पर मेरे आश्चर्य की सीमा नहीं रही थी। देखा, वहाँ राजेन्द्र ही नहीं, राकेश और कमलेश्वर भी बैठे मेरी प्रतीक्षा कर रहे हैं। नितांत अप्रत्याशित थी उनकी वहाँ उपस्थिति। उन्हें देखते ही राजेन्द्र से कहे जानेवाले वे सभी

वाक्य जिन्हें मैं रास्ते भर मन-ही-मन गढ़ता चला आ रहा था, फ़ौरन हवा हो गए। मेरी एक कमज़ोरी से शायद राजेन्द्र भी परिचित है। मैं अपने घनिष्ठ मित्रों के साथ, घर हो या बाहर, किसी भी स्तर पर बहस कर सकता हूँ, झगड़ सकता हूँ; यहाँ तक कि वाही-तबाही तक बक सकता हूँ। लेकिन घर आए अभ्यागतों के साथ लड़ाई-झगड़ा तो दूर, व्यंग्य-वाक्य तक बोल नहीं पाता। कदाचित् बचपन से ही दिमाग़ में कूट-कूटकर भर दिए गए 'अतिथि देवो भव' के ब्राह्मण संस्कार से आज तक मुक्त नहीं हो पाया हूँ।

क़रीब ढाई-तीन घंटे तक चली थी हमारी वह बैठक। राकेश तथा कमलेश्वरजी का ख़याल था कि इस कथा-समारोह के बहिष्कार का एकमात्र कारण मैं था और कि यदि वे मुझे किसी सत्र की अध्यक्ष-मंडली में बैठा देंगे तो वह बहिष्कार समाप्त हो जाएगा। स्पष्ट शब्दों में ही पूछा था उन्होंने कि मैं किस सत्र में अध्यक्ष-मंडल का सदस्य बनना चाहूँगा। बेहद अपमानित अनुभव किया था मैंने उनके इस प्रस्ताव से। मेरा दो टूक, और काफ़ी कुछ घृणा-घुला उत्तर था कि मैं उनकी तरह अहम्मन्य कदापि नहीं हूँ जो स्वयं को जैनेन्द्र, भगवतीचरण वर्मा, अमृतलाल नागर अथवा खुद राकेश तथा कमलेश्वर के समकक्ष बैठने की क्षमता से संपन्न समझता होऊँ। मुझे अपनी औक़ात भली-भाँति मालूम है। हमारा विरोध तो रमेश बख़्शी के अपमानजनक मनोभाव से है और है उस विश्वासघात से जो पहले रमेश बख़्शी और दूसरी बार कमलेश्वरजी द्वारा अकारण ही किया गया।

मैंने उस दिन बार-बार कमलेश्वरजी से जानना चाहा था कि आख़िर वे क्यों दिल्ली से आकर उस रात भारतीय संस्कृति संसद में शरद देवड़ा और मुझे बुलवाकर हमें आश्वस्त करते रहे थे कि वे कलकत्ता के लेखकों के अपमान को अपना अपमान भी मानते हैं। क्यों उन्होंने दूसरे दिन सुबह हमारे साथ बैठकर नई सत्र-योजना बनाई थी ? क्यों उसी रात को कलकत्ता के लेखकों के सम्मुख स्पष्ट शब्दों में वायदा किया था कि यदि हम लोग उस समारोह में शामिल नहीं होंगे, तो वे भी उसका बहिष्कार करेंगे ?

कोई जवाब नहीं दिया कमलेश्वरजी ने उस दिन मेरे इन तीनों प्रश्नों का। अतिरिक्त आत्मीयता प्रदर्शित करते हुए अपनी ख़ास कमलेश्वरी शैली में एकाध बार यह अवश्य कहा कि यदि आप नहीं चले, तो हम भी नहीं जाएँगे। वे भी जान रहे थे कि उनका वह कथन कितना बेमानी, कितना मिथ्या था, और मैं भी समझ रहा था इतनी-सी बात। जुगुप्सावश मेरा उत्तर कुछ अधिक ही तीखा हो गया था कि सेठों के पैसे से हवाई यात्रा कर, सेठों के आलीशान मकानों में टिकाए जानेवाले लोगों में इतना साहस बाक़ी ही नहीं रह जाता कि वे उनके समारोह में शामिल न होने की गुस्ताख़ी कर सकें।

ऐसे ही घुमा-फिराकर हम दोनों अपनी-अपनी बात दुहराए चले जा रहे थे

कि सड़क पर भण्डारी साहब की कार का हॉर्न बज उठा। देखा, मन्नूजी उन तीनों को समारोह में ले जाने के लिए आ पहुँची थीं। कमलेश्वरजी और राकेश ने आख़िरी बार मुझसे अपने साथ ही चलने का आग्रह दुहराया। मैंने भी आख़िरी बार अपनी असमर्थता जताते हुए उन्हें विदा किया। प्रसन्नता न उन्हें हो रही थी, न मुझे। अपनी-अपनी मजबूरी में जकड़े वे उधर समारोह में गए और इधर मैंने पुनः दफ़्तर जाने के लिए टैक्सी पकड़ी।

रात में राजेन्द्र दस बजे बाद घर लौटा। समारोह के दौरान चाय, नाश्ते और भोजन की भव्य व्यवस्था की गई थी, यह मुझे मालूम था। लिहाज़ा राजेन्द्र को मेरे यहाँ रोटी-साग खाकर पेट भरने की कोई ज़रूरत नहीं थी। फिर भी जब आते ही उसने 'भाभीजी, भूख लगी है,' का नारा बुलंद किया तो हम पति-पत्नी सचमुच मुग्ध हो गए थे। 'बस, पाँच मिनट,' कहकर कमला भागी चली गई चौके की ओर, और लगी वहाँ से बार-बार मुझे उलाहने-पर-उलाहने देने, "देखा, मैंने पहले ही कहा था कि राजेन्द्रजी खाकर नहीं आएँगे। पर तुम मेरी सुनते ही कब हो ? तुम्हारा ही कहना था न कि वह सेठों के बुलावे पर आया है, उन्हीं का खाएगा, उन्हीं की पिएगा। देख लिया न ? मैं पूछती हूँ, कब सीखोगे तुम आदमी को पहचानना ? तुम्हारे चक्कर में मैंने भी खा लिया। राजेन्द्रजी, बस पाँच मिनट रुकना। अभी लाई।" और पंद्रह-बीस मिनट बाद राजेन्द्र चबा रहा था उसका प्रिय आलू-बैंगन का साग, गर्मागर्म रोटियाँ और गंगूराम का मिष्टी दँइ (मीठा दही)।

पहले ही दिन अतिथि-सत्कार में बुरी तरह फ़ेल हुआ मैं सफ़ाई तक देने की स्थिति में नहीं था। अपनी झेंप मिटाने के लिए राजेन्द्र से इधर-उधर की बातें करता रहा ताकि कम-से-कम खाते वक़्त तो माहौल ख़ुशगवार रहे, तल्ख़ियाँ हमारे मुँह का ज़ायका न बिगाड़ पाएँ। अपनी ओर से मैं शराफ़त बरक़रार रखने की भरपूर कोशिश करता रहा। लेकिन अपनी झेंप के बोझ तले मैं यह भूल ही बैठा था कि राजेन्द्र भी किसी की शराफ़त ज़्यादा देर तक बर्दाश्त नहीं कर पाता। कुछ-न-कुछ ऐसा कह बैठता है कि आप अपना आपा भुलाकर कोई-न-कोई जली-भुनी बात कहने पर मजबूर हो जाएँ।

उस रात भी वह ऐसा ही कुछ कह बैठा। आज इतने वर्षों बाद उसका वह वाक्य तो याद नहीं आ रहा, इतना बहुत अच्छी तरह से याद है कि हम दोनों तीन बजे तक जागते रहे। मैं उससे ठेठ आगरा वाली ज़बान में अपना सारा गुस्सा, सारी भड़ास निकालता रहा, कमला डरी-डरी मुझ पर ब्रेक लगाने की असफल कोशिशें करती रही और राजेन्द्र, "भाभीजी, बोल लेने दीजिए ठाकुर साहब को। निकाल लेने दीजिए दिल में जमी भड़ास को। बहुत मलबा भर रखा है, ख़ास करके जब से मैंने कलकत्ता छोड़ा है, तब से," कह-कहकर मुझे फिर से भड़का देता था।

सिर्फ़ उसी रात नहीं, जब तक समारोह चलता रहा, तीनों दिन यही आलम बरक़रार रहा। रात दस से तीन बजे तक मैं सेठों, और उनसे भी अधिक उनके चमचों को गरियाता रहा और वह 'आप कुछ समझते तो है नहीं' का शोशा छोड़ता रहा। बीच-बीच में बड़ा रस लेकर बताता रहता कि कमलेश्वर ने जैनेन्द्रजी को कैसे पटख़नी दी, राकेश ने किस-किस की कैसे-कैसे चुटकियाँ लीं। नामवरजी क्या बोले, कैसा कमाल का आलोचक उभर रहा है देवीशंकर अवस्थी। उसकी ये बातें मेरे दिल के तपते तवे पर छींटों का काम करतीं और मैं रह-रहकर छनछना उठता।

जले पर मरहम का लेप लगाया था नागरजी के फ़ोन ने। शायद समारोह के अंतिम दिन, या सभव है उससे एक दिन पहले। सुबह-सुबह ही मेरे फ़ोन की घंटी ब़ज उठी। सुना, नागरजी अपनी वाणी में गहन व्यथा घोलते पूछ रहे थे, "मनमोहन, क्या इस बार तुमसे मिले बिना ही लखनऊ लौट जाना पड़ेगा ?"

मेरे मुँह से बेसाख़्ता एक शेर निकल पड़ा था—

हदें वो खींच रक्खी हैं हरम के पासबानों ने,
कि बिन मुजरिम बने पैग़ाम तक पहुँचा नहीं सकता।

कुछ देर चले हमारे वार्तालाप का नतीजा यह निकला था कि मुझे नौ बजे के पहले ही मदन बाबू के घर पहुँच जाना था। नागरजी भी वहाँ उपस्थित रहेंगे। नाश्ता वहीं होगा और तभी जमकर बतिया भी लिया जाएगा। राजेन्द्र को कहीं और जाना था। मैं अकेला ही चढ़ गया था चार तल्ले की सीढ़ियाँ, मदन बाबू के फ़्लैट तक।

उस दिन केवल नागरजी ही नहीं, भगवतीचरण वर्माजी भी वहीं मिल गए। अपने विद्यार्थी जीवन से ही मैं उनकी 'चरचर-चरचर चूँ चरर मरर, जा रही चली भैंसागाड़ी' का आशिक़ हो चुका था। मेरे उस इश्क़ को गाढ़ा बनाया 'तीन वर्ष' ने, उसके मियाँ ज़गाती ने। और अंत में उस इश्क़ में ढेर सारा पानी मिला दिया उनके 'टेढ़े मेढ़े रास्ते' ने। फिर भी भगवती बाबू के साथ मदन बाबू के फ़्लैट के घरेलू वातावरण में बिताए डेढ़-दो घंटे सहज ही भुला दिए जानेवाला अनुभव थोड़े ही है।

सिर्फ़ नागरजी ही नहीं, दोपहर के भोजन के समय समारोह में सम्मिलित होने आए अनेक छुटभैये भी कलकत्ता के अपने परिचित साहित्यिकों से मिलने मेट्रो सिनेमा के पास वाले 'काफ़े द मोनाको' में आ जमते थे। शरद देवड़ा, अवधनारायण सिंह, छेदीलाल, आलोक शर्मा आदि भी उस वक्त वहाँ पहुँच जाया करते। एकाध बार मुझे भी बुलवा भेजा था उन्होंने। श्री देवीशंकर अवस्थी को पहली और आख़िरी बार वहीं देखा था मैंने। समारोह से निबटकर दिल्ली लौटने

के कुछ ही दिनों बाद एक सड़क दुर्घटना ने उस असामान्य प्रतिभाशाली आलोचक की जीर्ण-शीर्ण काया को अकाल ही मौत के मुँह में धकेल दिया। आज भी वह चेहरा आँखों के सामने अक्सर घूम जाया करता है।

कथा-समारोह आरंभ होने के दूसरे दिन प्रो. कल्याणमल लोढ़ा ने मुझे यूनिवर्सिटी बुलवाकर सूचना दी कि संयोजकों ने उन्हें समापन-सत्र के अध्यक्ष-मंडल में रखना स्वीकार कर लिया है। अतएव अब हमें अपना बहिष्कार समाप्त कर देना चाहिए। अत्यंत विनम्र, किंतु स्पष्ट शब्दों में मैंने उन्हें समझाना चाहा कि हमारा आंदोलन उन्हें किसी अध्यक्ष-मंडल की सदस्यता दिलवा देने के लिए नहीं था, रमेश बख़्शी द्वारा कलकत्ता के लेखकों के सामूहिक अपमान के विरोध में था। दुर्भाग्य मेरा कि न मेरी बात वे समझ पाए, न उनकी बात मैं। अपने अहम् की तुष्टि हो जाते ही उन्हें समूह के अहम् की सुधि ही बिसर गई और वे अगले दिन जा शामिल हुए समारोह में।

उनके अतिरिक्त कलकत्ता के मात्र दो अन्य साहित्यकार—श्री श्रीहर्ष तथा श्रीमती किरण जैन—ही इस कथा-समारोह में तीनों दिन सम्मिलित होते रहे। अन्य सभी ने अपने आत्म-सम्मान की रक्षा हेतु इसका बहिष्कार किया। उस समय तक श्री विष्णुकांत शास्त्री तथा डॉक्टर प्रतिभा अग्रवाल की गिनती साहित्यकारों में नहीं की जाती थी। यों भी वे दोनों महानगर कलकत्ता की हिंदी भाषी सेठाश्रयी संस्थाओं के अन्यतम स्तंभ रहते चले आ रहे थे। इस प्रकार के आंदोलनों में न तो उनकी कोई रुचि थी, न उनका समर्थन था।

समारोह की समाप्ति के दूसरे दिन राजेन्द्र ने नारायण साहब के यहाँ सूरज डूबे बाद की एक पान गोष्ठी रखवा दी। कमलेश्वर भी वहाँ थे और श्री भीष्म साहनी भी। राकेश कहीं और गए हुए थे। उस शाम कमलेश्वर पूरे मूड में थे। दुष्यंत कुमार के साथ की गई छेड़खानियों और मस्तियों का विस्तार से वर्णन करते हुए उन्होंने हम सबको हँसाते-हँसाते दुहरा कर दिया था। उस दिन इस तथ्य की पुष्टि हो गई थी कि लच्छेदार बातें करने में कमलेश्वर लासानी हैं। श्री भीष्म साहनी लगभग मौन बैठे, मंद-मंद मुसकराते हुए चुस्कियाँ लेते रहे। उस बैठक ने मेरे मन में कमलेश्वर के प्रति जम रही तुर्शी को काफ़ी हद तक छाँट दिया था। हँसने-हँसाने वाले लोगों के साथ हज़ार मतभेद रखते हुए भी मैं उनकी ज़िंदादिली के प्रति उदासीन नहीं रह पाता। कमलेश्वर बेहद ज़िंदादिल इनसान हैं, यह तो उनके बड़े-से-बड़े विरोधी भी स्वीकार करने पर बाध्य होते ही हैं।

अत्यंत महत्त्वपूर्ण सिद्ध हुआ कलकत्ता के लेखकों के लिए कथा-समारोह का बहिष्कार। कई अहम मुद्दों के संबंध में उनकी आँख पर पड़े जाले छँट गए।

पहली बार उन्हें अपनी वास्तविक स्थिति का पता चल पाया। अभी तक, प्रगतिशील लेखक संघ के प्रभाव के कारण, वे खुद को समस्त लेखक बिरादरी का अभिन्न अंग समझते चले आए थे। अब यह स्पष्ट हो गया कि वे हिंदी प्रदेशों के लेखकों की निगाह में, जिन्हें अंग्रेज़ी में कहते हैं Poor Relations (ग़रीब सगे-संबंधी), से अधिक कुछ नहीं है। अधिकांश स्थापित लेखक उन्हें हेय दृष्टि से देखते हैं। अधिक-से-अधिक उन पर तरस खाया जा सकता है, उनके प्रति दया दिखाई जा सकती है, बीच-बीच में उन्हें शाबासी भी दी जा सकती है, परंतु उन्हें अपने साथ एक जाजम पर हरगिज़ नहीं बैठाया जा सकता।

इसी मनोभाव के कारण श्री रमेश बख़्शी उन्हें 'चपरक़नाती' कहने की हिम्मत कर सके थे। यों उस वक़्त तक खुद भोपाल के श्री रमेश बख़्शी की गणना 'उदीयमान' तथा 'संभावनाशील' लेखकों में की जाती थी। 'ज्ञानोदय' के संपादक बनाकर कलकत्ता बुला लिये जाने के बाद उनकी हैसियत में रातों-रात इज़ाफ़ा हो गया था। वैसे, उनके पहले कलकत्ता का ही एक युवा लेखक, शरद देवड़ा उस 'ज्ञानोदय' का सफल संपादन कर रहा था। पर वह तो था 'घर का जोगी जोगना।' कलकत्ता के श्रेष्ठिवर्ग की निगाह में घर की मुर्ग़ी हमेशा से ही दाल बराबर रही है। इसीलिए आज भी उनके द्वारा संचालित 'प्रतिष्ठित' संस्थाओं में 'बाहर' के किसी को भी मोटी तनख़्वाह पर निदेशक बना दिया जाता है। अधिक से अतिरिक्त प्रतिभासंपन्न कलकत्ता के साहित्यकार का भाव अभी तक टके सेर ही है।

कलकत्ता के साहित्यकारों की यह पहली सामूहिक चेष्टा भले ही बाहर के लेखकों की उन्नासिक मानसिकता में कोई विशेष अंतर लाने में सफल न हुई हो, स्वयं उनके आत्म-विश्वास में अभूतपूर्व वृद्धि कर गई। अब वे भी अपने पर थोपी गई हीन भावना से बड़ी सीमा तक मुक्ति प्राप्त करने में सफल हो गए थे। आत्म-सम्मान बोध, रीढ़ की हड्डी सीधी रख पाने का प्रथम सोपान हुआ करता है। समष्टि का अविभाज्य अंग बन जाने पर हमारा आत्म-सम्मान स्वयमेव जाग्रत हो जाता है, यह पाठ कलकत्ता के लेखकों ने किसी पाठ्य पुस्तक से नहीं, अपने इस संघर्ष से ग्रहण किया।

वैसे साहित्य-रचना नितांत व्यक्तिगत प्रतिभा तथा प्रयास पर निर्भर करती है। उत्कृष्ट रचना का सृजन सामूहिक प्रचेष्टा द्वारा नहीं किया जाता। सैकड़ों लेखक मिलकर भी, न तो 'अभिज्ञान शाकुंतलम्' की रचना कर सकते हैं, न 'वार एंड पीस' की। न 'गीताञ्जलि' की, न 'कामायनी' की। इस प्रकार, प्रत्येक रचनाकार एक स्वतंत्र इकाई होता है जो विश्वामित्र की भाँति, अपने-अपने सामर्थ्यानुसार अपनी-अपनी स्वतंत्र सृष्टि रचता रहता है।

इसीलिए समाज और सत्ता पर अपना वर्चस्व बनाए रखनेवाली राजनीतिक,

आर्थिक तथा धार्मिक शक्तियाँ साहित्य स्रष्टाओं की क़लम की ताक़त का महत्त्व न केवल स्वयं भली-भाँति समझती हैं, उनकी भरपूर चेष्टा, अपने हितों और स्वार्थों को अक्षुण्ण बनाए रखने के लिए उस क़लम पर क़ाबिज़ हो जाने की रहा करती है। प्राचीन काल से ही राजनीतिक सत्ताधारी लोग प्रतिभाशाली विचारकों एवं साहित्यिकों के सम्मुख आर्थिक सुरक्षा का प्रलोभन देकर उनके संरक्षक की गरिमा से स्वयं को मंडित करने का दंभ पोषित करते चले आए हैं। आज जब उन राजा-सामंतों के सिंहासन पर पूँजीवादी थैलीशाह जा बैठे हैं, वे भी आर्थिक सुरक्षा एवं समृद्धि की चूहादौड़ में लगे समाज में फँसे साहित्यिकों को भी अपनी एकमात्र पूँजी, क़लम को दाँव पर लगाने, उसे भी बाज़ार में बिकने योग्य जिंस में परिवर्तित कर देने के लिए बाध्य करने की चेष्टा करते रहते हैं। ऐसे समय में कैफ़ी आज़मी का यह शेर बार-बार आगाह करता प्रतीत होता है—

कैसे बाज़ार का दस्तूर तुम्हें समझाऊँ,
जो बिक गया वह ख़रीदार नहीं हो सकता।

इसी के साथ हमें यह भी अच्छी तरह समझ में आ गया कि अपनी मान-प्रतिष्ठा की लड़ाई हमें खुद ही लडनी पड़ेगी। कलकत्ता से बाहर के लेखकों से सहायता तो दूर, समर्थन की भी आशा रखना व्यर्थ सिद्ध होगा। यह कथा-समारोह हमें ये दोनों परस्पर विरोधाभासी प्रतीत होती अभिज्ञताएँ एक साथ ही करा गया। भविष्य में हमें ये दोनों ही पाठ बहुत काम आए। उसके लिए हमें अधिक प्रतीक्षा भी नहीं करनी पड़ी।

कुछ ही समय बाद श्री रमेश बख़्शी के दुरभिसंधि के फलस्वरूप भारतीय ज्ञानपीठ ने मासिक 'सुप्रभात' के भूतपूर्व संपादक तथा ज्ञानपीठ की लखटकिया पुरस्कार योजना में काम कर रहे श्री पृथ्वीनाथ शास्त्री को बिना किसी पूर्व सूचना अथवा कारण बताए तार द्वारा, उनकी नौकरी से बर्ख़ास्त कर दिया। मजबूरन, शास्त्रीजी इस अन्याय के विरोध में ज्ञानपीठ कार्यालय के बाहर सड़क पर आमरण भूख हड़ताल करने जा बैठे। तीन दिन तक मदन बाबू, शरद देवड़ा तथा मैं किसी सम्मानपूर्ण समझौते की चेष्टा करते रहे। परंतु भारतीय ज्ञानपीठ के अधिकारी गणों की हठधर्मी ने हमारी समस्त चेष्टाएँ व्यर्थ कर दीं। तब कलकत्ता के सभी 'चपरक़नाती' लेखकों ने अगले दिन से शास्त्रीजी की सहानुभूति में भूख हड़ताल करने तीन-तीन, चार-चार के जत्थे भेजने की घोषणा कर दी।

सौभाग्यवश, उसी रात श्यामानन्द जालान तथा मदन बाबू की मध्यस्थता के कारण एक ऐसे समझौते की राह निकल आई जो शास्त्रीजी को अपने आत्म-सम्मान के भी अनुकूल प्रतीत हुई। फलस्वरूप कलकत्ता के लेखकों को सक्रिय संघर्ष नहीं करना पड़ा। फिर भी यह निर्विवाद रूप से कहा जा सकता

है कि थोड़े-से अंतराल में घट गईं इन दोनों घटनाओं ने उस युग के लेखकों में एक नई जान फूँक दी।

कथा-समारोह के इस समूचे प्रसंग में भारतीय ज्ञानपीठ तथा उसके वेतनभोगी कर्मचारी, श्री रमेश बख़्शी की भूमिका समझने में मुझे कोई कठिनाई नहीं हुई। भारतीय संस्कृति संसद के नए-नए बने लखपतियों का रूढ़ व्यवहार भी पूर्वकल्पित दायरे के अंदर ही रहा। समझ में नहीं आ रहा था तो 'नई कहानी' के इन तीनों तिलंगों द्वारा खेला गया नाटक। ये तीनों तो घोषित रूप से समाजवादी विचारों के पोषक थे। समाज की समस्त प्रतिगामी शक्तियों के घनघोर विरोधी थे। वे क्यों और कैसे अपनी लेखक बिरादरी की उपेक्षा कर सके ?

इन तीनों में भी ख़ासकर श्री कमलेश्वर की आयाराम-गयाराम वाली भूमिका तो किसी भी प्रकार गले नहीं उतार पा रहा था मैं। क्यों तो वे पहले, हम लोगों को अपना समर्थन प्रदान करने अपनी पहल पर, अनाहूत कलकत्ता आए, वहाँ हमसे लंबे-चौड़े वायदे कर गए, झूठे आश्वासन दे गए ? और फिर क्यों, किन दबावों के चलते वे अपने उन समस्त आश्वासनों और तमाम वायदों को भुलाने पर मजबूर हो गए ? या, कर दिए गए ? मैंने इन प्रश्नों के उत्तर उन तीनों से एक साथ और अलग-अलग जानने की भरसक चेष्टा की, परंतु उत्तर की आज तक प्रतीक्षा कर रहा हूँ।

तथापि समारोह की समाप्ति के कुछ ही महीनों के अंदर जब कमलेश्वरजी को साहू शान्ति प्रसाद जैन की बेनेट कोलमेन कंपनी द्वारा संचालित होनेवाली प्रतिष्ठित कहानी पत्रिका 'सारिका' के संपादक के सिंहासन पर अभिषिक्त कर दिया गया, तो धुंध काफ़ी कुछ छँटती प्रतीत हुई। इस नियुक्ति के पश्चात् अनुमान लगा पाना सहज हो गया था कि क्यों और किस 'महत' उद्देश्य की प्राप्ति के लिए यह खेल खेला गया था।

हाल ही में मुझे कमलेश्वर की अत्यंत रोचक आत्मकथा के दोनों प्रकाशित खंड पढ़ने का सौभाग्य प्राप्त हुआ। उसके पहले खंड में कमलेश्वर ने उस घटना का विस्तार से वर्णन किया है जब बेनेट कोलमेन के एक उच्च पदाधिकारी एक शानदार कार में उन्हें अपने संस्थान में एक सम्मानजनक नौकरी का प्रस्ताव लेकर आए। कमलेश्वर ने उस प्रस्ताव को अस्वीकार कर अपनी सिद्धांतनिष्ठता तथा स्वाधीनचेता होने का परिचय दिया था। यह पढ़कर मेरा हृदय उनके प्रति सम्मान एवं गर्व से कई इंच चौड़ा हो गया था।

उसे पढ़कर मुझमें एक आशा जागी थी कि कदाचित् अगले खंड में वे उन कारणों तथा परिस्थितियों का भी उतने ही विस्तार से वर्णन कर देंगे जिनसे मजबूर होकर उन्हें बाद में उसी संस्थान में सेवारत होना पड़ा। इस संबंध में मुझे निराशा ही हाथ लगी। बड़ी सफ़ाई और सहज चतुराई से वे उस प्रसंग के

आसपास होकर न खुद गुज़रे, न मुझ जैसे पाठकों को गुज़रने दिया, और इस प्रकार कथा-समारोह में उनकी भूमिका आज तक रहस्य के आवरण द्वारा ढँकी-की-ढँकी ही रह गई।*

मुझे लगता है कि इस संपूर्ण प्रक्रिया का एकमात्र उद्देश्य कमलेश्वर को

---

*प्रिय ठाकुरजी,

आपका पाँचवाँ पोथा मिला और चूँकि मैं काफी उत्सुक था यह जानने के लिए कि आपने इसमें क्या कमाल किया है, मैंने उसे एक ही बार में पढ़ डाला। भाषा-प्रवाह और आपकी शैली के बारे में अब कहने की ज़रूरत नहीं है। हाँ, खूसट उम्र में भी आपकी याददाश्त काफ़ी कुछ ठीक-ठाक बनी हुई है; यानी गर्दन के ऊपर के अंग काम कर रहे हैं। हाँ, अगर वाक्यों में से 'था', 'थे', 'थी' निकाल दिए जाएँ तो आकार आधा रह जाएगा। लगता है ये अक्षर आपको कहीं थोक में मिल गए हैं। कहीं-कहीं ग़ैर-ज़रूरी तौर पर संस्कृत के अप्रचलित शब्दों का मोह और छायावादी मुहावरा भी आपकी जान नहीं छोड़ता

बहरहाल, इस खंड में तीन प्रसंग हैं—कथा-समोराह, आपकी नारायण साहब के साथ यात्रा और बीमारी तथा बाद में छविनाथ मिश्र। कथा-समारोह आवश्यकता से अधिक हो गया है। सबसे रोचक और जानदार मुझे नारायण साहब के साथ आपकी यात्रा और बीमारी प्रसंग लगा।

थोड़ी-सी बात कथा-समारोह के बारे में। इस बहाने लोढ़ाजी, कमलेश्वर इत्यादि के चित्र को आपने जिस तरह जक्स्टापोज़ किया है वह कमाल का है। हाँ, कुछ बातों को मैं अपनी जानकारी के हिसाब से सुधारने की सलाह दूँगा। यह सही है कि कमलेश्वर को हम लोगों ने योजनाबद्ध ढंग से *सारिका* के लिए प्रोजेक्ट किया था और *सारिका* की संपादकी उसे बहुत आसानी और उस शाही तरीक़े से बिल्कुल नहीं मिली थी जैसा उसने लिखा है। वह बिलकुल कपोल कल्पित है। सन् '64 में जब राकेश ने *सारिका* छोड़ी तो उसे रमा जैन ने मिलने के लिए कलकत्ता बुलाया था। भारतीजी, महावीर अधिकारी इत्यादि ने पहले तो संघर्ष में साथ खड़े होने का आश्वासन दिया पर बाद में वे पीछे हट गए और राकेश के सामने त्यागपत्र के अलावा कोई विकल्प नहीं रहा। दूसरी पत्नी का झंझट भी जान को था और वह बंबई जाकर घर और ऑफिस में सीन क्रिएट करती थी। डर यह भी था कि कहीं वह मालिकों से ऐसी कोई व्यवस्था न करा ले कि राकेश के वेतन का कुछ हिस्सा सीधे ही उसे मिलने लगे। भागकर राकेश कुछ दिन अपने मित्र चमन रेवड़ी के साथ जमेशदपुर रहा (जिसकी पत्नी रेखा रेवड़ी को आधार बनाकर उसने 'अँधेरे बंद कमरे' में काफी विस्तार से लिखा है) और उसके बाद मेरे पास कलकत्ते आ गया। दो या तीन बार शायद वह लक्ष्मीचंदजी और रमाजी से मिलने भी गया। जिस दिन उसे जाना था उस दिन उसने मुझे और मन्नू को बताया कि 'सारिका की संपादकी तेरे ऊपर आ रही है।' उस दिन शाम को किरणजी के यहाँ गोष्ठी थी। पता नहीं उसमें आप थे या नहीं? लक्ष्मीचंद जैन आए थे। हम लोग राकेश को छोड़ने हावड़ा गए और तय हुआ कि लक्ष्मीचंदजी किरणजी के यहाँ ही रुकेंगे। हम लोग वापस वहाँ आ जाएँ। उन्हें कुछ ज़रूरी बातें करनी हैं। मैंने मन्नू को बताया भी था कि बातें *सारिका* संबंधी हैं। हम लोग लौटे तो लक्ष्मीचंदजी वहीं थे। वहीं बातें हुईं। उन दिनों मेरे ऊपर आगरा आने का भूत सवार था इसलिए मैंने शर्त रख दी कि अगर *सारिका* दिल्ली आ जाए तो मुझे कोई आपत्ति नहीं है। बंबई जाकर रहना मेरे लिए असंभव था। सच्ची बात यह भी थी कि भारती और महावीर अधिकारी का जो नक़्शा राकेश ने दिया उससे मैं डर गया था। पता

→

'सारिका' के संपादक-पद पर आसीन कराना ही था। उस समय मोहन राकेश, राजेन्द्र यादव तथा कमलेश्वर, तीनों ही 'मेरा हमदम, मेरा दोस्त' वाले दौर से गुज़र रहे थे। उनके तथा श्री भैरवप्रसाद गुप्त के नेतृत्व में चल रहे 'नई कहानी' के आंदोलन को और भी अधिक शक्ति प्रदान करने के लिए इन तीनों में से किसी एक का 'सारिका' का संपादक होना आवश्यक समझा गया होगा। परंतु मोहन राकेश कुछ समय पहले ही 'सारिका' के संपादन से त्यागपत्र दे आए थे, और राजेन्द्र अपनी ही प्रकाशन संस्था, अक्षर प्रकाशन प्रा. लिमिटेड की स्थापना कर चुका था। अतएव बचे रहे गए थे केवल कमलेश्वर। उनको वहाँ बैठाने के लिए यह सब करने के अलावा और कोई चारा नहीं रह गया होगा।

काश, कमलेश्वर, राकेश अथवा राजेन्द्र यादव ने अपने इस उद्देश्य को कलकत्ता के लेखकों के सम्मुख स्पष्ट शब्दों में रख देने की सदाशयता दिखाई होती तो बहुत संभव है उस तमाम हंगामे और उससे उत्पन्न हुई बदमज़गी की

नहीं ये लोग मुझे कहाँ-किस विकट स्थिति में डाल दें। वैसे भी बंबई जाने का सवाल ही नहीं था। शायद आपको याद भी हो कि उससे पहले **कादम्बिनी** की बात हुई थी। बालकृष्ण राव संपादक थे और पत्रिका इलाहाबाद से निकलती थी। श्री शारदा ने मुझसे संपर्क किया था—छोटे बाबू साहब (बसन्त कुमार भण्डारी) के माध्यम से। श्री के. के. बिड़ला से घंटे भर की मुलाकात हुई। मेरी वही ज़िद्द थी कि **कादम्बिनी** दिल्ली आ जाए तो मुझे कोई आपत्ति नहीं है, मगर वह उसे इलाहाबाद से निकालने के लिए ही बज़िद थे।

आख़िर मेरे इनकार करने पर चन्द्रगुप्त विद्यालंकार '67 तक *सारिका* के संपादक रहे। इस बीच कमलेश्वर **नई कहानियाँ** के संपादक और दूरदर्शन में हैकवर्क करता रहा। **नई कहानियाँ** में भी वह चला नहीं। ओमप्रकाश शुरू से ही उसके ख़िलाफ़ था। उसने **इंगित** नाम से साप्ताहिक पत्र भी निकाला। राकेश द्वारा काफ़ी जोड़-तोड़ के बाद उसे *सारिका* की संपादकी मिली। मुझे याद है कि वेतन को लेकर हम लोग चाहते थे कि कमलेश्वर एक विशेष राशि की माँग करे मगर वह उतनी पर ही राज़ी हो गया जितना उन्होंने ऑफर किया। तब तक हम लोग दिल्ली आ चुके थे। चाहें तो उस हिस्से को आप ऊपर के प्रसंग के संदर्भ में ठीक कर सकते हैं। कथा-समारोह में अचानक कमलेश्वर को केंद्र में लाने के पीछे उसे *सारिका* की नौकरी दिलाना था। चूँकि स्थिति उन दिनों उसकी बहुत ख़राब चल रही थी इसलिए मुझे अभी तक याद है कि मैंने बासु से उसका परिचय कराया था और आग्रह किया था कि वे स्क्रिप्ट कमलेश्वर से लिखवाएँ ताकि उसे भी कुछ राशि मिल सके। बासु उन दिनों 'सारा आकाश' पर काम कर रहे थे और मेरा भी पहली बार परिचय हुआ था। उसी मीटिंग में ललित सहगल, सत्येन्द्र शरत और शायद अरुण कौल भी थे। मगर बासु ने कमलेश्वर की लिखी स्क्रिप्ट लाकर मुझे दी और बताया कि वह उससे बिलकुल भी संतुष्ट नहीं है और कमलेश्वर को स्क्रिप्ट लिखने का कोई आइडिया नहीं है। कमलेश्वर की लिखी स्क्रिप्ट अभी भी कहीं मेरे पास है। यह सारी घटना मैंने कमलेश्वर के लेख के जवाब में 'संडे मेल' में दी है।

→

नौबत ही न आती। कलकत्ता के लेखक वर्ग की आरंभ से ही अपनी एक गौरवशाली प्रगतिशील परंपरा रही है। डॉ. नामवर सिंह, मोहन राकेश, कमलेश्वर एवं राजेन्द्र यादव आज भी उनके स्नेह, सम्मान तथा आदर के पात्र हैं। तथापि, 'कथा-समारोह' ने उन्हें रहीम का वह दोहा तो याद दिला ही दिया था—

रहिमन बिपदा हू भली, जो थोरे दिन होय,
हित, अनहित या जगत में, जान परत सब कोय।

कथा-समारोह तथा श्री पृथ्वीनाथ शास्त्री की भूख-हड़ताल ने श्री रमेश बख़्शी की साख काफ़ी गिरा दी थी। कारणों का पता नहीं, परंतु कुछ ही समय पश्चात् भारतीय ज्ञानपीठ तथा मासिक 'ज्ञानोदय' के कार्यालय भी दिल्ली ले जाए गए। बख़्शीजी भी कलकत्ता में अधिक टिक न सके। उन्होंने भी दिल्ली की ही राह पकड़ी। कलकत्ता का हिंदीभाषी साहित्यिक माहौल कुछ समय के लिए शांत ही नहीं, ठंडा पड़ गया।

इसके बाद भी, बावूजद मेरे आक्रोश तथा तीखे वाक्य-प्रहारों के, राजेन्द्र के साथ मेरे संबंधों पर जो आँच नहीं आई, उसका समूचा श्रेय राजेन्द्र और उसके स्वभाव को दिया जाना चाहिए। कमला को और मुझे उससे सदैव ही आदर और मैत्रीपूर्ण अपनत्व ही मिला है, आज तक मिलता चला आ रहा है। अन्यथा हमारे संबंधों में बड़ी गहरी दरार तो उसी समय आ जानी चाहिए थी जब 'अक्षर प्रकशन' की स्थापना के थोड़े समय पश्चात् ही दिल्ली में श्री जवाहर चौधरी

इस भाग में दूसरी चीज़ जो मुझे खटकती है वह चंदर का न होना है और यह बात मैंने तब भी आपसे कही थी। आपको याद होगा चंदर उन दिनों या उससे कुछ पहले 'विमल कश्यप कांड' कर चुका था और उषा मैसन को लेकर वहाँ उसने छोटा-मोटा हंगामा भी कर दिया था। आप और नारायण साहब दोनों उन दिनों कार्तिकेय (मेरा मतलब कातिकी श्वान से नहीं है) हो उठे थे और सुशीलाजी ने आप लोगों को बहुत हड़काया था। ऐसे कुछ प्रसंग अगर उसमें और दे देते तो शायद बीच में कुछ कॉमिक रिलीफ भी मिलता क्योंकि इसके लिए चंदर के अलावा बाँसुरीवादक भोजाजी, कृष्णाचार्य, बड़े नागर सभी तो आसपास ही थे।

आपका

(राजेन्द्र यादव)

श्री मनमोहन ठाकौर
एफ-15, चैत्रबन रेज़िडेंसी
आई टी. आई. रोड, औंध
पुणे-411007

सी/जोब/पत्र/69, 70

तथा उसने मेरे सुझाव पर 'अक्षर' द्वारा वितरित की जानेवाली पुस्तकों को कलकत्ता में ग्राहकों को उनकी क्षमता के अनुरूप सुलभ मासिक किस्तों पर देने के प्रयोग को स्वीकृति दे दी थी।

उस ज़माने में मुझ पर अमेरिकी 'स्टैंडर्ड लिटरेचर पब्लिशिंग कंपनी' के द्वारा प्रकाशित की जाने वाली अत्यंत आकर्षक, नयनाभिराम छपाई-सफ़ाई उपादेय पुस्तकों के महँगे सैटों को दस, पंद्रह और अधिक-से-अधिक बीस रुपए माहवार की किस्तों पर ख़रीदने का भूत सवार था। बीस रुपए प्रतिमास से अधिक दे पाने की क्षमता मेरी थी नहीं। पर पुस्तकों के मामले में मेरा मिज़ाज लड़कपन से ही आशिक़ाना रहा है जिसकी बदौलत मोतियाबिंद के ऑपरेशन कराने से पहले मैंने अपने चश्मों के नंबरों को द्रुतगति से माइनस बारह और माइनस चौदह तक बढ़ा लेने का कीर्तिमान स्थापित कर दिखाया था।

मुझे जब भी कोई व्यक्ति या विचार पसंद आ जाता है, तो मैं उसके संबंध में कुछ अधिक ही उत्साहित हो उठता हूँ। उत्साह के उसी अतिरेक में मैं राजेन्द्र तथा जवाहर भाई से भी कुछ उसी प्रकार की योजना अपनाने का आग्रह कर बैठा। उस समय न मुझे भी ध्यान रहा, न राजेन्द्र को कि हमारे पास आज के व्यापारिक मुहावरे में जिसे 'इन्फ्रास्ट्रक्चर' कहा जाता है उसका कहीं न अता था न पता। पुस्तकों के ख़रीदार के साथ किए जानेवाला क़रारनामा, प्रतिमास उससे किस्तें वसूल कर लानेवाले कर्मचारी आदि-आदि समस्त आवश्यकताओं के अभाव में इस योजना को आरंभ करना मूर्खता ही थी। अनुभव का अभाव लोगों से अक्सर ही ऐसी मूर्खताएँ करवा बैठता है। हम भी कर बैठे।

एक और महत्त्वपूर्ण मुद्दा उस समय अनछुआ ही रह गया था। गुजराती होने के बावजूद, गुजरात से तीन-साढ़े तीन सौ व़र्ष से बाहर रहने के कारण मुझे व्यापार के क, ख, ग से क़तई कोई परिचय नहीं रह गया है। मैं ही क्या, मेरे बाप-दादों को भी व्यापार के सारे गुर कब से बिसर गए थे, याद नहीं। ऐसी स्थिति में मुझे उसी समय साफ़ कर देना चाहिए था कि यह काम मैं खुद नहीं कर पाऊँगा, किसी और को इसका भार सौंपूँगा।

अतएव कलकत्ता पहुँचते ही मैंने राजेन्द्र के पुराने एकलव्य, ब्रजमोहन तोतला को खोज निकाला। राजेन्द्रजी के 'काज' के लिए तो वह सदा आतुर रहता ही था। ऊपर से, अगर यह काम ठीक से चल निकला तो उस मारवाड़ी-तनय की जेब में हर महीने कुछ और सिक्के गिरने लग जाएँगे। नाम की आशा हमेशा शुभ ही होती है। ब्रजमोहन स्वयं साहित्यकार था और इस नाते कलकत्ता के हर साहित्यिक का यार था ही। "ठाकुर साब, आप निश्चिंत रहिए। अब से यह काम मेरा।" उसके इस आश्वासन के बाद मैं वाक़ई निश्चिंत हो गया।

और यहीं मैं चूक गया था। मुझे तुरंत ही ब्रजमोहन के साथ हुए अपने

वार्तालाप का ब्योरा 'अक्षर प्रकाशन' को लिख भेजना चाहिए था ताकि उसके बाद वे ब्रजमोहन के साथ सीधा संपर्क स्थापित कर लेते। पर इनसान को सुर्ख़रू होने के लिए पहले ठोकरें खाना बेहद ज़रूरी होता है। मैंने वे तमाम ठोकरें तो खा लीं, सुर्ख़रू होना आज तक बाक़ी ही रह गया। नतीजा यह हुआ कि 'अक्षर प्रकाशन' के दो-तीन पार्सल मेरे नाम से आते रहे। ब्रजमोहन बिल्टियों पर मेरे दस्तख़त करा लेता और बिल्टियाँ छुड़ाकर उन्हें अलग-अलग किस्तों पर अलग-अलग लोगों को पुस्तकें देता रहता। उसने कितना पैसा लोगों से वसूल किया, कितना दिल्ली भिजवाया, मैंने कभी जानने की कोशिश भी नहीं की। मेरे लिए तो खाता, न बही, ब्रजमोहन कहे वही सही, था।

तभी एक दिन राजेन्द्र का शिकायत भरा पत्र मिला कि उसे विश्वस्त सूत्रों से जानकारी मिली थी कि 'अक्षर प्रकाशन' की पुस्तकें कलकत्ता के बड़ाबाज़ार क्षेत्र के फुटपाथों पर रद्दी के मोल बेची जा रही हैं। मैं तो अवाक् रह गया था। ब्रजमोहन से पूछा तो उसने इस समाचार को बिलकुल ग़लत बताया। मैंने राजेन्द्र को यही बात लिख भेजी। पर राजेन्द्र ने फिर अपनी शिकायत ही नहीं दुहराई, जवाहर भाई के गुस्से की चर्चा भी कर दी। इसी बीच मन्नूजी भी कलकत्ता आईं। उन्होंने भी पूरे विश्वास के साथ राजेन्द्र की शिकायत को सही बताया। मेरी स्थिति बड़ी अजीब—खाया-पिया कुछ नहीं, गिलास तोड़ा, साढ़े छः आने वाली—हो गई थी।

बड़ी कोशिशें की थीं मैंने अपनी सफ़ाई देने की—कलकत्ता में मन्नूजी को और दिल्ली में राजेन्द्र को, कि मैंने तो दिल्ली से लौटते ही ब्रजमोहन तोतला को यह पूरी योजना सौंप दी थी। वही इसका कर्ता-धर्ता था। उसने पूरी तफ़तीश करने के बाद मुझे आश्वास्त किया था कि पुस्तकों के फुटपाथ पर बिक्री किए जाने की अफ़वाह क़तई ग़लत है।

परंतु मेरी इन कोशिशों को नाकाम तो साबित होना ही था क्योंकि ग़लती सौ फ़ीसदी मेरी थी। मुझे ब्रजमोहन के साथ बात करने के तुरंत बाद राजेन्द्र को सूचना भिजवा देनी चाहिए थी। मेरी वह चूक व्यावसायिक दृष्टि से अपराध की श्रेणी में आती थी। मन्नूजी और राजेन्द्र का यह तर्क नितांत न्यायसंगत था कि (सूचना के अभाव में) उन्होंने तो मुझ पर विश्वास कर मेरे द्वारा सुझाई गई योजना को स्वीकार किया था। ब्रजमोहन उनके लिए इस योजना में कहीं नहीं था।

बेहन झेंपते हुए मुझे अपनी ग़लती स्वीकार करनी पड़ी। संयोग भी कुछ ऐसा बन गया कि उसी समय ब्रजमोहन को कलकत्ता छोड़कर राजस्थान चले जाना पड़ा था। सारे उलाहने सुनने के लिए मैं ही रह गया था। राजेन्द्र और मन्नूजी की उदारता थी कि उन्होंने इस चक्कर में हुई आर्थिक हानि का बोझ

मुझ पर नहीं लादा। वरना इस मुर्गी के लिए तो उस युग में वह तकुआ भी जानलेवा सिद्ध हो सकता था।

बाक़ी रहे जवाहर भाई। उनसे तो अपने अपराधबोध के कारण आज तक आँख मिलाने की हिम्मत नहीं जुटा पाया हूँ। कई बार दिल्ली गया। राजेन्द्र के साथ कई बार, कई-कई दिनों तक रुका भी हूँ। पर मेरे मन का चोर जवाहर भाई से भेंट करने में हमेशा आड़े आता रहा है। वैसे कुछ ही अरसे बाद वे खुद भी मतभेदों के कारण 'अक्षर प्रकाशन' से अलग हो गए।

मतभेद केवल श्री जवाहर चौधरी के साथ ही नहीं हुए थे। 'नई कहानी' के तीनों शहसवारों के बीच भी दरार आने लगी थी। उनका 'मेरा हमदम, मेरा दोस्त' का नारा अब मंद पड़ चला था। कमलेश्वर तो संपादक बने बाद बंबई जा बसे थे। दिल्ली में रह गए थे राजेन्द्र और राकेश। राकेश के लेखन का केंद्रबिंदु कहानी से खिसककर नाटक पर आ गया था। उसके 'आषाढ़ का एक दिन' ने हिंदी नाट्य जगत् में यथेष्ट आलोड़न की सृष्टि कर दी थी। आलोड़न की सृष्टि उसके पारिवारिक जीवन में भी कम नहीं हुई थी। दूसरी पत्नी से बाक़ायदा तलाक़ लेने से पहले ही तीसरी महिला ने उसके जीवन में प्रवेश कर लिया था। परिस्थितियाँ कुछ ऐसी बन गई थीं कि राजेन्द्र से भी उसकी बोलचाल बंद हो गई। कमलेश्वरजी ने अपनी आत्मकथा में इसकी चर्चा ही दी है। उसे मैं नहीं दुहरा रहा। वैसे भी मेरी रुचि मित्रों की मित्रता में रहती है, उनके मनोमालिन्य में नहीं।

राजेन्द्र से हुई अनबन की सूचना मुझे पहले-पहल राकेश ने ही दी थी। उसके नाटक 'लहरों के राजहंस' को श्यामानन्द जालान ने अपनी संस्था 'अनामिका' के तत्त्वावधान में मंचित करने का निश्चय किया था। किंतु नाटक के अंतिम अंक के संबंध में श्यामानन्द पूरी तरह से आश्वस्त नहीं हो पा रहा था। अतएव उसने परस्पर विचार-विमर्श कर अंतिम रूप देने के उद्देश्य से राकेश को कलकत्ता आमंत्रित कर लिया।

राकेश के कलकत्ता आने की सूचना मिलते ही मैं उससे मिलने सुबह-सबेरे ही दौड़ा चला गया श्री विश्वम्भर सुरेका के निवास-स्थान पर जहाँ राकेश को ठहराया गया था। पहुँचकर देखा कि राकेश की आँखें सुर्ख़ हो रही थीं, चेहरे पर सारी रात नींद न आने के सारे लक्षण साफ़ नज़र आ रहे थे। बात मेरी समझ में नहीं आई, क्योंकि राकेश के लिए सुरेकाजी के यहाँ रहने की व्यवस्था की ही इसलिए गई थी। कमरा यदि एयरकंडीशंड न हो, तो राकेश को रात भर नींद नहीं आती थी।

कारण पूछने पर राकेश ने पलंग पर बिछे मोटे, गुदगुदे, राजसी गद्दे की ओर इशारा करते हुए कहा था, "ठाकुर साब, इतने आरामदेह गद्दे पर मुझे सोने की आदत नहीं है। लिहाज़ा मेरी सारी रात पलंग और फ़र्श के बीच चढ़ते-उतरते बीती है।" उस क्षण मैं आश्वस्त हो गया कि राकेश को नकचढ़ा, आरामतलब समझना उसके साथ घनघोर अन्याय करना होगा। वह तो हमारी-आपकी तरह ही निहायत धरती का आदमी है।

इसके बाद जब मैंने उससे, हस्बमामूल, राजेन्द्र के समाचार जानने चाहे, तो उसके टालू उत्तर ने मेरा माथा ठनका दिया था। दुबारा पूछने पर राकेश का स्पष्ट और छोटा-सा उत्तर था, "ठाकुर साब, आप साफ़ समझ लीजिए, अब हम दोस्त नहीं हैं।" यह कहते हुए भी उसके होंठों की मुसकान बरक़रार थी, लेकिन आवाज़ में कुछ ऐसी निश्चयात्मकता झलक रही थी कि उसमें मज़ाक़ की क़तई कोई गुंजाइश नहीं थी। इस अप्रत्याशित, अकल्पनीय सत्य के सम्मुख होने पर मैं कुछ क्षणों के लिए धक् रह गया और उन क्षणों में सैकड़ों क्यों, कब, कैसे, एक साथ दिमाग़ में दौड़ उठे। परंतु मैं यह भी बहुत अच्छी तरह जानता था कि जब तक ये तीनों हमदम खुद न बताना चाहें, इनके दिल की बात निकलवा पाना लगभग असंभव ही होता है। कितनी सही थी मेरी यह धारणा, इसका प्रमाण यही है कि जब तक राकेश जीवित रहा, न उसने फिर इस प्रसंग की कभी कोई चर्चा की, न राजेन्द्र ने ही आज तक एक शब्द कहा। यहाँ तक कि मन्नूजी ने भी मुझे बताया था कि उन्हें भी इस प्रकरण की 'अंदरूनी' बात का कोई ज्ञान नहीं था।

कमलेश्वर ने अपनी आत्मकथा में अवश्य इसका ज़िक्र किया है। उनके अनुसार किसी कहानी संग्रह में नामों की फेहरिस्त में पहला नाम राजेन्द्र का हो अथवा राकेश का, अहम् की इस टकराहट ने ही इन दो दोस्तों को 'शत्रु' में परिवर्तित कर दिया था। मैं ग़लत हो सकता हूँ, परंतु कमलेश्वर के इस रहस्योद्घाटन में मुझे विशेष दम नहीं लग रहा। यह बिलकुल सच है कि अहम् राकेश का भी अपेक्षाकृत हृष्ट-पुष्ट था और राजेन्द्र की अधिकांश परेशानियों की जड़ में भी उसका अहम् ही हुआ करता है।

तथापि, ये दोनों ही अपने-अपने अहम् को पालते-पोसते वर्षों तक साथ-साथ रहते चले आए थे। अचानक इतनी छोटी-सी बात पर मतभेद अपनी सीमा-रेखा पार कर जाएँगे, यह बात समझ में नहीं आ रही। गुब्बारों को फोड़ने के लिए एक छोटी-सी आलपिन भी काफ़ी होती है। परंतु ट्रक के टायरों को 'बर्स्ट' करने में छोटी-मोटी कीलें क़तई नाकाफ़ी हैं। वे बेचारी तो खुद टायरों की ऊपरी सतह से चिपकी चक्कर काटती रहती हैं।

यों भी मुझे मित्रों की परस्पर मित्रता में दिलचस्पी रहती है, उनके झगड़ों

में नहीं। इस सिलसिले में याद आ रहे हैं मेरे घनिष्ठ मित्र-दंपति। अनेक वर्षों तक बिना विवाह किए, साथ-साथ जीवन बिताने के बाद, कुछ तो सामाजिक दबावों के कारण और बहुत-कुछ आर्थिक परिस्थितियों से मजबूर कर दिए जाने की वजह से उन्होंने मन मारकर विवाह के 'घिसे-पिटे बंधन' में स्वयं को भी आबद्ध कर लेने में ही कुशल समझी थी।

एक वर्ष तक चल पाई थी उनकी मधुयामिनी। दूसरा वर्ष आरंभ हुआ ही था कि उनकी सहज दांपत्य तनातनी क्रमशः उग्र से उग्रतर होने लगी। दोनों के स्वर दरवाज़े के पार पहुँचकर पड़ोसियों के मनोरंजन का साधन बनने लगे। कृपा थी उनकी मुझ पर। अतः जब भी झगड़ा एक रात पार कर जाता, मुझे सुबह-सुबह ही दोनों पक्षों के समाधान योग्य हल खोज निकालने के लिए फ़ोन आ जाता।

तीन-तीन बार तो मैंने उनके संयुक्त अनुरोध की रक्षा कर अपने मित्र-धर्म का निर्वाह किया, परंतु जब चौथी बार मित्र-पत्नी ने प्रातःकाल आठ बजे ही मुझे फ़ौरन अपने घर पहुँचने का आँसू-सना अनुरोध किया, तो मेरा ज़ब्त जवाब दे बैठा। उनके वहाँ पहुँचते ही, मैंने मित्र-पत्नी से शिकायत ठोक दी, "आपने तीन बार मुझे यह बताने के लिए तो बुलवा लिया कि आपके श्रीमानजी ने आपसे किस प्रकार झगड़ा किया, कभी एक बार यह बताने को भी बुला लिया होता कि उन्होंने किस नई स्टाइल में आपसे अपना प्रेम जताया था।"

उस बार राकेश कलकत्ता में क़रीब तीन हफ़्ते रुका। तीन बार बदला गया था 'लहरों के राजहंस' का वह अंतिम अंक। कभी राकेश का जी नहीं भरता था, तो कभी श्यामानन्द जालान का। लेकिन जब हिंदी हाईस्कूल के प्रेक्षागृह में उसका मंचन हुआ था तो बड़ी धूम मच गई पूरे कलकत्ता में। राकेश की क़लम ने बौद्ध युग को सजीव कर दिखाया था। उसके संस्कृत ज्ञान ने नाटक की भाषा को जो जीवंतता प्रदान कर दी थी, वह आज तक भुला नहीं पाया हूँ।

राकेश के सम्मान में स्वदेश भारती ने अपने घर पर एक साहित्यिक गोष्ठी का आयोजन किया। गोष्ठी की समाप्ति के बाद राकेश ने अनौपचारिक रूप से लोगों से साहब-सलामत शुरू की। इसी सिलसिले में जब उसने पूछा, "कहिए आलोकजी, कैसे हैं ?" तो आलोक शर्मा का नितांत अप्रत्याशित उत्तर था, "कमाल है, आप मुझे पहचानते हैं ?" कुछ क्षणों के लिए राकेश हक्का-बक्का रह गया। परंतु फिर सप्रयास अपनी पेटेंट मुसकान अधरों पर छितराते हुए बोला था, "क्या बात करते हैं आप भी ? आपको नहीं पहचानूँगा आलोकजी ?" बड़ा सटीक, चुभता उत्तर जड़ा था आलोक ने, "पहचानते होते तो क्या मेरी पुस्तक की प्राप्ति तक स्वीकार न करते ?" इस बार राकेश को निरुत्तर रह जाना पड़ा था।

हुआ यह था कि कुछ ही दिन पहले आलोक ने एक अद्भुत और एकदम अभिनव प्रयोग करते हुए एक नाटक लिखकर स्वयं ही प्रकाशित भी करवाया था। नाटक को नाम दिया था—चेहरों का जंगल। इस नाटक की विशेषता यह थी कि इसमें आलोक ने किसी संवाद की गुंजाइश नहीं रखी थी। छाँट-छाँटकर उन परिस्थितियों को शामिल किया था जहाँ आपको अपने सारे कार्यकलाप मूक बने रहकर ही करने होते हैं। मसलन, बड़े अफ़सर की उपस्थिति में बड़े बाबू को मेज़ के नीचे से घूस की रक़म खिसकाते समय, चित्रकला प्रदर्शनी को अकेले ही देखते समय, प्रेमिका के साथ भीड़ भरी बस में अलग-अलग सीटों पर बैठने के लिए बाध्य होते समय, रात में शयनकक्ष में मुँह फुलाए बैठे पति-पत्नी आदि-आदि।

अपने इस इकलौते, प्रथम प्रकाशित नाटक की एक प्रति आलोक ने अत्यंत उत्साहपूर्वक राकेश के पास भी भिजवाई थी, उसकी सम्मति से लाभान्वित होने के उद्देश्य से। किंतु सम्मति जताना तो दूर, राकेश ने उसकी प्राप्ति-स्वीकार तक लिख भेजने का सौजन्य प्रदर्शित नहीं किया। आलोक की शिकायत बिलकुल वाजिब थी। अतएव गोष्ठी से वापस लौटते समय राकेश ने ग़लती सुधारने की चेष्टा में उसे तथा मुझे ज़िद कर अपने साथ टैक्सी में बैठा लिया।

घर पहुँचकर राकेश ने खुले दिल से स्वीकार किया कि उसने अभी तक वह नाटक पढ़ा ही नहीं था तो उस पर अपनी राय कैसे दे देता। हाँ, नाटक मिलने पर उसकी सूचना न देना, वास्तव में उसकी ग़लती थी जिसके लिए वह माफ़ी माँग रहा था। आलोक तो यह सुनते ही फूलकर और भी कुप्पा हो गया। 'चेहरों का जंगल' न पढ़ पाने का भी उसने एक अत्यंत तर्कसंगत कारण यह बताया था कि पिछले कई महीनों से उसे 'लहरों का राजहंस' के अतिरिक्त और कुछ सूझा ही नहीं। आलोक अब तक सौ फ़ीसदी संतुष्ट हो चुका था।

लिहाज़ा जब राकेश ने उससे 'चेहरों का जंगल' की तफ़सील जाननी चाही, तो आलोक ने एक-डेढ़ घंटे में क़रीब-क़रीब पूरा नाटक ही राकेश को सुना डाला। यह तो कलकत्ता में हम सभी जानते थे कि आलोक की स्मरण-शक्ति कमाल की है। पाँच-पाँच, छः-छः छपे पृष्ठों वाली अपनी लंबी-लंबी कविताएँ, बिना एक बार भी अटके, वह धड़ल्ले से कॉफ़ी हाउस में आए दिन सुनाता रहता था। उस दिन गद्य के सौ-सवा सौ पृष्ठों को मुखस्थ करने की उसकी क्षमता देखकर मैं तो सचमुच ठगा-का-ठगा रह गया। साथ ही, उसकी अभिनय क्षमता ने भी मुझे कम चमत्कृत नहीं किया था।

ठीक ऐसा ही आलम था मोहन राकेश का भी जो समूचे दिल-दिमाग़ को आलोक के स्वर पर केंद्रित कर, लगभग ध्यानस्थ हो, एक-एक शब्द सुनता रहा। उसी दिन मेरी यह धारणा और भी दृढ़ हो गई थी कि यदि आलोक सिर्फ़ अपनी

आवाज़ से मार न खा गया होता, या अगर उसके आकार-प्रकार के अनुपात में उसे आवाज़ भी मर्दानी मिल गई होती तो आलोक ने अच्छे-अच्छे स्टारों और सुपरस्टारों की छुट्टी कर दी होती।

राकेश नाटक लिखता था, प्रस्तुत नहीं करता था। उसके रोम-रोम से स्पष्ट आभासित हो रहा था कि आलोक के नाटक ने तथा नाटक की संवादहीनता ने उसे गहरे, बहुत गहरे तक प्रभावित किया है। आलोक से नाटक सुने बाद वह काफ़ी देर तक, बिना एक भी शब्द बोले, चुप बैठा रहा। फिर उसने जो कहा वह राकेश जैसा सरल हृदय और ईमानदार व्यक्ति ही कह सकता था। "आलोकजी, मान गया आपकी इस संवादहीन नाटक की सूझ को। इसकी तो मैं भी चोरी करूँगा।" राकेश केवल कहकर ही नहीं रह गया। कुछ ही महीनों के बाद दिल्ली से प्रकाशित हिंदी दैनिकों में समाचार पढ़ने को मिला कि सुप्रसिद्ध नाट्यकार श्री मोहन राकेश संवादहीन नाटक के रूप में एक नितांत अभिनव प्रयोग करने जा रहे हैं। तथापि राकेश का संवादविहीन नाटक कभी छपा या नहीं, इसकी भी कोई सूचना मेरे पास नहीं है।

इस घटना का इतना विशद वर्णन देने में मेरा मुख्य उद्देश्य है राकेश के शिशु सुलभ सरल व्यक्तित्व का एक और आयाम उद्घाटित करना। उस पर प्रायः आरोप लगाए जाते रहे हैं कि वह कोई भी पुरस्कार हथियाने के लिए कैसे भी जोड़-तोड़ कर लेने में निष्णात है। पंजाबी होने का दावा कर अहिंदी लेखकों को दिए जानेवाला एक पुरस्कार लिया भी था उसने, ठीक जिस प्रकार नागार्जुन ने मैथिल लेखकों को मिलनेवाला पुरस्कार ग्रहण करने में कोई उज्र नहीं किया। यह भी कहा जाता था कि प्रकाशकों को येन केन प्रकारेण प्रसन्न रखने की वह आप्राण चेष्टा करता रहता था।

संभव है कि उसमें ये तमाम, और इनके अलावा और भी कितनी ही कमज़ोरियाँ रही हों। राजेन्द्र की तुलना में राकेश के साथ मेरी मित्रता इतनी घनिष्ठ कभी थी भी नहीं जो मैं उसके अंदर-बाहर का जायज़ा लेने बैठ जाता। फिर भी, मैं जब-जब राकेश से मिला, मुझे वह एक बेहद उम्दा इनसान नज़र आया। उसकी मानवीय संवदेनाओं तथा भावप्रवणता का तो खुद भी एकाधिक बार प्रत्यक्ष भोक्ता रहा हूँ।

मसलन, उसके दूसरे विवाह के कुछ ही दिन बाद टी हाउस के फुटपाथ पर खड़े-खड़े, उसने मुझे सूचना दी कि एक दिन पहले ही अपनी माँ को अपमानित करने के 'अपराध' में वह नवपरिणीता के गाल पर एक थप्पड़ रसीद कर बैठा था। एक नए-नए बने मित्र के मुँह से यह सुनकर मैं सिर से पाँव तक थर्रा उठा। उसी दहशत भरी मानसिकता में मैंने राकेश से अपनी व्यक्तिगत ज़िंदगी के रहस्य मुझे न बताने का अनुरोध किया था। मेरा तर्क था कि आख़िर मैं कोई

'स्पिटून' (उगालदान) नहीं, हाड़-मांस का निहायत साधारण किस्म का इनसान हूँ। मेरे मुँह से कभी भी यदि किसी के सामने उसके राज़ फ़ाश हो गए तो व्यर्थ ही झमेला उठ खड़ा होगा।

राकेश का निहायत सादगी भरा जवाब था, "कोई झमेला नहीं होगा। ठाकुर साहब, आप क्या करेंगे, क्या नहीं, मैं नहीं जानता ? लेकिन आदमी की थोड़ी-बहुत पहचान मुझे भी है। मुझे पूरा यक़ीन है कि मेरे रहस्य आपके पास सुरक्षित रहेंगे। और अगर वे कभी बाहर निकले भी, तो किसी ग़लत आदमी के सामने तो नहीं ही निकलेंगे।" इस सहजता एवं सरलतापूर्वक आरोपित किए गए विश्वास की रक्षा न कर पाना भला किसके लिए संभव न होता ?

एक उदाहरण और। मई सन् 1967 में श्री श्यामनारायण ने कलकत्ता से कार द्वारा पहले बद्री केदार और फिर वहाँ से कुलू-मनाली की यात्रा करने का निश्चय किया। उन्होंने मुझसे भी इस यात्रा में साथ चलने का अनुरोध किया। बक़ौल राजेन्द्र यादव, ठाकुर साहब से तो कोई अपरिचित व्यक्ति भी, रास्ता चलते हुए, अपने साथ ठेठ कन्याकुमारी तक जाने को कह दे तो वे बिना भाभीजी को सूचित किए ही, उसके साथ निकल पड़ेंगे। यहाँ तो नारायण साहब जैसे मित्र का आमंत्रण था। ठाकुर साहब किस मुँह से उसे अस्वीकार कर सकते थे ?

हमारी यात्रा आरंभ हुई थी 12 मई, 1967 की शाम के छः बजे। रात में दुर्गापुर में प्रतिभाजी के भाई के घर विश्राम कर दूसरे दिन प्रातःकाल ही हम निकल पड़े थे वाराणसी की दिशा में। हमारा उत्साह हलका पड़ रहा था। सब कुछ पूर्व निर्धारित प्रोग्राम के मुताबिक़ ही चल रहा था। शाम चार बजने से पहले ही हम वाराणसी पहुँच भी गए थे। नारायण साहब ने प्रतिभाजी तथा बेटी अन्नू को पहले ही दिल्ली भिजवा दिया था ताकि वे कुछ दिन अपने पीहरवालों के साथ बिता लें। कार में केवल नारायण साहब, मैं और बेटा मानू ही थे। बड़े आराम से सफ़र चल रहा था। लग रहा था कि अगले ही दिन दिल्ली जा पहुँचेंगे।

और तभी अपशकुन घट गया। वाराणसी में मानू को रात में ही तेज़ बुखार चढ़ आया। डॉक्टर के अनुसार आइसनोफ़ेलिया का आक्रमण था वह। नारायण साहब के स्वभाव की प्रमुख विशेषता यह रही है कि वे किसी संकट की घड़ी में तुरंत निर्णय लेकर उसे हाथ-के-हाथ कार्यान्वित भी कर देते हैं। अतएव दोपहर में हम जा पहुँचे थे वाराणसी के बाबतपुर एयरोड्रोम और वहाँ से मानू को दिल्ली वाया लखनऊ वाले हवाई जहाज़ में विदा कर, हम चल पड़े इलाहाबाद की ओर। और रात दस बजे हम इलाहाबाद के एक भव्य रेस्तराँ में भोजन कर रहे थे।

वह रात मैं भूल नहीं पाया हूँ। एयरकंडीशंड रेस्तराँ में बैठे-बैठे कोई अंदाज़ नहीं हुआ। बाहर निकलने पर लगा कि बारिश होकर चुकी है। गर्मियों में इलाहाबाद सुलगते भाड़ की तरह तपता है। उस समय की ठंडी, सोंधी बयार ने तन और मन दोनों में मस्ती भर दी। पहले हमने सोचा था कि रात इलाहाबाद में ही बिता देंगे। पर उस मस्ती ने हमें और भी आगे 'चरैवेति चरैवेति' की प्रेरणा दे दी। गाड़ी दौड़ा दी थी नारायण साहब ने बिना गंतव्य का निर्धारण किए ही।

कुछ ही दूर चले होंगे कि हमारा अनुमान निश्चय में परिवर्तित हो गया कि केवल बारिश ही नहीं हुई थी, उसके पहले प्रचंड आँधी भी अपना तांडव मचा चुकी होगी जिसकी वजह से सड़क पर दोनों ओर हर तीसरा वृक्ष धराशायी हो गया था। ऐसे एंटी-वन महोत्सव की तो हमने रेस्तराँ में बैठे कभी कल्पना भी नहीं की थी। परंतु इस बीच हम इलाहाबाद को काफ़ी पीछे छोड़ आए थे। लौटना न तो संभव था, न हमारी शान के अनुकूल ही था।

अब तक फर्राटे से दौड़ती चली आ रही कार को उस भयंकर प्रभंजन ने सड़क पर रेंगने को बाध्य कर डाला। उस समय स्वतः ही मैं गा उठा था फ़िल्म 'बंधन' में कवि प्रदीप का लिखा वह अमर गान, 'चल, चल रे नौजवान', जिसने स्वतंत्रता पूर्व भारत के मुझसे लाखों नौजवानों को संदेश सुनाया था—

तू आगे बढ़े जा, आफ़त से लड़े जा,
आँधी हो या तूफ़ान, फटता हो आसमान,
रुकना तेरा काम नहीं, चलना तेरी शान,
चल, चल रे नौजवान।

जगह-जगह पेड़ गिरे होने के कारण कभी-कभी हमारी कार को सड़क से नीचे उतरकर कच्ची कीचड़ भरी पगडंडियों पर भी चलना पड़ रहा था। बीच-बीच में बिजली के खंभों से टूटकर झूलते तारों के बीच, नारायण साहब को अँधेरे में केवल टॉर्च की रोशनी के सहारे, फूँक-फूँककर गाड़ी चलानी पड़ जाती थी। वह तो नारायण साहब ही थे जो बिना हार माने उन सब आपत्ति-विपत्तियों की उपेक्षा करते आगे बढ़ते रहे थे।

बहुत बोर किया था उन चार-पाँच घंटों की यात्रा ने मुझे। अंततोगत्वा, जब रात के ढाई बजे भूँकते कुत्तों द्वारा दिए जानेवाले गार्ड ऑफ़ ऑनर को शान से पार कर हमें फ़तहपुर का सर्किट हाउस नज़र आ गया, उस क्षण हम दोनों ही अपनी-अपनी पीठ ठोकने लग गए। किस्मत अच्छी थी, इसलिए उस असमय में भी सर्किट हाउस के चौकीदार ने कोई हील-हुज्जत किए बिना ही हमारा सामान एक बड़े-से कमरे में रखकर दो पलंगों पर सफ़ेद झक चादरें बिछाकर हमें सुला

दिया। बिस्तर पर गिरने के साथ-साथ हमें गहरी नींद ने अपने भुजपाश में कस लिया। संभव है, ज़ोर-ज़ोर के खर्राटे भी भरे होंगे हम दोनों ने।

सुबह जब आँख खुली, उस वक़्त तक ऊषाकाल कब का बीत चुका था। घड़ी साढ़े नौ बजा रही थी। एक प्याला गर्मागर्म चाय उदरस्थ कर बाहर बरामदे में आकर खड़ा हुआ तो देखा, सर्किट हाउस की चारदीवारी से सटे खड़े ऊँचे-उँचे वृक्ष रात हुई बरसात के बाद नहाए-धोए चमचमा रहे थे। विशाल लॉन की घास की हरियाली सीधी जड़ से उग रही-सी प्रतीत हो रही थी। आकाश में सूर्य काफ़ी ऊपर आ जाने के बावजूद हवा का सोंधापन रत्ती-भर कम नहीं हुआ था। उस माहौल में मुझे स्मरण हो आई थीं बच्चनजी की वे प्राण-संचारिणी पंक्तियाँ—

वह चली आँधी कि जग में छा गया सहसा अँधेरा,
धूल—धूसर बादलों ने अवनि को इस भाँति घेरा,
(कि) रात-सा दिन हो गया, फिर रात आई और काली
जान पड़ता था, न होगा इस निशा का फिर सबेरा,
किंतु प्राची से उषा की मोहिनी मुसकान फिर-फिर
नीड़ का निर्माण फिर-फिर, नेह का आह्वान फिर-फिर।

बड़ा आनंद आया था उस क्षण बच्चनजी की इन पंक्तियों को गुनगुनाते हुए।

इधर मैं यह कविता गुनगुना रहा था, उधर नारायण साहब कार को यात्रा के क़ाबिल बनावाने के लिए उसमें छोटा-मोटा काम करवाने ले गए थे। वे लौटे तो चाय-पराँठे का नाश्ता कर हम 11 बजे फ़तहपुर से विदा ले, दिल्ली की दिशा में आगे बढ़ निकले। गर्मी की शिद्दत पल-प्रतिपल बढ़ती जा रही थी, किंतु नारायण साहब उसकी ओर से पूरी तरह निर्लिप्त, निर्विकार गाड़ी दौड़ाए लिये जा रहे थे।

तीन बजे हम इटावा जा पहुँचे। मेरे आग्रह पर वहाँ कुछ देर विश्राम कर लेने के इरादे से एक थर्ड रेट भोजनालय में जा बैठे। वहाँ का फ़ोर्थ-फ़िफ़्थ रेट खाना न भी खाया होता तो कोई हर्ज न था। पाँच बजे हमने आगरा में प्रवेश कर लिया था। नारायण साहब ने जैसे ही गाड़ी को ठंडी सड़क के राजामंडी वाले चौराहे पर रोका कि मैं अटैची थामे नीचे उतर पड़ा। प्रोग्राम के मुताबिक़ मुझे चार दिन आगरा में बिताने के बाद दिल्ली पहुँचकर नारायण साहब के साथ संपर्क करना था।

यों भी, ऐसा आज तक मुमकिन नहीं हो पाता कि मैं आगरा से बिना वहाँ एक-दो दिन गुज़ारे आगे बढ़ जाऊँ। वहाँ मैंने अपनी ज़िंदगी के पहले बाईस वर्ष गुज़ारे थे। वहाँ रांगेय राघव रहता था। वहाँ घनश्याम अस्थाना रहता था। वहाँ

सोम ठाकुर आज भी रहता था। इनमें से कोई एक भी वहाँ हो, तो मेरे लिए बिना उसके साथ कुछ समय बिताए चैन ही नहीं मिलता। सन् 1962 में रांगेय राघव का देहांत हुए अनेक वर्ष बीत चुके थे। मगर घनश्याम अस्थाना तो था। सोम तो था।

लिहाज़ा नारायण साहब को टा-टा कर मैं सूटकेस थामे पैदल-पैदल ही घनश्याम के घर गोकुलपुरा की तरफ़ चल पड़ा। मुश्किल से दो-तीन फ़र्लांग ही तो दूर था घर। फिर, अगले चार दिन कब, कहाँ और कैसे पलक झपकते निकल गए, पता ही न चला। पाँचवें दिल मैं दिल्ली में राजेन्द्र के घर शक्ति नगर जा पहुँचा। पता चला कि मन्नूजी कहीं दिल्ली से बाहर हैं। फ़क़त राजेन्द्र है और है एक 11-12 वर्ष की लड़की जो चाय बना सकती है और थोड़ा-बहुत खाना भी पका लेती है।

राजेन्द्र ने बताया कि नारायण साहब सुबह से कई बार फ़ोन कर मेरे बारे में पूछ चुके हैं। उन्होंने मुझे और राजेन्द्र को अपने साले, विजय भाई के घर दोपहर का भोजन करने बुलाया था। नहा-धोकर एक-डेढ़ घंटे बाद हम विजय भाई के घर उपस्थित हो गए। भोजन के बाद, चार बजे तक गहरी दिवानिद्रा का आनंद भोगने के बाद जब मुँह धोने मैं वॉशबेसिन पर गया तो वहाँ मेरे पीछे खड़े नारायण साहब की नज़र बेसिन के ऊपर टँगे आईने में नज़र आ रहे मेरे चेहरे पर गई और उनकी प्रखर दृष्टि ने मेरी आँखों पर छा रहे पीलेपन को फ़ौरन ताड़ लिया। 'अरे ठाकुर साहब, आपको तो जॉन्डिस है' का उद्घोष सुनते ही वहाँ उपस्थित प्रत्येक सदस्य ने एक-एक कर मेरी आँखों का गहरा मुआइना करने के बाद एक मत से नारायण साहब के निदान की ताईद कर दी।

नारायण साहब हर काम 'वार फुटिंग' (युद्ध स्तर) पर करने के आदी हैं। जितनी देर में मेरे मस्तिष्क में 'पीलिया' की भयावहता पूरी तौर पर धँस पाती, उन्होंने दिल्ली के शीर्षस्थ होम्योपैथ चिकित्सक, डॉक्टर जुगल किशोर को फ़ोन कर उनसे छः बजे का एपॉइंटमेंट भी ले लिया। डॉक्टर साहब नारायण साहब के ख़ास साढ़ू भाई हैं। अतएव कोई दिक़्क़त नहीं हुई। परंतु मेरे लिए तो वह क्षण बड़े महत्त्व का सिद्ध हुआ। देखते-देखते, आनन-फ़ानन में, अभी तक उछलता-कूदता, बोलता-बतियाता मैं एक निहायत मूजी बीमारी के मरीज़ की भूमिका का निर्वाह करने पर बाध्य कर दिया गया।

डॉक्टर जुगल किशोर का चेंबर कनॉट प्लेस के आसपास ही कहीं था। नारायण साहब के साथ उधर जा ही रहा था कि 'टी हाउस' नज़र आ गया। मैं जानता था कि पीलिया के मरीज़ के लिए चाय-कॉफ़ी क़तई वर्जित हैं। बहुत डरते-सहमते जब मैंने नारायण साहब के सामने प्रस्ताव पेश किया कि इलाज शुरू होने के पहले यदि आख़िरी बार एक प्याला चाय पी लूँ तो उन्हें कोई

ऐतराज़ तो न होगा, तो उन्होंने उसे फ़ौरन केवल स्वीकार ही नहीं किया, आशा के प्रतिकूल, पास ही गाड़ी पार्क कर, 'चलिए ठाकुर साहब, यहीं टी हाउस में ही पी लेते हैं,' कहकर मुझे लिये-लिये अंदर भी जा बैठे थे। बाहर से सख़्त नज़र आनेवाले नारायण साहब का हृदय कुसुमादपि मृदुनानि है, इसका प्रत्यक्ष प्रमाण उस शाम भी मिला था मुझे।

चाय का ऑर्डर देने से पहले ही मोहन राकेश को हॉल में प्रवेश लेते देखकर मेरी तबीयत चंगी हो गई थी। मैं लपककर उसे अपनी ही टेबिल पर ले आया था। नारायण साहब के साथ उसका परिचय कलकत्ता में बहुत पहले ही राजेन्द्र और मन्नूजी करवा चुके थे। उनसे मेरी बीमारी का समाचार सुनते ही वह वाक़ई परेशान हो उठा। ज़िद कर वह भी हमारे साथ ही डॉक्टर जुगल किशोर के चेंबर तक गया। वहाँ पीलिये का निश्चय कर दिए जाने के बाद उसने मुझे नारायण साहब से उधार माँग लिया और सीधा ले गया मुझे न्यू राजेन्द्र नगर वाले अपने फ़्लैट पर।

कुलू-मनाली की यात्रा का प्रोग्राम तो वाराणसी में नारायण साहब के पुत्र मानू के आइसनोफ़ेलिया ने पहले ही चरमरा दिया था। अब मेरे पीलिये ने उस पर अंतिम मोहर लगा दी। डॉक्टर साहब ने दवा के नाम पर तो केवल 'मेरिनस इंडिकस-200' की पाँच-पाँच ग्लोब्यूल्स दिन में तीन बार खाने को दी थीं। किंतु कम-से-कम छः-सात लीटर गन्ने, टमाटर, नारंगी और मौसंबी का जूस पीने तथा अधिक-से-अधिक कच्ची मूलियाँ खाने की हिदायत दे डाली। दूध, दही, मक्खन वग़ैरा एकदम बंद। चाय पीनी हो तो बिना दूध की।

मोहन राकेश नारायण साहब को समझाने में सफल हो गया था कि मन्नूजी के दिल्ली में न रहने की स्थिति में मेरी तीमारदारी और दवा-दारू का भार उसकी माताजी तथा कुछ समय पहले से उसका साथ निभा रहीं अनीता औलक बड़ी आसानी से वहन कर लेंगी। बात समझदारी की थी, सो नारायण साहब के गले तुरंत ही उतर भी गई। वैसे भी, मुझे रेल का रिज़र्वेशन मिलते ही पहले कलकत्ता और फिर वहाँ से दार्जिलिंग चले जाना था। मेरे कलकत्ता से चलने के दूसरे ही दिन कमला दार्जिलिंग क्षेत्र स्थिति संगमा टी-गार्डन में अपने छोटे भाई के पास रहने चली गई थी। बस, दो-चार दिन ही तो लगेंगे रेलवे रिज़र्वेशन मिलने में।

राकेश के घर जाने का मेरे लिए वह पहला मौक़ा था। दुर्भाग्य से वही आख़िरी भी सिद्ध हुआ। उसके बाद फिर कभी जाने का अवसर नहीं मिला। परंतु उसके साथ बिताई गई उस एक रात में जितना कुछ राकेश को मैं समझ पाया, वह किसी भी व्यक्ति को आपका अंतरंग बना देने के लिए यथेष्ट था। उसकी हर बात में शिशु सुलभ पारदर्शिता स्पष्ट होती रही थी।

उस गर्मी की रात में वह अपने एयरकंडीशंड कमरे में नहीं सोया। हम दोनों छत पर बिछी निवाड़ वाली खाटों पर पड़े-पड़े दो बजे तक बातें करते रहे थे। वास्तव में, बातें तो राकेश ही करता रहा। मेरी भूमिका तो उत्सुक श्रोता मात्र की रही थी। उन बातों के दौरान उसकी ज़िंदगी के कितने-कितने नए-नए आयाम खुलते चले गए। उसके पिताजी, उसकी माताजी, अश्कजी, उसकी पहली पत्नी, उसका बेटा, उसके अपने संबंध में समय-समय पर उठने और उठाए जानेवाले व्यक्तिगत तथा साहित्यिक विवाद, ओमप्रकाशजी के साथ उसकी प्रगाढ़ मित्रता, श्यामानन्द जालान और उसके साथ होनेवाले विचार-विमर्श, उसके नाटकों की रॉयल्टी के संबंध में उसका सैद्धांतिक निर्णय—सभी विषयों पर उसने रोशनी डाली थी।

क़ाश, उस रात जैसी और भी कुछ रातें राकेश के साथ बिताने का अवसर मुझे मिला होता! कितने अनमोल होते हैं वे क्षण जब हम पूरी ईमानदारी वे ख़ुद को खोलने लग जाते हैं। मैं मुग्ध बना सुनता रहा। उस समय मुझे स्पष्ट एहसास हो रहा था कि राकेश में न तो कमलेश्वर का वाक्-चातुर्य है, न राजेन्द्र का बौद्धिक तर्कजाल। बड़ा दिलचस्प था राकेश का अंदाज़े-गुफ़्तगू। एक क्षण के लिए भी न ऊब महसूस हो रही थी, न बोरियत।

हमारी बातों पर ब्रेक लगाया दो बजे छत पर आकर अनीताजी ने। उन्होंने हम दोनों को ही याद दिलाया कि मैं बीमार था अैर मुझे आराम की सख़्त ज़रूरत है। अनीताजी के उस समय आ जाने ने हमारे बीच चल रही बातों को एक नया मोड़ दे दिया। अब राकेश बार-बार आग्रह करने लगा कि रेलवे-रिज़र्वेशन मिलने तक मुझे उसी के साथ रहना चाहिए, राजेन्द्र के यहाँ नहीं। यहाँ अनीताजी मेरी दवा, पथ्य, आराम-संबंधी पूरा-पूरा ख़याल रख लेंगी। मन्नूजी दिल्ली में होतीं, तो वह यह ज़िद हर्गिज़ न करता। पर उनके न रहने पर इस बीमारी का माकूल इंतज़ाम कर पाना राजेन्द्र के बूते के बाहर की बात है। "वह साला तो ख़ुद अपना ही ख़याल नहीं रख पाता।"

अनीता भी पूरी गर्मजोशी के साथ राकेश का समर्थन कर रही थीं। रात तेज़ी से ढलती जा रही थी। लिहाज़ा उस वक़्त मेरे सामने उन दोनों से सहमत हो जाने के अलावा और कोई चारा नहीं बचा था। सुबह आठ बजे आँख खुलने पर राकेश ने चाय पीते हुए अपना आग्रह नए सिरे से और नए उत्साह से दुहराना आरंभ कर दिया था। इस समय उसकी माताजी भी वही कह रही थीं।

राकेश के उस अनुरोध ने मेरी हालत अजीब बना डाली थी। अगर राजेन्द्र और राकेश की आपस में बोलचाल बंद न होती, तो मैंने बड़ी आसानी से उसकी बात मानकर राजेन्द्र को फ़ोन पर सामान न्यू राजेन्द्र नगर ले आने को कह दिया होता। परंतु उनके संबंधों में आ चुकी दरार के कारण राजेन्द्र की रज़ामंदी

के बग़ैर मेरे लिए कोई वादा कर पाना नैतिक रूप से संभव नहीं था।

मैं जब भी दिल्ली आता, राजेन्द्र के साथ ही ठहरता था। हमेशा की तरह, इस बार भी मैं उसी के साथ रुका था। अब अपनी सुविधा को प्राथमिकता प्रदान कर राजेन्द्र की अनुमति की चिंता किए बग़ैर ही राकेश के घर चले आना मुझे सामान्य शिष्टाचार तथा अतिथि की मर्यादा के प्रतिकूल प्रतीत हो रहा था। उधर, राकेश तथा अनीताजी के आत्मीय स्नेह-सने सौहार्दपूर्ण अनुरोध की उपेक्षा कर देने में भी मुझे असभ्यता नज़र आ रही थी। दुहूँ भाँति दारुण दुःख दाहू।

इस समय तो मैं राकेश के यहाँ से यह कहकर शक्ति नगर चल पड़ा कि वहाँ जाकर राजेन्द्र को समझाकर, अपना सामान बटोरकर, मैं दोपहर, या हद शाम तक वापस आ जाऊँगा। राकेश को इस पर क़तई यक़ीन नहीं हुआ। वह बार-बार एक ही बात कहता रहा था कि राजेन्द्र मुझे किसी भी हालत में वापस नहीं आने देगा। मैं ख़ुद भी यह अच्छी तरह जानता था। लेकिन उस समय मेरे सामने और कोई उपाय भी तो नहीं था।

शक्ति नगर पहुँचकर जब मैंने राजेन्द्र को राकेश का आग्रह और अपनी द्विविधा के संबंध में पूरी जानकारी देने के बाद ढीले-ढाले स्वरों में राकेश के उस तर्क का समर्थन किया कि मन्नूजी की अनुपस्थिति में अनीताजी और राकेश के द्वारा मेरी देखभाल ज़्यादा अच्छी तरह हो सकेगी, तो उसकी प्रतिक्रिया ठीक हमारे अनुमान के अनुरूप ही थी, "सवाल ही नहीं उठता। आप हरगिज़ शत्रुदल में नहीं जा मिलेंगे। मन्नू नहीं है तो क्या हुआ ? मैं क्या मर गया हूँ ? आपकी देखभाल का पूरा ज़िम्मा मेरा। बताइए, क्या-क्या करने को कहा है डॉक्टर जुगल किशोर ने ?"

आश्चर्य की बात यह थी कि राजेन्द्र ने डॉक्टर साहब द्वारा निर्धारित एक-एक पथ्य तथा करणीय-अकरणीय कार्यों की अक्षर-अक्षर व्यवस्था कर दी, एक-दो नहीं, पूरे दस दिन तक। सुबह उठते ही बिना दूध की चाय, नाश्ते में डेढ़ लिटर संतरे और टमाटर का जूस। दस बजे एक लिटर गन्ने का रस और चार पतली-पतली, नरम-नरम मूलियाँ। शाम को अंगूर या सेब का रस। ऐसे ऐश तो मेरे पूज्य पिताजी ने भी शायद अपनी याददाश्त में कभी नहीं किए होंगे। राजेन्द्र इतना ज़िम्मेदार, इतना कर्तव्यपरायण सिद्ध होगा, यह मैंने कभी स्वप्न में भी नहीं सोचा था।

दूसरे दिन मुझे दो फ़ोन मिले। पहला था नारायण साहब का जिसमें उन्होंने सूचित किया था कि जल्दी-से-जल्दी का दस दिन बाद का रेलवे रिज़र्वेशन मिल सका है। वह भी दिल्ली एक्सप्रेस का। इस समाचार ने बहुत उद्विग्न कर दिया मुझे। दस दिन ? अभी दस दिन और रहना पड़ जाएगा मुझे दिल्ली में ? बेचारे राजेन्द्र का तो दीवाला पिट जाएगा मेरे लिए यह राजसी व्यवस्था

करते-करते ! कितना असहाय कर डाला था उस बीमारी ने। बाहर जाकर अपने लिए फल तक ख़रीद नहीं सकता था।

फिर, दस दिन बाद भी रिज़र्वेशन हुआ भी तो दिल्ली एक्सप्रेस में ! कालका मेल में नहीं, तूफ़ान में नहीं, डीलक्स में भी नहीं। दिल्ली एक्सप्रेस से अधिक खचड़ा गाड़ी तो और कोई थी ही नहीं। आज चलो तो परसों जाकर उतारेगी, वह भी हावड़ा पर नहीं, सियालदह पर। नौ दिन चले अढ़ाई कोस। हाय रे इनसान की मजबूरियाँ! याद आया था ऑस्कर वाइल्ड का वह कथन—Bow to the inevitable with good grace. और याद आई थी हमारे देश की ही वह अत्यंत प्रचलित कहावत—मजबूरी का नाम सबर।

दूसरा फ़ोन था अनीताजी का। उन्होंने भी एक सूचना प्रदान की थी, "भाई साहब, आपसे राकेशजी बहुत नाराज़ हैं। उन्हें आपसे यह आशा नहीं थी।" एक बार फिर उन्होंने मुझे आश्वस्त करना चाहा था कि अभी भी कुछ नहीं बिगड़ा। मैं सीधा न्यू राजेन्द्र नगर जा पहुँचूँ। मेरी सुख-सुविधा की सारी व्यवस्था कर उन्हें अच्छा ही लगेगा। किंतु यहाँ भी मेरी मजबूरी ने मुझे समझदारी से काम नहीं लेने दिया था।

वे दस दिन बहुत जल्दी ही बीत गए। सुबह-शाम राजेन्द्र के साथ जान-जहान की बातें करते और सारे दिन और देर रात तक ढेर सारी पुस्तकें पढ़ते। बीच-बीच में बीमारी का समाचार सुनकर कुछ लोग भी आते रहे। एक बार अजित कुमार और एक दिन डॉ. नामवर सिंह आकर काफ़ी देर तक ग़पियाते रहे। नारायण साहब और प्रतिभाजी दो बार आकर मिल गए। टिकिट भी दे गए। रोज़ फ़ोन पर तबीयत का हाल पूछ लेते थे। और हाँ, अनीताजी भी हर दूसरे-तीसरे दिन फ़ोन कर लेती थीं।

जिस दिन मुझे कलकत्ता के लिए निकल पड़ना था, सुप्रसिद्ध विश्वयात्री श्री सतीश कुमार राजेन्द्र से मिलने शक्ति नगर आ पहुँचे। यात्रा और यात्री बचपन से ही मेरा उत्सुकता तथा कौतुक के पात्र रहे हैं। सतीश कुमार का बेहद रोचक यात्रा वृत्तांत मैं पढ़ चुका था। कलकत्ता में उनका भाषण भी सुना था। बेहद प्रभावित किया था आचार्य विनोबा भावे द्वारा उन्हें दी गई उस सलाह ने जिसमें उन्हें अपने साथ एक भी पैसा न ले जाने तथा स्वयं को स्थानीय जनता के सहज स्नेह पर ही निर्भर रहने का अमोघ मंत्र प्रदान किया था।

सतीशजी के साथ लगभग सारे दिन बातें होती रही थीं। उन्होंने राजेन्द्र के साथ मुझे भी एक और विश्व-भ्रमण पर अपने साथ निकलने का निमंत्रण ही नहीं दिया, उस भावी यात्रा की विस्तृत रूपरेखा भी बना डाली। वह यात्रा तो ख़ैर संभव नहीं ही होनी थी। सुना है कि सतीश कुमार वर्षों से ब्रिटेन के वेल्स प्रांत में किसी ग्रामीण क्षेत्र में सुखी, समृद्ध गृहस्थ जीवन का आनंद ले रहे हैं। उस

दिन उनके साथ हुई बतरस ने कम सुख नहीं दिया था।

बातें चल ही रही थीं कि मुझे याद हो आया कि नारायण साहब गाड़ी में मुझे स्टेशन ले जाने के लिए शीघ्र ही आ जानेवाले होंगे। अपना सामान सूटकेस में जमाने के विचार से उठने लगा तो राजेन्द्र ने यह कहकर कि वह लड़की सब कुछ जमा देगी, आप बैठे रहिए, मुझे उठने नहीं दिया। लड़की ने 'सब कुछ' जमाकर थोड़ी ही देर बाद सूटकेस की चाबी मुझे थमा भी दी। नारायण साहब ठीक समय पर आ पहुँचे और मैं सतीश कुमार तथा राजेन्द्र से बाक़ायदा विदा लेकर जा पहुँचा दिल्ली रेलवे स्टेशन।

एक रात पहले ही मैंने ट्रंककॉल कर कलकत्ता में अपने प्रतिवेशी मित्र, चंद्रशंकर नागर से एक प्राइवेट हवाई कंपनी से दार्जिलिंग का टिकिट बुक करने का अनुरोध कर दिया था। उस ज़माने में इंडियन एयरलाइंस का सिलीगुड़ी के निकट बागडोगरा एयरपोर्ट तक के हवाई जहाज़ के टिकिट का भाड़ा हुआ करता था 90 रुपये। वहाँ से एयरलाइंस की गाड़ी में दार्जिलिंग जाना हो तो 17 रुपये और देने पड़ते थे। प्राइवेट एयर कंपनी आपको केवल 90 रुपयों में ही आमबाड़ी एयरपोर्ट से अपनी गाड़ी में सीधे दार्जिलिंग ले जाती थी। नक़द 17 रुपयों का लाभ कम नहीं था उन दिनों।

तीसरे दिन कलकत्ता पहुँचा दिया दिल्ली एक्सप्रेस ने। वहाँ जाकर पता चला कि बीमारी काफ़ी रंग पकड़ चुकी है। मेरी बनियान पीली पड़ने लग गई थी। तब याद आया कि डॉ. जुगल किशोर द्वारा बताई गई 'मेरिनस इंडिकस-200' की शीशी तो ख़रीदी ही नहीं थी। नागर भवानीपुर जाकर मात्र अड़तीस नए पैसे में वह शीशी भी ले आया। और दूसरे दिन सुबह उसने मुझे आमबाड़ी वाले जहाज़ में बैठा भी दिया। कमला को फ़ोन पर पहले ही पूरी सूचना दे दी गई थी।

संगमा चाय बागान पहुँचने के तीसरे दिन सुबह चार-पाँच के बीच फ़ोन टनटना उठा। आश्चर्य हुआ था जानकर कि फ़ोन नारायण साहब का था और कि वे दिल्ली से अपनी कार में वापस कलकत्ता आ पहुँचे थे कुछ ही देर पहले। फिर वह आश्चर्य चरम सीमा पर उस समय जा पहुँचा जब उन्होंने फ़ोन थमा दिया था—राजेन्द्र यादव को ! पता चला कि इस बार राजेन्द्र ने नारायण साहब के साथ कार में दिल्ली से कलकत्ता की मुफ़्त यात्रा कर डाली थी।

राजेन्द्र के स्वर से उसकी खीझ और उसका क्रोध स्पष्ट झलक रहे थे। उसका आरोप था कि मैं अपने साथ उसकी सारी बनियानें, अंडरवीयर आदि बटोर लाया हूँ। यहाँ तक कि उसके बाथरूम में रखी कपड़े धोने की बटिया भी। मैंने उसे याद दिलाने की भरसक चेष्टा की कि जब मैंने अपना सामान जमाने के विचार से उठना चाहा था तब उसी ने ज़ोर देकर मुझे रोक दिया था

और कहा था कि वह लड़की 'सब कुछ ठीक-ठाक' रख देगी। परंतु वह राजेन्द्र यादव ही क्या जो आपके तर्क को अपनी सनक पर तरजीह दे दे। नतीजे में आज इतने वर्ष बाद भी उसकी गंजी-बनियान-अंडरवीयर को अपनी समझ बटोर लानेवाला नालायक़ आदमी मनमोहन ठाकौर ही बना हुआ है। कष्ट मुझे केवल इतना है कि खुद मेरी पत्नी भी मुझे ही दोष देती रही है—ये हैं ही ऐसे। मैं लाख सफ़ाई दूँ कि पचास किलो और एक सौ पचास किलो की काया में, उनके वस्त्रों, में इतना अंतर होता है जो कोई सूरदास भी स्पष्ट देख लेगा। परंतु उस कलंक की कालिमा आज तक ज्यों-की-त्यों बरक़रार रखी है राजेन्द्र ने।

उस बार की दिल्ली यात्रा के ऐसे समापन पर मुझे भी कम खीझ और क्रोध नहीं थे। मेरी कुलू-मनाली यात्रा हमेशा के लिए रद्द हो गई। मुझे पीलिया भोगना पड़ गया। राकेश और अनीताजी की निगाहों में मैं वादाख़िलाफ़ी करनेवाला प्रमाणित हो चुका था। और इस सबसे बढ़कर, मुझे राजेन्द्र के गंजी-अंडरवीयरों को अपना समझ लेनेवाला चोर साबित किया जा रहा था।

इन घने काले बादलों की सफ़ेद कोर एक ही थी। स्वस्थ हुए बाद जब मैंने मोहन राकेश से अपनी मजबूरियाँ गिनाने के बाद, क्षमा चाही तो उसने न केवल मुझे माफ़ ही कर दिया था, उसके बाद जब तक वह जीवित रहा, मेरे प्रति अपनी आत्मीयता और स्नेह की मात्रा में रत्ती भर कभी नहीं आने दी।

हज़ार हो, समय और स्थान की दूरियाँ अपना असर दिखाए बिना नहीं रहतीं। निकटता आत्मीयता को गहरा करती है, तो उपेक्षा की भी बहुधा जन्मदात्री सिद्ध हो जाती है। इसी प्रकार दूरियाँ भी मित्रता के गाढ़े-से-गाढ़े रंग को कालक्रम में फीका बनाने लगती हैं। जैसे-जैसे वक़्त बीतता जा रहा था, राजेन्द्र दिल्ली में और मैं कलकत्ता में अपने-अपने दायरों में गहरे धँसते जा रहे थे। नए-नए मित्र, नई-नई दिलचस्पियाँ हमारे सोच पर छाते जा रहे थे।

राजेन्द्र के 'अक्षर प्रकाशन' को चले काफ़ी समय हो गया था। उधर मेरी ट्रेड यूनियन, नाटक तथा साहित्यिक गतिविधियों में इज़ाफ़ा होता ज़ा रहा था। इसी दौरान मुझ पर हिंदी कविताओं को अंग्रेज़ी में और अंग्रेज़ी तथा बांग्ला कविताओं को हिंदी में अनूदित करने की धुन सवार हो गई। अपनी नाट्य-संस्था 'अदाकार' के लिए गुजराती तथा बांग्ला के कुछ नाटक भी अनूदित किए थे इसी ज़माने में।

इधर मेरे बूँदी के चक्कर भी कम होते जा रहे थे। नतीजे में दिल्ली जाने के अवसर भी उसी परिमाण में कम हो गए। परंतु जब भी वहाँ जा-पहुँचता था तो दरियागंज जाकर यथासंभव अधिक समय 'अक्षर प्रकशन' में बिताकर वहाँ

राजेन्द्र के नित्य लगनेवाले दरबार में कभी भी, बिना किसी पूर्व सूचना के आ धमकनेवाले अनेक नामी-गिरामी और कई उस वक़्त तक अपेक्षाकृत गुमनामी का जीवन बिता रहे साहित्यकारों को परस्पर चोंचें लड़ाते देखने का मज़ेदार अनुभव करने का अवसर भी सहज ही मिल जाता था। यहीं अक्सर आ पहुँचते थे शैलेश मटियानी जिनके जीवन-संघर्ष और जिनकी लेखन-शैली—दोनों ने मुझे वर्षों से बेहद प्रभावित कर रखा था। उस वक़्त तक वे भारतीय जनता पार्टी और राष्ट्रीय स्वयंसवेक संघ के विषैले प्रचार और हिंदू राष्ट्रवाद से प्रभावित नहीं हुए थे। अन्याय और अन्यायी के विरुद्ध उनका जुझारू तेवर उनकी बातों में भी स्पष्ट झलकता रहता था। मुझे उनका सान्निध्य बहुत प्रिय लगता ।

यहीं भेंट हुई थी श्री गोविंद मिश्र से और यहीं मिले थे श्री अरविंद जैन जो उस ज़माने में कविताएँ भी लिखा करते थे। वकील तो वे तब भी थे। साहित्य में गंभीर रुचि रखनेवाले वकील, डॉक्टर और/अथवा इंजीनियर मुझे सदा से आकर्षित करते रहे हैं। अरविंद भाई से घनिष्ठता का जन्म 'अक्षर प्रकाशन' के दफ़्तर में ही हुआ था। वह घनिष्ठता आज भी क़ायम है। ऐसे ही वहाँ जिनसे मिलकर प्रसन्नता हुई थी उनमें भाई यादवेंद्र शर्मा 'चंद्र' भी एक थे। उनके और मेरे बीच राजस्थान की संस्कृति का सूत्र आरंभ से ही था। राजे-रजवाड़ों के विलासमय जीवन की दुर्गंधि से उन्हें भी उतनी ही नफ़रत और घृणा थी, जितनी मुझे। वे आज भी अपनी सहजता तथा सरलता के कारण मेरे प्रिय लेखक हैं।

अक्षर प्रकाशन के दफ़्तर में ही एक अन्य चिरस्मरणीय व्यक्तित्व से राजेन्द्र ने मेरा परिचय कराया। वे थे नेशनल पब्लिशिंग हाउस के मालिक, श्री कन्हैयालाल मलिक। मलिक साहब के सरल, हँसमुख तथा चिरयुवा स्वभाव ने पहले दिन से ही उनका मुरीद बना दिया था। आज तक वह स्थिति बरक़रार है। अक्सर शाम को दफ़्तर बंद होने के आसपास उनके आगमन की केवल राजेन्द्र को ही नहीं, मुझे भी प्रतीक्षा रहने लग गई थी। उनके साथ डेढ़-दो घंटे जी खोलकर ग़पशप करते हुए एक-दो पैग ढालने का अपना ही विशिष्ट आनंद रहा करता था।

एक बार उन्हीं के आग्रह के कारण राजेन्द्र के साथ, आमंत्रित न होने के बावजूद, मैं भारतीय ज्ञानपीठ द्वारा उस वर्ष के ज्ञानपीठ पुरस्कार विजेता, गुजराती के सुप्रसिद्ध उपन्यासकार श्री पीताम्बर पटेल के सम्मान में दी गई पार्टी में निस्संकोच चला गया था। उस पार्टी की याद इसलिए भी रह गई है क्योंकि वहीं श्री रमेश बख़्शी के साथ अनायास हो गई भेंट अंतिम सिद्ध हुई थी। कुछ दिन बाद ही उनका देहांत हो जाने का समाचार मिला था।

राजेन्द्र और मलिक साहब की पारस्परिक घनिष्ठता का ही नतीजा था कि सन् 1980 में उनके नेशनल पब्लिशिंग हाउस ने अक्षर प्रकाशन की समस्त पुस्तकों का एकमात्र वितरक होना स्वीकार कर लिया था। उनका यह अनुबंध छः-सात

वर्ष चला। फिर, उसकी समाप्ति के पश्चात्, अक्षर प्रकाशन का सारा स्टॉक राधाकृष्ण प्रकशन को सौंप दिया गया। अब अक्षर प्रकाशन से कोई पुस्तक प्रकाशित नहीं होती। राजेन्द्र की सारी ऊर्जा 'हंस' के प्रकाशन-संपादन कर केंद्रित रहती है।

तथापि मलिक साहब के साथ उसके संबंध जस-के-तस बने हुए हैं। इसका प्रमाण मुझे मिला 14 सितंबर, 1998 को जब डायबिटीज़ आदि एकाधिक व्याधियों का शिकार होकर ऑल इंडिया इंस्टिट्यूट ऑफ़ मेडिकल साइंसेज़ (AIIMS) के प्राइवेट वार्ड में भर्ती हुए राजेन्द्र को देखने मैं वहाँ पहुँचा। मलिक साहब वहाँ पहले से ही डटे हुए थे। उम्र में काफ़ी इज़ाफ़ा हो चुकने के बावजूद मलिक साहब की खुशमिज़ाजी में कहीं कोई अंतर नहीं पड़ा था। उनके साथ वर्षों बाद पुनः संपर्क स्थापित होने पर सचमुच बहुत अच्छा लगा था।

कई वर्षों के बाद परिचय होने के बावजूद इसी सिलसिले में एक और इतना ही प्यारा शख़्स और याद आ रहा है—हरिप्रकाश त्यागी। मलिक साहब और उसके बीच दसियों वर्ष का अंतर था। मलिक साहब में बुजुर्गों की गंभीरता थी, तो हरिप्रकाश में था चढ़ती जवानी का बाँका चुलबुलापन जो पाँच मिनट भी स्थिर होना नहीं जानता था, और दो मिनट भी बिना खुलकर हँसे नहीं रह पाता था। मलिक साहब का सौजन्य गुज़रे हुए ज़माने ने ढाला था, तो हरिप्रकाश का अक्खड़, मुँहफट स्वभाव क़तई आधुनिक था। मलिक साहब की कार उनका ड्राइवर हाँकता था, हरिप्रकाश की फटफटिया का संचालन उसके मूड कर निर्भर करता था।

अनूठा चित्रकार होने के साथ-साथ हरिप्रकाश एक उम्दा कवि भी था। उसके साथ मेरी निकटता का सेतु उसकी कविताएँ ही थीं। उसने अपनी दस-बारह कविताएँ अंग्रेज़ी में अनूदित करने के लिए मुझे सौंपी थीं और उनमें से कुछ का अनुवाद कर मुझे हार्दिक संतोष भी हुआ। चित्रकला—विशेषकर आधुनिक चित्रकला—की बारीकियाँ, उसकी अमूर्तता, उसके बिंब और उसका व्याकरण मेरे पल्ले नहीं पड़ता। पर काव्य का सौंदर्य तुरंत समझ में आ जाता है, भले वह काव्य पृथ्वीराज रासो युग का हो अथवा केदारनाथ सिंह के समय का। इस कारण हरिप्रकाश मेरे लिए चित्रकार से कहीं अधिक कवि के रूप में प्रिय था।

एक बार संयोगवश हरिप्रकाश के विवाह की जयंती पर मैं दिल्ली में ही था। उन दिनों वह गोलमार्केट के पास कहीं रहता था। उसने राजेन्द्र के साथ उस शाम निमंत्रित कर लिया था। बड़ी रंगारंग सिद्ध हुई थी वह महफ़िल। खूब चोंचें लड़ी थीं आपस में। समानांतर कहानी आंदोलन का ज़माना बीत चुका था। उसके अलमबरदारों में अन्यतम, सरदार महीप सिंह भी वहाँ उपस्थित थे और थे श्री रमेश गौड़ भी। अनजाने ही, सहज भाव से मैंने सरदार महीप सिंह

की किसी बात के प्रतिवाद में उन्हें 'सरदारजी' कहकर संबोधित कर दिया, जिस पर वे बाक़ायदा आगबबूला हो गए। मेरी जानकारी में वे एकमात्र सरदार थे जिन्हें खुद को सरदार कहे जाने पर आपत्ति होती थी। बाद में तो वे कहानियों को छोड़कर सिखों पर किए जानेवाले अत्याचारों का मुखर प्रतिवाद करने लगे थे। पर आज तक मैं उनकी हिंदी और उनके उच्चारणों की शुद्धता का लोहा मानता रहा हूँ।

बड़ी कम उम्र मिली थी हरिप्रकाश को। उस जैसे बहुआयामी और प्रखर प्रतिभा के धनी को तो पूर्णायु भोगने का हक़ होना चाहिए था। ईश्वर में विश्वास करता होता तो मैं उस घिसी-पिटी अंग्रेज़ी कहावत को दुहराकर अपने मन को दिलासा दे लेता कि Those whom god loves, die young. किंतु जो व्यक्ति संसार के प्राणियों को इतना प्यार करता रहा हो, उसे तो संसार में रहने देना ही उचित होता। इतनी अल्पायु में उसका चले जाना सचमुच कष्टप्रद सिद्ध होता है। काश, उसने शराब और सिगरेट थोड़ी कम पी होती! काश, उसने अपने पारिवारिक जीवन को व्यवस्थित बनाने का तनिक अधिक प्रयास किया होता! और काश, वह इतना अधिक संवेदनशील न होता! संवेदनशीलता निश्चय ही मनुष्य को पशुओं से अलग करने, ऊँचा उठानेवाला सद्‌गुण होता है। पर अतिसंवेदनशीलता—वह या तो आपको जीवन भर आठ-आठ आँसू रुलाती रहती है या फिर, हद से अधिक बढ़ जाने पर, भावशून्य पत्थर में परिवर्तित कर देती है।

सन् 1970 से 1978 के बीच की मेरी डायरियों में राजेन्द्र के पत्रों का तो अक्सर ज़िक्र मिल जाता है, उसके साथ होनेवाली बैठकें लगभग अनुपस्थित ही हैं। उस दौर में मेरे जीवन में भी कुछ अत्यंत महत्त्वपूर्ण परिवर्तन हो गए थे। उनमें सबसे अधिक महत्त्वपूर्ण था मेरे दफ़्तर की ट्रेड यूनियन में चल पड़ी भयंकर गुटबंदी का शिकार हो जाने के कारण मुझे 'तरक्की' देकर अफ़सर बना दिया जाना।

सन् 1964 में पार्टी के विभाजन के बाद मैंने कम्युनिस्ट पार्टी की सदस्यता से त्यागपत्र दे दिया था। वास्तव में, भारत-चीन युद्ध के बाद से ही पार्टी के विभाजित हो जाने के आसार स्पष्ट नज़र आने लगे थे। मेरे लिए बड़ी पीड़ाजनक थी पार्टी के विभाजन की कल्पना भी। सन् 1940 में, सत्रह वर्ष की किशोरावस्था में मैंने ग़ैर-क़ानूनी कम्युनिस्ट पार्टी में अपनी आँखें खोली थीं। उस युग में अंग्रेज़ी शासकों के विरुद्ध कम्युनिस्ट पार्टी को ही कांग्रेस की अपेक्षा अधिक क्रांतिकारी संगठन माना जाता था। राष्ट्रीय स्वतंत्रता संग्राम के सारे युग में आज के आर.

एस. एस. और भाजपा के झंडाबरदारों का दूर-दूर तक कहीं पता नहीं था। अटल बिहारी वाजपेयी, लालकृष्ण आडवानी, मुरली मनोहर जोशी, वैंकया नायडू और गोविंदाचार्यों का किसी ने नाम तक नहीं सुना था। इनकी पूर्वज संस्था, हिंदू महासभा रायबहादुरों और उन जैसे टोडी बच्चों की जमात थी जिसका एकमात्र कार्यक्रम हिंदुत्व के नाम पर कट्टरपंथी विचारों को जीवित बनाए रखना था।

मैंने कम्युनिस्ट पार्टी में शामिल होने के बाद ही राजनीति का क ख ग सीखा था। तभी से आज तक कार्ल मार्क्स का दर्शन मेरे दिल और दिमाग़ दोनों पर क़ब्ज़ा जमाए बैठा है। उसके द्वंद्वात्मक भौतिकवाद तथा वर्ग संघर्ष में मेरी आस्था को हमारे राष्ट्रीय एवं अंतर्राष्ट्रीय जीवन की घटनाएँ दिनों-दिन पुष्ट ही करती जा रही हैं।

इस पृष्ठभूमि में, जब मार्क्सवादी कम्युनिस्ट पार्टी की स्थापना की गई तो निस्संकोच स्वीकार करता हूँ कि क्षोभ और हताशा में मैंने न भारत की कम्युनिस्ट पार्टी की सदस्यता स्वीकार की, न मार्क्सवादी कम्युनिस्ट पार्टी की। और इसे मेरा अपराध क़रार दे दिया गया, क्योंकि बदली हुई राजनीतिक मानसिकता के अनुसार यदि आप सौ फ़ीसदी हमारे साथ नहीं हैं तो आप सौ फ़ीसदी हमारे ख़िलाफ़ हैं। अतएव आपके साथ ठीक वैसा ही बर्ताव होने लगेगा जैसा पार्टी के शत्रुओं के साथ किया जाता है।

सन् 1970 में मैं अपने दफ़्तर की यूनियन का अध्यक्ष था। मंत्री था कमल भट्टाचार्य जो नई मार्क्सवादी कम्युनिस्ट पार्टी का सक्रिय कार्यकर्ता था। हम दोनों साथ काम कर रहे थे। परंतु तब तक हमारे मतभेद काफ़ी उजागर होते जा रहे थे। उस बार बीमारी के कारण बंबई न जा सकने की मेरी असमर्थता का लाभ उठाकर उसने मैनेजमेंट के साथ साठ-गाँठ कर मेरी पदोन्नति का आदेश जारी करवा दिया। अब मैं यूनियन का सदस्य नहीं बना रह सकता था—उस यूनियन का जिसकी स्थापना करने में मेरी प्रमुख भूमिका रही थी।

अवश्य ही, यदि मैं इस पदोन्नति को अस्वीकार कर देता तो यूनियन के साथ अपने संबंध को बनाए रख सकता था। परंतु उस समय मुझ पर दोहरा दबाव पड़ रहा था। मेरी पत्नी की मध्यवर्गीय आकांक्षाएँ मुझसे वे समस्त अपेक्षाएँ रखती थीं जो उसे अपने से ऊपर देखने का सतत लालच देती रहती हैं। रिटायर करने पर अफ़सर को क्लर्क की अपेक्षा लाख-दो लाख रुपये प्रोविडेंट फ़ंड में अधिक मिल जाएँगे, 'अफ़सर की बीवी' कहलाने का अपना ही आकर्षण होता है आदि-आदि छोटी-छोटी बातें कितनी महत्त्वपूर्ण बन जाती हैं, यह मैं तो जानता था, मगर कमला उनसे अनभिज्ञ थी।

कदाचित् मैं उसे या तो समझाने में समर्थ हो जाता, या फिर एक बार

निर्ममतापूर्वक उसके आग्रह की उपेक्षा कर उसका मुँह बंद कर देता। परंतु मेरी यूनियन के मेरे अपने सहकर्मियों ने मुझ पर एक दूसरा ही दबाव डालना आरंभ कर दिया। उन साथियों में सबसे अधिक मुखर था स्वयं कमल भट्टाचार्य जिसने यह कहकर मुझे निरुत्तर कर दिया कि एक ओर तो हम अपने वरिष्ठ तथा योग्य सदस्यों की पदोन्नति कर अफ़सर बनाए जाने की ज़ोरदार माँग करते रहे हैं और अब जब कंपनी ने 28 वर्षों तक योग्यतापूर्वक काम करने की एवज़ में तुझे अफ़सर बनाने का निश्चय किया है तो तू किस आधार पर उसे ठुकरा सकता है ? अत्यंत तर्कसंगत प्रतीत हुई उसकी यह बात। बुझे-बुझे मन से ही सही, इस दुहरे भार के समक्ष, मैंने अपनी स्वीकृति दे ही दी।

उस समय तक मैं यह नहीं भाँप सका था कि यह कमल की दुरभिसंधि थी। 'चोर से कहे कि चोरी कर और साहूकार से कहे कि जागते रहना' वाली कहावत चरितार्थ कर रहा था कमल। लाख हो, कमल भी कम्युनिस्ट था, जिसके साथ मैं सन् 1955 से यूनियन का संचालन करता आ रहा था। वह इस प्रकार पीठ में छुरा घोंपेगा, यह मेरे ख़्वाबो-ख़याल में भी नहीं आया था।

कमल भट्टाचार्य को उसके कुटिल षड्यंत्र का नतीजा हाथोंहाथ भुगतना पड़ा। उस वर्ष हुए यूनियन के चुनावों में उसके पैनल के अन्य सभी सदस्य हार गए। केवल वही चुना जा सका। फिर जब मुझे बताया गया कि उस वर्ष चुनाव के बाद होनेवाली जनरल बॉडी की मीटिंग में कमल स्पष्ट शब्दों में स्वीकार करने पर बाध्य हो गया था कि ठाकौर को अफ़सर बनवाकर उसने अपने जीवन की सबसे बड़ी ग़लती की तो वाक़ई मुझे हार्दिक प्रसन्नता हुई थी। मेरा प्रतिशोध पूरा हो गया।

अफ़सर बना दिए जाने के बाद लगभग साल-डेढ़ साल तक मैं सकते में बना रहा था। सुदीर्घ अठारह वर्षों तक यूनियन की नेतागीरी करते हुए एक विचित्र-सा नशा चौबीसों घंटे चढ़ा रहता था। वह नशा झटके में उतार दिया गया। अब दिमाग़ सुन्न, विचारशून्य हो गया प्रतीत हो रहा था। मानसिक अवसन्नता निष्क्रियता और हताशा की जन्मदात्री होती है। उस साल-डेढ़ साल के अरसे में न कुछ सोचने की इच्छा होती थी, न कुछ करने की। दिन-भर कोफ़्त महसूस होती रहती, चिड़चिड़ापन हावी रहता।

बचपन में पढ़ा दिया गया था—'ख़ाली दिमाग़ शैतान का घर'। अब 74 वर्ष की आयु में इस कहावत का अर्थ मेरे रंध्र-रंध्र की समझ में भली-भाँति आता जा रहा था। इस निष्क्रियता से उबरने की कई बार चेष्टा भी की। परंतु कोई निश्चित लक्ष्य न होने के कारण मेरी उन चेष्टाओं का असफल होना अनिवार्य था। लक्ष्यहीन यात्रा कभी मंज़िल तक नहीं पहुँचती, उसका अंत तो केवल भटकाव में ही होता है। यदि मेरी यह मानसिक अवसन्नता कुछ और समय तक चल जाती तो मैं

अवश्य ही बिखरकर टूट गया होता।

इस जड़ता को तोड़ा था साहित्य ने, साहित्यिक संस्था 'सुपर्णा' ने, 'सुपर्णा' के मंत्री, शंभू प्रसाद श्रीवास्तव ने। 'सुपर्णा' शंभू की जेबी संस्था थी जिसके रजिस्टर्ड संविधान के अनुसार वह उसका आजन्म मंत्री था और जिसके सभापति सहित किसी भी पदाधिकारी को बर्खास्त करने का अधिकार उसे और केवल उसको था। सन् 1970 में उसने अन्य अनेक के साथ मुझे भी इस संस्था का मानद सदस्य नामज़द कर लिया था। नामज़दगी का पत्र मिलने पर औरों की भाँति मैंने भी उसका मज़ाक़ उड़ाते हुए उपेक्षा ही की थी।

तभी समाचार मिला कि छविनाथ मिश्र पर उन्माद रोग का दौरा पड़ा है। छविनाथजी की गणना कलकत्ता के श्रेष्ठतम कवियों में आज भी की जाती है। संयोग देखिए कि उन्होंने अपना साहित्यिक उपनाम भी 'पागल' ही रख छोड़ा था। कुछ वर्ष पहले विवाह कर लेने और दो संतानों के पिता बन जाने के बाद उनकी आर्थिक स्थिति नित्य प्रति बिगड़ती जा रही थी। उधर, उनका सहज स्वाभिमान उन्हें किसी की कृपा का मुहताज बनने नहीं दे रहा था। इस प्रचंड आर्थिक दबाव और उनके भावुक हृदय ने उनका मानसिक संतुलन बिगाड़कर ही चैन लिया।

कॉफ़ी हाउस में यह सूचना मिलते ही हम सब विचलित हो उठे। छविनाथजी सदा से अजातशत्रु रहे हैं। सभी उन्हें 'दादा' कहकर संबोधित किया करते हैं। सो हम सभी कॉफ़ी हाउस से उठकर शहीद मीनार के पास मैदान में जा बैठे। तुरंत कुछ चंदा उगाहकर दादा का उचित उपचार करने के प्रस्ताव पर हम चर्चा कर ही रहे थे, तभी बड़े नाटकीय ढंग से वहाँ शंभू भी आ पहुँचा और चुपचाप सबके विचार सुनने लगा।

उसकी बारी आने पर उसने जो कुछ कहा था, जितनी दृढ़तापूर्वक कहा था, उसने मुझे, और वहाँ उपस्थित सभी को, गहरा प्रभावित किया। उसका कहना था कि साहित्यकार की एकमात्र जमा-पूँजी होती है उसका स्वाभिमान, उसका आत्मगौरव जिसे हम उसकी बीमारी और ऐसे ही दूसरे अवसरों पर सार्वजनिक रूप से चंदे के नाम पर भीख माँगकर उससे छीन लेते हैं। यह किसी भी सृजनशील साहित्यसेवी का चरम अपमान गिना जाना चाहिए। विशेषकर जब स्वस्थ हो जाने के बाद छविनाथजी को पता चलेगा कि उनका इलाज सार्वजनिक चंदा माँगकर किया गया, तो क्या वे उस आघात को सह सकेंगे ? क्या वे पुनः उन्मादग्रस्त नहीं हो जाएँगे ?

बड़े आवेश में भरा यह सब कहे जा रहा था शंभू। हम सब मुँह बाए बैठे उसे ताक़ते रहे थे। तभी कोई पूछ बैठा, ''चंदा न करें तो और क्या करें ?'' ''ज़रूर करें चंदा,'' शंभू का कथन था, ''केवल उसका रूप बदल दें, तो दादा

के स्वाभिमान की भी रक्षा हो जाएगी, और उनके इलाज लायक़ रक़म भी सहज ही उपलब्ध हो जाएगी।" शंभू ने प्रस्ताव रखा कि वह 'सुपर्णा' की ओर से दादा की कविताओं का एक संग्रह दस-पंद्रह दिन के अंदर छाप देगा। इस बीच हम जिससे जितनी रक़म जमा करें, उसे उतनी रक़म की उस कविता संग्रह की प्रतियाँ दे देंगे। फिर भले वह उन प्रतियों को अपने बंधु-बाँधवों में मुफ़्त बाँट दे, अथवा उन्हें बेचकर अपनी रक़म वापस वसूल कर ले।

इनता अप्रत्याशित, इतना मौलिक, इतना चमत्कारी था शंभू का यह प्रस्ताव कि सभी ने उसे उत्साहपूर्वक स्वीकृति दे दी थी। छविनाथजी ने कुछ समय पहले से प्रेम-गीतों के स्थान पर आधुनिक भावबोध वाली अतुकांत कविताएँ लिखना आरंभ कर दिया था। शंभू ने उन कविताओं को छाँटकर उन्हें 'समयदंश' का शीर्षक प्रदान कर, पाँच रुपये मूल्य वाला एक सुरुचिपूर्ण काव्य संग्रह मात्र दस दिन में ही प्रकाशित कर दिया। उसके माध्यम से हाथों-हाथ कुछ हज़ार रुपये जमा कर लिये गए, जिनसे न केवल छविनाथजी का उपचार संभव हो सका, संग्रह की छपाई का मूल्य काटे बाद भी, दो-ढाई हज़ार की राशि उनकी धर्मपत्नी के नाम का फ़िक्स्ड डिपॉज़िट एकाउंट भी खुलवाना संभव हो सका था।

इस घटना ने मुझे शंभू प्रसाद श्रीवास्तव के बहुत निकट खींच लिया। अभी तक मैंने साहित्यकारों को लक्ष्मीपतियों के समक्ष नतशिर हो, उनका कृपाकांक्षी होता देखा था। उस दिन पहली बार मुझ लगा मानो शंभू उनकी सुप्त हो चुकी अस्मिता को झकझोरकर कह रहा हो, "उत्तिष्ठ, जाग्रत, प्राप्यवरान्निबोधत।" मैं सचमुच चमत्कृत, ठगा-सा रह गया था। 'शॅबार ऊपरे मानुष शॅत्त, ताहार ऊपरे नॅय' में अदम्य विश्वासी मेरा मन शंभू के प्रति पाले गए सारे संदेह भुलाकर आकर्षित हो गया था।

लगभग छः वर्ष चली थी शंभू और मेरी घनिष्ठता। कई नई बातें सीखी थीं मैंने शंभू से। एक तो यह कि संसार की सभी भाषाएँ समान रूप से आदरणीय होती हैं क्योंकि मनुष्य अपनी सूक्ष्म-से-सूक्ष्म और स्थूल-से-स्थूल मनोभावों को भाषा के ही माध्यम से प्रकट करता है। अतएव किसी भी भाषा को ऊँचा या नीचा समझना अपने ही दंभ और अज्ञान का प्रदर्शन करना है। हम अपने स्वार्थों की पूर्ति के लिए किसी भाषा को 'देव भाषा' और किसी को 'राक्षसी भाषा' कहकर स्वयं को औरों से उच्चतर स्तर पर स्थापित करने का अपराध करते रहते हैं।

दूसरा, इसी से संबंधित तथापि अत्यंत महत्त्वपूर्ण मुद्दा यह है कि निहित स्वार्थों ने भाषा को दीवार की भाँति लोगों को बाँट रखने के लिए इस्तेमाल किया है। आवश्यकता है भाषा को सेतु बनाने की। यों देखिए तो मनुष्यता के उन्नायकों ने सदैव यही किया भी है। बुद्ध और महावीर द्वारा पाली में अपने

उपदेश देना, ईसा मसीह द्वारा मछुआरों को अपना प्रथम शिष्य बनाना, गाँधीजी द्वारा हिंदी-हिंदुस्तानी को ही अपने भाषणों का माध्यम के रूप में निर्वाचित करना—सभी उस दिशा में बढ़ाए गए क़दम थे।

अतएव तीसरी बात, जिसे अपनी आँखों के सामने अपना चमत्कार प्रत्यक्ष प्रमाणित करते हम सबने कलकत्ता में देखा था, थी सेतु के रूप में अनुवाद की अनिवार्यता। हमने तीन वर्षों तक मासिक काव्यपाठ गोष्ठियाँ आयोजित कर उनमें क्रमशः नौ भारतीय भाषाओं को सम्मिलित कर समूचे कलकत्ता के बुद्धिजीवियों को निकट से निकटतर लाने में सफलता प्राप्त की थी। बांग्ला, हिंदी, उर्दू, गुजराती, मराठी, उड़िया, असमिया, तमिल तथा पंजाबी के कवि अपनी कविताओं का अन्य आठ भाषाओं में अनुवाद सुनकर उन भाषाओं के सुधी श्रोताओं की प्रशंसा प्राप्त कर कितने मगन हो जाते होंगे, सहज ही कल्पना ही जा सकती है। यही कारण था कि उन गोष्ठियों में सुभाष मुखोपाध्याय, सुनील गांगुली, मनीन्द्र रे, सालिक लखनवी, शंखो घोष तक अपनी कविताएँ सुनाने को लालायित रहते थे।

इन गोष्ठियों का चरम बिंदु उस समय पहुँचा जब मुझे नेशनल बुक ट्रस्ट के तत्कालीन अध्यक्ष, श्री लोकनाथ भट्टाचार्य ने पत्र लिखकर बेल्जियम के एक फ्रेंच भाषा के कवि, लेम्बरसी की कविताओं को हिंदी, उर्दू तथा बांग्ला में अनूदित किए जाने की व्यवस्था करने का आग्रह किया। उन कविताओं को अंग्रेज़ी में उन्होंने खुद अनूदित किया था। हमने दिसंबर 1975 में लेम्बरसी के कलकत्ता आगमन के अवसर पर उन कविताओं का एक संग्रह प्रकाशित कर उन्हें भेंट भी किया। उस आयोजन में लेम्बरसी ने स्वीकार किया था कि उन्होंने यूरोप-अमेरिका में कहीं भी ऐसी अनूठी संस्था नहीं देखी थी।

अपने इन्हीं विचारों को अमली जामा पहनाने के उद्देश्य से दिसंबर 1971 में पाकिस्तानी शासकों के विरुद्ध सशस्त्र संग्राम कर रहे मुक्ति-योद्धाओं को भारतीय सेना द्वारा दी गई सहायता के कारण जब स्वाधीन बांग्लादेश की स्थापना संभव हो सकी, तो 'सुपर्णा' ने वहाँ के 44 कवियों की 45 कविताओं को 'कविता बांग्लादेश की' में संग्रहीत कर उन्हें एक ओर मूल बांग्ला लिपि में तथा सामने के पृष्ठ पर उनका हिंदी अनुवाद छापकर, उसकी 500 प्रतियाँ कलकत्ता स्थित बांग्लादेश के डिप्टी हाईकमिश्नर को भेंट कीं।

इसी प्रकार उस समय के हावड़ा के नवोदित सशक्त उर्दू कवि जनाब क़ैसर शमीम की ग़ज़लों और नज़्मों के संग्रह 'साअतों का समंदर' को एक ओर से हिंदी लिप्यंतरण में तथा दूसरी ओर से मूल उर्दू लिपि में प्रकाशित किया। इस संग्रह की विशेषता यह थी कि इसकी एक हज़ार प्रतियाँ, हावड़ा राइटर्स यूनियन के सदस्यों ने अपने ही उद्यम के बल पर मात्र इक्कीस दिनों में बेच डालीं। फिर

'सुपर्णा' ने छपाई का ख़र्च काटकर, बाक़ी बची पूरी राशि क़ैसर भाई को रॉयल्टी के रूप में श्री सुनील गांगुली के हाथों सौंप दी।

इस प्रकार सन् 1971 से 1975 के दौरान कई बड़े काम किए थे 'सुपर्णा' ने। कलकत्ता और उसके निकटवर्ती क्षेत्रों में तो बहुभाषी काव्य-पाठ गोष्ठियाँ आयोजित कीं ही, हम लोग अपने पड़ोसी राज्य आसाम में भी भाषायी समन्वय का अपना अलख जगा आए थे। जहाँ भी गए, हमारे इस प्रयास की न केवल बुद्धिजीवियों ने, जन-सामान्य ने भी मुक्त कंठ से सराहना की थी। राजनीतिज्ञों द्वारा राष्ट्र को खंड-खंड कर देने के दुष्प्रभावों को भोगते-झेलते लोगों को 'सुपर्णा' के टिटहरी-प्रयास में कदाचित् आशा की थोड़ी-सी झलक नज़र आई होगी।

महाकवि मिल्टन ने—Fame is the last infirmity of a noble mind. बहुत ठीक कहा है। यश की कामना सभी करते रहते हैं—noble mind वाले भी और मुझ सरीखे नितांत ordinary mind वाले भी। बड़ी मादक होती है यह यशेष्णा। यशेष्णा ही तो समस्त महान कार्यों की प्रेरक शक्ति होती है। 'सुपर्णा' के हम सभी कार्यकर्त्ता भी इसी से प्रेरणा प्राप्त कर सोचने लग गए थे कि यदि ऐसा ही चलता रहा, तो वह दिन दूर नहीं है जब 'सुपर्णा' की ख्याति सारे देश पर छा जाएगी और तब विदेशों तक उसकी गंध पहुँचने में अधिक समय नहीं लगेगा। लेम्बरसी का काव्य-संग्रह उस दिशा की ओर बढ़ा पहला क़दम लगा था हमें।

तथापि इस संदर्भ में गोस्वामी तुलसीदास की वह उक्ति कहीं अधिक सटीक सिद्ध हुई थी जिसमें उन्होंने कहा है—लोक लालसा अनल सम, कर तप कानन दाहु। चार-पाँच वर्षों की अल्प अवधि में मिल गई ख्याति ही 'सुपर्णा' के अस्तित्व के लिए वह अग्नि सिद्ध हुई जिसने हमारी, और हमसे भी अधिक शंभू प्रसाद श्रीवास्तव की साधना के उपवन को देखते-देखते जलाकर राख कर डाला।

प्रसिद्धि, प्रतिष्ठा तथा अर्थ का युगों से घनिष्ठ संबंध रहता चला आया है और सभी जानते हैं कि अर्थ लोभ का जनक होता है। 'सुपर्णा' की मासिक बहुभाषी गोष्ठियों में हम अपने लगभग सवा-डेढ़ सौ साहित्यरसिक श्रोताओं को कुल्हड़ में एक आने की चाय तक नहीं पिलाते थे। न वे श्रोता गण हमसे उसकी अपेक्षा ही रखते थे। जिसे तलब लगती, वह नीचे जाकर चाय पी आता। परंतु जब दो-ढाई वर्ष बीतते-न-बीतते बाहर से आमंत्रण आने लगे तो उनके साथ व्यावसायिकता भी पनपने लगी। कवियों के आवागमन, आतिथ्य-सत्कार ही नहीं, 'सुपर्णा' के लिए चंदे की राशि का भी मोल-भाव होने लगा। बस, 'सुपर्णा' का पतन भी इसी बिंदु से आरंभ हो गया।

बड़ी जल्दी चला गया शंभू इस संसार से। 4 मई, 1993 को कुछ दिन की बीमारी भोगने के बाद उसका निधन हो गया। मेरे साथ उसकी अंतरंगता मात्र पाँच-छः वर्ष ही रह पाई थी। किसी भी सार्वजनिक कार्य में व्यावसायिकता मुझे

कभी रास नहीं आती। इसलिए उसके साथ अपने संबंधों को मैंने एक खूबसूरत मोड़ देकर समाप्त कर लिया था। तथापि, उससे मुझे जो कुछ नया सीखने को मिला, उसका ऋण आज भी मुझ पर बाक़ी है। अनूठी प्रतिभा का धनी था वह। दफ़्तरी काम को अद्‌भुत सलीक़े से कर लेने की उसकी क्षमता का सभी लोहा मानते थे। जन्मजात कवि था, चित्रकार था और स्वरों का पारखी था। बड़ी प्यारी-प्यारी यादें दे गया है शंभू अपनी थाती में।

'सुपर्णा' से 1976 के आरंभ में ही अपने संबंध समाप्त कर लेने के बाद भी मैंने स्वयं को रीता हुआ नहीं पाया। प्रो. कल्याणमल लोढ़ा ने मुझे एक बड़ी साहित्यिक प्रवृत्ति के साथ आग्रहपूर्वक संलग्न कर लिया था। उन्होंने 'सूरदास पंचशती' का भव्य आयोजन करने का निश्चय किया था। पूरे साल-भर चलनेवाले थे इसके विभिन्न अनुष्ठान। प्रोफ़ेसर साहब ने मुझे इस समारोह की कार्यकारिणी समिति का सदस्य तथा उसकी साहित्य उपसमिति का संयोजक निर्वाचित करवा लिया। इसके साथ जोड़ने से पहले प्रो. लोढ़ा ने मुझे आश्वस्त कर दिया था कि इस समारोह को सरकारी कदापि नहीं बनने दिया जाएगा। हिंदी के सूर, महाकवि सूरदास की साहित्यिक गरिमा को अधिक-से-अधिक उकेरने का प्रयास रहेगा हमारा। राष्ट्रीय और अंतर्राष्ट्रीय स्तरों के सूर-विशेषज्ञों को आमंत्रित कर तीन दिवसव्यापी सेमिनार होगा, ब्रजभाषा कवि-सम्मेलन होगा, आदि-आदि।

इसी समारोह के कारण दिसंबर 1978 में मुझे दिल्ली जाकर राजेन्द्र का आतिथ्य एक बार और स्वीकारना पड़ा।

सूरदास पंचशती समारोह ने मुझे 1977 और 1978, दोनों वर्षों में न केवल अत्यंत व्यस्त रखा, बहुत कुछ सिखाया भी। इसके लिए मैं प्रो. कल्याणमल लोढ़ा का ऋणी रहूँगी। उनके निर्देशन में मुझे पहली बार किसी बृहत् समारोह को आयोजित करने का निकट से अनुभव हुआ। प्रोफ़ेसर साहब की सतत सजग पैनी दृष्टि से कुछ भी तो नहीं चूकता था। छोटे-से-छोटे और बड़े-से-बड़े 'डीटेल' का ध्यान रखने में माहिर हैं प्रोफ़ेसर लोढ़ा। किसे बुलाना है, कब बुलाना है, आने पर कहाँ बैठाना है, किसके द्वारा किसका कहाँ स्वागत करवाना है, उसे कौन कहाँ विदा देगा—सब कुछ उनके ध्यान में पहले ही आ जाता था और उसका सुचारु रूप से क्रियान्वयन न हो जाने तक बराबर बना भी रहता था। इस महान साहित्यिक यज्ञ को संपन्न करने के लिए जिस प्रचुर धनराशि की आवश्यकता थी, उसके भी एक बड़े अंश का संग्रह उनके व्यक्तिगत प्रयासों से ही संभव हो सका था।

इस समारोह के विभिन्न आयोजन 12 मई, 1978 के उद्‌घाटन सत्र से आंरभ होकर एक वर्ष तक चलते रहे। साहित्य उपसमिति का संयोजक होने के

नाते यों तो उन सभी आयोजनों में थोड़ा बहुत उत्तरदायित्व मुझे निभाना ही पड़ा था, परंतु स्वीकार करता हूँ कि उनमें से दो में मुझे स्वयं बड़ी रुचि रही थी और उनमें बड़े उत्साह से मैंने अपना दायित्व निभाया भी। पहला आयोजन था 19 अगस्त को होनेवाला ब्रज भाषा कवि-सम्मेलन। इसे अविस्मरणीय बना दिया था सोम ठाकुर के ब्रज भाषा की श्रेष्ठतम परंपराओं का निर्वाह करते हुए भी आधुनिकतम भावबोध वाले रससिक्त छंदों ने। कलकत्ता के सुधी श्रोता आज तक उस संध्या की चर्चा करते सुने जा सकते हैं।

दूसरा आयोजन था 9 दिसंबर से आरंभ हुई त्रिदिवसीय अंतर्राष्ट्रीय सूर संगोष्ठी। मेरी जानकारी में किसी भी भारतीय भाषा के एक कवि की साहित्यिक उपलब्धियों पर विशद चर्चा कर उसका लेखा-जोखा लेने का प्रयास करनेवाली यह संगोष्ठी अपने ढंग की पहली ही थी। इसके लिए हमने महीनों पहले से इंग्लैंड, अमेरिका, कनाडा, पूर्वी तथा पश्चिमी जर्मनी, सोवियत यूनियन, जापान, थाइलैंड आदि अधिकतम देशों के विश्वविद्यालयों तथा प्राच्य संस्थानों के साथ पत्र व्यवहार कर लगभग पंद्रह-बीस सूर साहित्य के विश्व प्रसिद्ध विद्वानों का आगमन सुनिश्चित कर लिया था। साथ ही, भारत के अपने विशिष्टतम विद्वानों के सक्रिय सहयोग का आश्वासन लेना हम नहीं भूले थे।

इस जीवंत संगोष्ठी में भाग लेनेवाले विदेशी विद्वान थे—इंग्लैंड के कैंब्रिज विश्वविद्यालय के हिंदी विभागाध्यक्ष डॉ. आर. एस. मेकग्रेगर, कनाडा के ब्रिटिश कोलंबिया विश्वविद्यालय के प्रो. केनेथ ई. ब्रायंट, सोवियत यूनियन के सुप्रसिद्ध भारतविद प्रो. ई. पी. चेलीशेव तथा डॉ. (मदाम) न. म. साज़ानोवा, जापान के डॉ. तेजी सकाता, पूर्वी जर्मनी के श्री रोलेंड बीयर, पश्चिमी जर्मनी के डॉ. लोठार लुत्से तथा अमेरिका की कुमारी लिंडा हेस। भारतीय विद्वानों में प्रमुख थे डॉ. नामवर सिंह, डॉ. हरवंश लाल, डॉ. जगदीश गुप्त, डॉ. अम्बाशंकर नागर, डॉ. रमेश कुमार शर्मा, डॉ. एन. ई. विश्वनाथ अय्यर, डॉ. परमानन्द श्रीवास्तव तथा डॉ. प्रेमशंकर। कलकत्ता का प्रतिनिधित्व किया था डॉ. कृष्णबिहारी मिश्र तथा श्री विष्णुकांत शास्त्री ने।

साहित्य उपसमिति का संयोजक होने के नाते मुझे भी इस सेमिनार के प्रत्येक पहलू पर चार-पाँच दिन तीखी नज़र रखनी पड़ी थी। अनेक विशिष्ट विदेशी विद्वानों को दमदम हवाई अड्डे पर जाकर स्वागत ज्ञापित करने से आरंभ कर सेमिनार में व्यवस्था बनाए रखने का भार जीवन में पहली बार मेरे कमज़ोर कंधों पर आ पड़ा था। रात-दिन एक करना पड़ गया था उस दौरान। किंतु बड़ा मज़ा आया था, इसमें कोई संदेह नहीं। अपने अंदर चौबीसों घंटे जिस उल्लास और उत्साह का अनुभव करता रहता था, उसने स्वाधीनता प्राप्ति के ठीक पहले वाले युग में हम छात्रों द्वारा चलाए गए आंदोलनों के समय की

स्मृति ताज़ा कर दी।

हमारी समिति ने पहले से ही निश्चय कर रखा था कि सेमिनार की समाप्ति के पश्चात् समस्त आगत विदेशी विद्वानों को ब्रजभूमि के भ्रमण पर ले जाया जाएगा। हम चाहते थे कि वे भी उस परिवेश का स्वयं पूरा जायज़ा ले सकें जो महाकवि भक्त सूरदास के श्वास-प्रश्वास में रच-बस रहा था। हालाँकि कहीं हम डर भी रहे थे कि मास्को, बर्लिन, लंदन, कैंब्रिज, टोरंटो, टोक्यो और वाशिंगटन के ये निवासी ब्रज की 'साँकरी गलीन में कांकरी' की चुभन को बर्दाश्त कर भी पाएँगे ?

हमें हार्दिक आश्चर्यमिश्रित प्रसन्नता हुई जब उन सभी ने एक स्वर से इस यात्रा के प्रति उत्साह प्रकट किया। पाँच दिन तक साथ-साथ रेल तथा बस द्वारा की गई इस यात्रा में रूस के चेलीशेव तथा 'रूस की राधा' साज़ानोवा, कैंब्रिज विश्वविद्यालय के डॉ. मैकग्रेगर तथा टोक्यो के डॉ. तेजी सकाता और हमारे मदन बाबू, उनकी विदुषी धर्मपत्नी, डॉ. प्रतिभा अग्रवाल, हमारी समिति के मंत्री श्री विजय बर्मन तथा उनकी सहधर्मिणी श्रीमती रविप्रभा बर्मन—इन सबके हँसी-ठहाके, उन्मुक्त मित्रवत व्यवहार तथा ब्रज के ग्रामीणों के साथ खुले दिल से घुल-मिल जाने की प्रवृत्ति—सबने मिलकर उन पाँच दिनों को मेरे लिए तो अविस्मरणीय बना डाला।

हमारा यह ब्रज अभियान 17 दिसंबर को दिल्ली तक चला था। दिल्ली पहुँचे बाद सभी अपने-अपने ठीये-ठिकाने जा पहुँचनेवाले थे। इस बार मेरा इरादा कलकत्ता में सन् 1953 से मेरे प्रतिवेशी मित्र श्री सूर्यशंकर नागर के साथ रुकने का था। वे हाल में ही पटना से स्थानांतरित होकर दिल्ली के नेहरू प्लेस में देना बैंक शाखा के मैनेजर होकर आए थे। दिल्ली पहुँचते-पहुँचते हमारी बस को शाम के आठ बज गए। चारों ओर बिजलियाँ चमक रही थीं। मैं थ्री व्हीलर में बैठकर चल पड़ा था कालकाजी में नागर साहब के निवास-स्थान की ओर।

परंतु वहाँ पहुँचकर सारी जेबें टटोल लेने के बावजूद उनके बँगले का नंबर लिखा काग़ज़ नहीं मिला सो नहीं ही मिला। पूरे ढाई घंटे चक्कर लगवाए थे मैंने बेचारे चालक को। देना बैंक की शाखा का दरबान भी कहीं ढूँढ़े न मिला। परेशानी की इंतहा हो चुकने पर मैंने उसी रिक्शा चालक की सहायता से एक दूसरा ऑटो लेकर उसका रुख़ शक्तिनगर की ओर मोड़ने का आदेश दे दिया।

राजेन्द्र के घर पहुँचकर जब मैंने उसे आवाज़ लगाई तो उस समय बज रहे थे रात के सवा ग्यारह। पहले तल्ले से जब राजेन्द्र ने झाँकने पर नीचे मुझे खड़ा पाया तो वह आश्चर्य में भरा ठेठ आगरावाले मुहावरे में कह उठा था, "अरे मारा, ठाकुर साहब ? इतनी रात में ? अचानक ?" उस रात मन्नूजी, राजेन्द्र

और मैं क़रीब दो बज़े तक ग़पियाते रहे। लंबे अंतराल के पश्चात् मिलने पर बातों का अंबार ख़त्म ही नहीं होना चाह रहा था।

दूसरे दिन जब नागर साहब से फ़ोन पर उनके बँगले का नंबर नोट कर वहाँ पहुँचा तो वहाँ एक और भी बड़ी खुशी मेरी प्रतीक्षा करती मिली। कलकत्ता से मेरे पुत्र दीप ने तार द्वारा सूचना दी थी कि 17 दिसंबर को उसकी पत्नी सुमन ने मुझे एक गुड़िया का दादा बना दिया है। मारे खुशी के मैं ही नहीं नागर साहब तक झूम उठे थे। मेरी जानकारी में पाँच पीढ़ियों बाद एक पुत्री ने हमारे परिवार को धन्य किया था। उसका नामकरण भी हमने मन्नूजी के सुझाव पर वहीं दिल्ली में ही कर दिया था—नेहा।

अब मेरा मन जल्दी-से-जल्दी कलकत्ता पहुँच जाना चाह रहा था। यों प्रोफ़ेसर लोढ़ा ने हमें आश्वस्त कर रखा था कि उन्होंने दिसंबर की राजधानी एक्सप्रेस में हमारे टिकिट रिजर्व करवाने की पूरी व्यवस्था कर रखी है। अतएव उस दिन शाम को साढ़े तीन के आसपास हम सब कलकत्ता जाने के प्रत्याशी अपना-अपना समान लादे नई दिल्ली जंक्शन पर जा पहुँचे।

तभी सूरदास पंचशती समारोह समिति के इतिहास में पहला अपशुकन घट गया। न जाने किस कारणवश स्टेशन पर टँगी रिज़र्वेशन लिस्ट में हममें से किसी का भी नाम टंकित नहीं हुआ था। राजधानी एक्सप्रेस आई, प्लेटफ़ार्म पर खड़ी रही और समय पर सीटी बजाकर चली भी गई। हम सब बेबस बने 'कारवाँ गुज़र गया, गुबार देखते रहे।' हाय रे इनसान की मजबूरियाँ !

प्रतिभाजी की आँखों में तो आँसू छलछला उठे थे। मदन बाबू और मैं यह दृश्य देखकर हँस रहे थे। गाड़ी छूट जाने पर कोई रो भी सकता है, यह विचार ही हमें गुदगुदाए जा रहा था।

उस हताशा से प्रतिभाजी को उबारा भी मदन बाबू ने ही। "फ़िक्र मत करो, प्रतिभा। हम कल ही कलकत्ता पहुँच जाएँगे। चलो ठाकुर, कल सुबह की फ़्लाइट के टिकिट ख़रीद लाते हैं।" प्रतिभाजी मय साजो-सामान के अपने दिल्ली के निवास की ओर रवाना हुईं और हम दोनों मुख़ातिब हुए कनाट प्लेस की ओर। बड़े आराम-आराम से मिल गए दूसरे दिन की फ़्लाइट के तीन टिकिट।

इस तमाम भागदौड़ और तनाव भरे माहौल से गुज़रने के बाद मुझे और मदन बाबू, दोनों को चाय की तलब शिद्दत से महसूस हो रही थी। लिहाज़ा हम दोनों पहले नज़र आ गए एक चायख़ाने में जा घुसे। वहाँ राजेन्द्र, मन्नूजी और शानी पहले से ही डटे बैठे मिल गए। इस अप्रत्याशित भेंट से हम सबको खुशी भी हुई और ताज्जुब भी, क्योंकि राजेन्द्र-मन्नूजी के ख़याल से उस वक़्त हमें अलीगढ़ के आसपास कहीं होना था, और हमारे विचार से साहित्यकार या तो कॉफ़ी हाउस में मिलते हैं या टी हाउस में। बहरहाल, अच्छा लगा था राजेन्द्र

और मन्नूजी से ऐसे अचानक टकरा जाना।

शानी से माधवी के विवाह के बाद दूसरी बार भेंट हो रही थी। इस बीच उसका 'काला जल' पढ़ लिया था और उसका ख़ासा रोब भी ग़ालिब हो चुका था मुझ पर। ग्वालियर और इंदौर-भोपाल में आर. एस. एस. के फ़ासिस्ट मनोवृत्ति वाले सरकारी अफ़सरों के हाथों उसकी फ़जीहत की दास्तान भी सुनता-पढ़ता रहा था। अगर भूल नहीं रहा, तो उसे बस्तर के अर्धसभ्य इलाक़े में फेंक दिया गया था। मुझे शानी बेहद प्यारा इनसान लगता रहा था, उसके लेखन से भी और बातचीत से भी।

मदन बाबू चाय सुड़ककर जल्दी ही विदा हो गए। उन्हें प्रतिभाजी का मिज़ाज सम पर लाने की जल्दी भी थी। मुझे राजेन्द्र ने अपने साथ ही चिपका लिया। पर उस शाम मेरा दिमाग़ चिपका रहा था शानी की लच्छेदार बातों में। बहुत हँसाया था उसने। दिल्ली की शानदार मुग़लिया तहज़ीब और रवायतों को धकियाकर आज उसकी जगह जो पंजाब की 'छोला-भटूरा' संस्कृति दख़ल कर बैठी है उसके उदाहरणों को आज भी भुला नहीं पाया हूँ और न ही भूल सका हूँ शानी के उस विशिष्ट तर्ज़े-बयाँ को जिसने राजधानी से सफ़र न कर पाने के सारे ग़म ग़लत कर डाले थे।

क़रीब घंटा-पौन घंटा इस हँसी-खुशी के माहौल में बिताने के बाद जब हम बाहर निकले, तो देखा डॉ. धर्मवीर भारती 'धर्मयुग' के अपने लोहियावादी कवियों-लेखकों से घिरे उसी चायख़ाने की दिशा में चले आ रहे थे। उनमें एक श्री सर्वेश्वर दयाल सक्सेना भी थे जिनकी कुछ कविताओं को मैं अपने शौक़ की ख़ातिर अंग्रेज़ी में अनूदित कर चुका था। डॉ. भारती राजेन्द्र, शानी और मन्नूजी से बातें करने लगे। मैं कुछ फ़ासले पर चुपचाप खड़ा सिगरेट फूँक रहा था।

भारतीजी से राजेन्द्र ने मेरा परिचय उस ज़माने में ही करवा दिया था जब वे इलाहाबाद से कलकत्ता के श्रीशिक्षायतन में हिंदी की प्राध्यापिका, सुश्री पुष्पा शर्मा के प्रेमपाश में बँधे वहाँ आ जाया करते थे। 'धर्मयुग' के संपादक बना दिए जाने के बाद, बंबई में भी उनके दफ़्तर में, कभी रवीन्द्र कालिया के साथ तो कभी मोहन राकेश के साथ, उनसे भेंट हो चुकी थी। परंतु आज जब उन्होंने मेरी उपस्थिति को अनदेखा कर दिया, तो मैं अपनी आदत से मजबूर हो, उनसे कुछ फ़ासले पर खड़ा-खड़ा सिगरेट फूँकने लगा। जब मेरा कोई परिचित 'महान' बन जाता है, तो जब तक वह मुझसे पहले की तरह तपाक से मिलने की पहल नहीं करता, मैं उससे कतराना ही बेहतर समझता हूँ।

कुछ देर बाद राजेन्द्र ने ही भारतीजी से पूछा था, "क्या आपसे ठाकुर साहब का परिचय नहीं है?" तब कहीं भारतीजी ने मेरी दिशा में अपनी कृपादृष्टि घुमाते हुए उत्तर दिया था, "है कैसे नहीं? ये तो मेरे पुराने दुश्मन हैं।" हमारे

हाथ परस्पर गुँथ गए और भारतीजी ने मुझसे प्रश्न किया था, "क्या ठाकुर साहब, आजकल अपका बंबई का चक्कर नहीं लगता ?" मेरे स्वीकार करने पर वे शिकायती लहजे में बोले, "तो भाई, हमसे बिना मिले ही कलकत्ता वापस चले जाते हैं ?" इसका उत्तर मैंने नहीं, मेरे भीतर अड्डा जमा बैठे आगरावासी ने दिया था, "ऐसा है भारतीजी, एक बार मैंने आपके चपरासी को अपना कार्ड आप तक पहुँचाने को दिया था। पर उसने वह मुझे वापस लौटाते हुए बताया था कि साहब दफ़्तर में सिर्फ़ लड़कियों से ही मिलते हैं।" सबसे ऊँचा और देर तक लगनेवाला ठहाका शानी का था।

पता चला कि डॉ. धर्मवीर भारती उसी दिन इन्दिरा गाँधी की गिरफ़्तारी का समाचार 'कवर' करने दिल्ली आए थे। 'संपूर्ण क्रांति' के सूत्रधार श्री जयप्रकाश नारायण के आशीर्वादों से संपुष्ट मोरारजी देसाई की सरकार ने देश को 'दूसरी आज़ादी' दिलाने का अपना वादा पूरा करने के लिए इन्दिरा गाँधी को तिहाड़ जेल में बंद रखने की चेष्टा की थी। दुर्भाग्य उनका कि मजिस्ट्रेट ने उनका यह इरादा सफल नहीं होने दिया और श्रीमती गाँधी को रिहा कर दिया। बड़ा सनसनीखेज़ और हलचल भरा साबित हुआ था 20 दिसंबर, 1978 का वह दिन—मेरे लिए भी, देश के लिए भी।

दूसरे दिन सुबह के प्लेन से मैं कलकत्ता वापस जा पहुँचा।

बड़े उतार-चढ़ावों से भरा-पूरा रहा था 1979 से 1983 के पाँच वर्षों का कालखंड। इस दौरान जहाँ मैंने उत्तर में कश्मीर की दो-दो बार यात्राएँ कर डालीं, वहीं दक्षिण में जा पहुँचा था ठेठ कन्याकुमारी, रामेश्वरम् और मदुरै-कोडाइकनाल तक। इन्हीं पाँच वर्षों में मुझे अपने दो अत्यंत प्रिय अंतरंग मित्रों के अकाल निधन पर मन-ही-मन आठ-आठ आँसू भी बहाने पड़े। एक दूसरे अर्थ में भी बड़ा महत्त्वपूर्ण सिद्ध हुआ था यह समय, क्योंकि 31 दिसंबर, 1983 के दिन मुझे पूरे इकत्तीस वर्ष सिंधिया स्टीम नेविगेशन में बिताने के बाद सेनानिवृत्त होना पड़ा था।

अधिकांश नौकरीपेशा निम्न मध्यवर्गीयों के हृदय में रिटायर होने का विचार मात्र अनिश्चित भविष्य का भय और रिटायरमेंट के बाद मिलनेवाली प्रोविडेंट फंड एवं ग्रेच्युटी आदि की कुछ लाख की थोक राशि के सदुपयोग कर पाने, न कर पाने की आशंकाएँ, हमारी रातों की नींद हराम कर देती हैं। लेकिन अफ़सर बनवा दिए जाने के बाद से मैं अपनी रिटायरमेंट की तारीख़ का बड़ी बेसब्री से इंतज़ार करने लग गया था। ठीक उसी तरह जैसे सज़ायाफ़्ता क़ैदी अपनी रिहाई के दिन का इंतज़ार करता रहता है। दफ़्तर की मेज़ पर रखे कैलेंडर पर रोज़

एक-एक दिन की गिनती कम कर लिख रखता था।

तथापि अपने सेवानिवृत्त जीवन को बिताने के सिलसिले में मैंने कुछ वर्ष पहले ही दो निश्चय कर रखे थे। पहला तो यह कि अब और किसी की नौकरी नहीं करूँगा। अबलौ नसानी, अब न नसैहौं। और दूसरा, कि शेष बचा जीवन लेखन को समर्पित कर दूँगा।

लेखन का इरादा करना आसान था। क्या लिखा जाय, यह तय कर पाना काफ़ी टेढ़ी खीर सिद्ध हुआ था। औरों की तरह मैंने भी यदा-कदा कुछ कविताएँ लिखने का प्रयास किया। सोलह से छियालीस की उम्र में सभी करते हैं। परंतु कल्पनाविलासी न होने के कारण कवि बनना मेरे लिए संभव ही नहीं है, इस सत्य से मैं भी भली-भाँति अवगत था। उधर, कहानी और उपन्यास भी नहीं लिख सकता था क्योंकि क़िस्से गढ़ने की कला से शुरू से ही अनभिज्ञ था।

इसलिए, काफ़ी सोचने-विचारने के बाद मैंने निश्चय कर लिया कि मैं संस्मरण ही लिखूँगा। बड़ी विविधतापूर्ण अनुभवों से गुज़री है मेरी ज़िंदगी। उन्नीस वर्ष की आयु में सन् 1942 में छात्र संघ का सक्रिय कार्यकर्ता होने के नाते अंग्रेज़ी हुकूमत ने दो महीने आगरा सेंट्रल जेल में नज़रबंद रखा। फिर 1946-47 में राजस्थान में अपने पैतृक नगर बूँदी में कम्युनिस्ट आंदोलन का आरंभ करने के अपराध में तत्कालीन देशी रियासती जेल में सज़ायाफ़्ता क़ैदी बनाकर रखा गया—कुछ इस शान से कि 15 अगस्त, 1947 को देश की स्वतंत्रता के साथ-साथ ही मुझे भी रिहाई मिली। उसके बाद 1949 में अखिल भारतीय रेल हड़ताल के चक्कर में फिर से राजस्थान के स्वदेशी मंत्रियों ने मुझे कोटा जेल में बिना मुक़दमा चलाए बंदी बना डाला। इस तरह देशी-विदेशी जेलों का अनुभव मुझे यथेष्ट समृद्ध बना गया था।

सन् 1949 से कलकत्ता आ बसा। वहाँ पहले कोमल कोठारी और बाद में राजेन्द्र यादव ने मुझे तरह-तरह के साहित्य-सेवियों के बीच ले धकेला। उसी के साथ-साथ ट्रेड यूनियन और कम्युनिस्ट पार्टी के संपर्कों के कारण मैं वहाँ के हिंदी और उर्दू के लेखकों के साथ भी काफ़ी जल्दी ही घुल-मिलकर प्रगतिशील लेखक संघ की बैठकों में नियमित शरीक़ होने लग गया। बचपन से ही नाटकों में रुचि होने के कारण पहले 'अनामिका' और फिर बाद में हम कुछ नाट्यप्रेमी मित्रों द्वारा संस्थापित संस्था, 'अदाकार' में भी सक्रिय हो उठा था।

इस प्रकार, तथा इस कारण, मुझे तरह-तरह के लोगों के साथ काम करने और उनको जाँचने-परखने के ऐसे अनेक अवसर मिलते चले गए जो सहज ही लोगों को उपलब्ध नहीं हो पाते। इस सौभाग्य का लाभ उठाकर मैंने यही निश्चय किया कि ज़िंदगी की शाम होने के पहले ही मैं अपनी ढेर-ढेर रंग-बिरंगी यादों के उजालों को अपने सीने में ही दफ़न न कर, लोगों की जानकारी में थोड़ी-बहुत

अभिवृद्धि करने में सहायक होना चाहूँगा।

तभी एक ऐसा संयोग घट भी गया। आज ठीक-ठीक याद नहीं आ रहा कि यह परामर्श आगरा में मिला था अथवा दिल्ली में। परंतु परामर्श राजेन्द्र यादव ने ही दिया था, यह बहुत अच्छी तरह याद है। उसने मुझे और घनश्याम अस्थाना को सुझाया था कि रांगेय राघव के हम दोनों ही काफ़ी घनिष्ठ मित्र थे। मैं 1940 से 1945 तक सेंट जोन्स कॉलेज, आगरा में उसका समकालीन रहा था। फिर 1946 से रांगेय राघव की 1962 में मृत्यु होने तक घनश्याम उसके बहुत निकट आ गया था। अतएव राजेन्द्र ने सुझाव दिया था कि यदि हम अपनी-अपनी स्मृतियों को लिख डालें तो वह उसे संयुक्त रूप में एक पुस्तक के रूप में छपवाने की व्यवस्था कर देगा।

राजेन्द्र का कहना था कि किसी भी हिंदी के साहित्यकार को दो मित्रों की दृष्टि से देखने का प्रयास उसकी जानकारी में नहीं हुआ है। इस कारण हम दोनों की यह संयुक्त कृति अपने आपमें अनूठी होगी। लेखन को समर्पित होने का निश्चय कर लेने के बावजूद मैं तब तक अपने लिए उपयुक्त विधा की खोज कर ही रहा था। राजेन्द्र के प्रस्ताव ने मेरी वह तलाश समाप्त कर डाली। कलकत्ता पहुँचते ही यह काम करना ही है, उसी क्षण मैं निश्चय कर बैठा था। तो मेरे बाक़ायदा लेखक बनने का बिस्मिल्लाह राजेन्द्र के दिमाग़ से उपजी योजना के हाथों हुआ, इसमें कोई संदेह नहीं।

इस तरह, क्या लिखा जाए, इस समस्या का हल निकल आने के पश्चात्, तय करना सिर्फ़ यह बाक़ी रह गया था कि उसे कैसे लिखा जाए। अभी तक मैंने हिंदी में (और अंग्रेज़ी में भी) लिखे गए जितने जीवन चरित्र अथवा गुणमुग्ध लोगों के संस्मरण पढ़े थे, उनमें से अधिकांश में या तो अपने चरित्र नायकों के पाँवों में बाँस फ़िट कर, उनका क़द ऊँचा दिखा, उन्हें आम आदमियों से कहीं अधिक महान, विशाल तथा विराटकाय सिद्ध करने की चेष्टा की जाती थी।

दूसरी ओर, ऐसे भी अनेक जीवन चरित्र और संस्मरण ग्रंथ पढ़े हैं मैंने जिनके लेखक खुद अपना क़द ऊँचा करने की चेष्टा में खुद ही अपने चरित्र नायक के कंधों पर सवारी गाँठने लग जाते थे। उनका विश्वास किया जाए तो वह बेचारा उनकी सामयिक सलाह, विलक्षण सूझ-बूझ और विचक्षण बुद्धि के बिना जीवन में कभी उन्नति कर ही न पाता। अगर इस सीमा तक लेखक न भी गया, तो भी कम-अज़-कम वह इतना तो प्रमाणित कर ही लेता है कि नायक की गहनतम समस्याओं तथा नितांत व्यक्तिगत रहस्यों का प्रथम श्रोता वह, और केवल वह खुद ही हुआ करता था।

इसलिए रांगेय राघव के संस्मरण लिखना आरंभ करने से पहले मैंने अपने ऊपर दो पाबंदियाँ बहुत सख़्ती से लगा लीं। पहली, कि मैं पप्पू को सौ फ़ीसदी

ठीक वैसा ही चित्रित करूँगा, जैसा मैंने उसे देखा था। यों भी मात्र सत्रह वर्ष की आयु में वह उन ऊँचाइयों पर हरगिज़ नहीं पहुँचा था कि उसके बारे में हर कोई यह घोषणा करने लग जाता कि वह ऐसा पूत था जिसके पाँव पालने में ही दिखाई देने लग गए थे। दूसरी पाबंदी मैंने उसके साथ अपने संबंधों को लेकर लगाई थी कि मैं ऐसी एक भी घटना का ज़िक्र क़तई नहीं करूँगा जिससे ऐसा आभास तक हो कि उसके मानसिक विकास में मेरा तनिक-सा भी योगदान रहा था।

पप्पू के संस्मरण लिखने के दौरान मुझे सचमुच बड़ा मज़ा आया। चालीस-पैंतालीस वर्ष पुरानी घटनाएँ खुद-ब-खुद मेरी आँखों के सामने स्पष्ट घूमने लग रही थीं। साठ वर्ष की आयु के निकट पहुँचने के बावजूद मेरी मानसिक आयु दुबारा अठारह-बीस की हो चली थी। तभी मुझे यह 'बोध' हुआ कि अपने विगत समय को दुहराने का बड़ा लाभ यह होता है कि आप फिर से जवान होने लग जाते हैं। बच्चनजी ने विगत स्मृतियों को 'साक़ी' की संज्ञा दी है। वास्तव में वे आपको जीवन-रस की हाला बड़े नाज़ो-नख़रे से पिलाकर मदहोश कर सकती हैं। शर्त केवल एक है कि आपमें उन्हें ईमानदारी से लिखने का सत्साहस हो।

पहले से तय योजना के अनुसार मुझे तो केवल 1940 से 1945 के बीच की अपनी स्मृतियाँ दुहरानी थीं। प्रस्तावित ग्रंथ का बड़ा अंश घनश्याम को लिखना था। लिहाज़ा मैंने बड़े संयम से काम लेकर मात्र 80-85 छपे पृष्ठों तक ही स्वयं को सीमित रखा। मेरा अनुमान था कि अगले 150-200 पृष्ठों की सामग्री घनश्याम सहज ही लिख देगा। उस ज़माने में उसकी लेखन ऊर्जा चरम पर थी भी। उसके पत्र तक तीन-चार पृष्ठों से कम के नहीं हुआ करते थे।

यह नए-नए बने लेखक के छलकते-बिछलते उत्साह से भरपूर, मैंने अपनी पांडुलिपि की 'फ़ेयर कॉपी' खुद ही तैयार की। फिर 'पांडव वर्जित बंगाल' की राजधानी कलकत्ता में बड़ी मुश्किल से मिलनेवाले हिंदी टाइपिस्ट से उसकी तीन प्रतियाँ टंकित करवाईं और एक दिन कालीघाट पोस्ट ऑफ़िस जाकर उसकी एक प्रति राजेन्द्र को डाक से रजिस्ट्री द्वारा भिजवा भी दी। उसके बाद, रोज़ सुबह-शाम राजेन्द्र की प्रशंसा से लबालब पत्र की बाट देखने लग गया। जैसे-जैसे पत्र आने में देर होती गई, मेरी उत्कंठा पहले व्यग्रता में और फिर बाक़ायदा खीझ में परिवर्तित होने लग गई। आम तौर पर राजेन्द्र पत्र का उत्तर देने में देर नहीं करता। इसलिए उसकी चुप्पी और भी परेशान कर रही थी। मेरा आत्म-सम्मान उसे फ़ोन करने की मुझे इजाज़त नहीं दे रहा था। मैं चाहता था कि राजेन्द्र बिना किसी लिहाज़-मुरव्वत के अपनी राय मुझे लिख भेजे।

वैसे मैं मानसिक रूप से उस स्थिति के लिए भी पूरी तरह से प्रस्तुत था

कि यदि राजेन्द्र को पांडुलिपि पसंद नहीं आई, तो मैं बिना रत्ती-भर बुरा माने उसे फाड़ फेंकूँगा और उसके सुझावों के अनुसार फिर से ए बी सी डी पढ़ने बैठ जाऊँगा। मैंने पढ़ रखा था कि महान-से-महान लेखक तक अपनी पांडुलिपियों को आठ-आठ, दस-दस बार लिखने में वर्षों बिता दिया करते हैं।

राजेन्द्र ने अपनी राय लिखी भी थी। मुझे नहीं, घनश्याम को। बूँदी जाते हुए आगरा में घनश्याम के साथ दो दिन बिताने के अपने नियमानुसार जब मैं वहाँ था, तभी घनश्याम ने वह पत्र पढ़ाया था। राजेन्द्र ने लिखा था, "यह ठाकुर साहब के जीवन का आगरा खंड है, जिसमें बीच-बीच में कहीं-कहीं रांगेय राघव भी आ गए हैं।" सीधा आसमान से ज़मीन पर आ गिरा था मैं उसे पढ़कर। बीच में अटक पाने योग्य कोई खजूर का पेड़ तक नहीं मिला था।

वह तो कहिए क़िस्मत अच्छी थी मेरी जो राजेन्द्र ने यह पत्र घनश्याम को लिखा, मुझे नहीं। वरना पत्र पढ़ने के बाद मैंने अपने पास रखी पांडुलिपि की दोनों टंकित प्रतियों को फ़ौरन फाड़ फेंका होता और खुद को विश्वास दिला लिया होता कि मुझे लिखने की तमीज़ ही नहीं है। इसके बाद 'पप्पू' की पांडुलिपि में मेरी दिलचस्पी लगभग ख़त्म हो गई और उसके अस्तित्व की चर्चा तक लोगों से करना बंद कर दिया।

पर यात्राएँ मेरी हमेशा बरक़रार बनी रहीं। 1979 में कश्मीर के दो चक्कर लगा आया था। एक बार अपने परम मित्र नंदू खेमका और उनकी जीवनसंगिनी श्रीमती शारदा अग्रवाल के साथ, और दूसरी बार उन्हीं के प्रस्ताव पर अपनी नाट्य संस्था, अदाकार के दो नाटकों के सार्वजनिक प्रदर्शनों में हिस्सा बँटाने। 1981 में अपने घनिष्ठ आत्मीय, कोमल कोठारी के पुत्र के विवाह में सम्मिलित होने के लिए राजस्थान में जोधपुर, रणकपुर, उदयपुर आदि का चक्कर लगा आया था। फिर 1982 में समूचे तमिलनाडु के 10-12 दर्शनीय स्थलों में अपनी उपस्थिति भी दर्ज करवा आया था।

प्रत्येक यात्रा के बाद कलकत्ता लौटने पर मेरा पेट कुलबुलाने लग जाता। लगता कि यात्रा के दौरान मिले तरह-तरह के लोगों और हुए तरह-तरह के अनुभवों को काग़ज़ पर उतारे बिना मुझे चैन नहीं मिलेगा। यह एहसास पिछले तीन-चार सालों में शिद्दत से होने लग गया था। वरना यात्राओं पर तो जब से मैंने होश सँभाला, तभी से जाता रहता था। इस तरह क़रीब-क़रीब मजबूर होकर ही मैंने अपने यात्रा वर्णन लिखने आरंभ कर दिए। साथ ही, शेष जीवन लेखन को समर्पित करने का निश्चय भी कर डाला।

अक्टूबर 1984 तक मेरे पास लगभग 150 छपे पृष्ठों के यात्रा विवरण लिखकर तैयार हो गए थे। उनमें अमरनाथ-बद्रीनाथ-केदारनाथ, गंगोत्री-यमुनोत्री-गोमुख की पैदल की गई हिमालय यात्राएँ थीं, गोहाटी-शिलांग-चेरापूँजी एवं आसाम के

चाय बागानों, क़ोहिमा-मणिपुर-अगरतला आदि के भिन्न-भिन्न स्थानों की हवाई ज़हाज़, बसों और कार द्वारा की गई यात्राएँ थीं और अंदमान-कोलंबो-बंबई की पानी के जहाज़ द्वारा की जानेवाली यात्रा का भी वर्णन शामिल था। इन डेढ़ सौ पृष्ठों को बाक़ायदा टाइप कराने के बाद उन्हें भी मैंने राजेन्द्र की राय जानने के लिए भिजवा दिया।

इस बार राजेन्द्र ने सीधे मेरे पास ही पत्र लिखा था। तारीफ़ों से लबालब—कमाल की है आपकी 'फ़ोटोग्राफ़िक मैमरी', अद्‌भुत है आपकी भाषा, ग़जब की है आपकी वातावरण को चित्रित करने की क्षमता और विलक्षण है पात्रों का आपके द्वारा किया गया चयन। और भी काफ़ी कुछ इसी रौ में। मैं पत्र पढ़ता जा रहा था और लहालोट होता जा रहा था। बार-बार अपनी पीठ खुद ही ठोकने को जी कर रहा था।

परंतु पत्र के अंतिम दो पैराग्राफ़ों ने मुझे वापस ज़मीन पर ला पटका था। राजेन्द्र ने अपनी बेबाक़ राय जताते हुए लिखा था, "काश, आपने इस साम्रगी का प्रयोग अपने उपन्यास के लिए किया होता! काश, इन जीवंत पात्रों को लेकर आपने दस कहानियाँ लिखी होतीं।" माने, सारा काता-कूता कपास ! इस बार मैं वाक़ई क्रोध से भर उठा। आख़िर यह कंबख़्त समझता क्यों नहीं कि मुझे न कहानी लिखना आता है, न उपन्यास। ज़िंदगी में कुल जमा एक कहानी लिखी थी। अपने दादाजी के चरित्र के आधार पर। यह भी सच है कि 'ज्ञानोदय' में छपी 'सिपाही' शीर्षक उस कहानी को मासिक 'कल्पना' ने पिछले मास की श्रेष्ठ कहानी घोषित भी किया था। परंतु उसके बावजूद, अपनी अक्षमताओं का ज्ञान मेरे रोम-रोम को हमेशा बना रहता है, यह भी एक वास्तविकता है।

मैंने राजेन्द्र से सुनी कहानी ही राजेन्द्र को लिख भेजी थी जिसमें चमगादड़ के घर आए मेहमान को उसने सलाह दी थी कि भैया, तू भी इस तार पर मेरी ही तरह उल्टा लटक जा। अब बेचारा मेहमान चमगादड़ को कैसे समझाए कि वह उसकी तरह का चमगादड़ नहीं, आदमी है जिसे ज़्यादा देर तक पाँव से तार जकड़कर उल्टा लटकना नहीं आता।

इस तरह दो-दो बार गंभीर रूप से घायल, लहूलुहान हो चुकी मेरी लेखन प्रवृत्ति दम तोड़ने के कगार पर जा पहुँची। मैंने खुद को समझाना शुरू कर दिया था कि राहतें और भी हैं लिखने की राहत के सिवा। यह किस डॉक्टर ने कहा है कि लिखोगे नहीं तो तुम्हें थाइसिस हो जाएगी। कुछ मुट्‌ठी-भर लोगों के भाग्य में ही लेखक कहलाने का यश लिखा होता है। लेकिन जान पड़ता है अभी उसकी साँसें बाक़ी थीं जो मुझे नवल मिल गया।

अचानक नहीं आ धँसा था नवल मेरी ज़िंदगी में। क़रीब बीस-पच्चीस वर्षों से हम एक-दूसरे से ख़ासे परिचित थे। कलकत्ता आने के एक-डेढ़ साल बाद ही

एक दिन वह आलोक शर्मा के साथ मेरे दफ़्तर चला आया आलोक को राजेन्द्र के साथ परिचित करा देने की सिफ़ारिश करने। उन दिनों वह 'अलगाव' नाम की एक पत्रिका के संपादक मंडल का सदस्य था। अमृतसर के पंजाबी परिवार में पैदा हुआ 'नवल' बचपन से ही कविता-कहानी का रोग लगा बैठा था। उसी चक्कर में जयप्रकाश खत्री, 'नवल' हो गया था। कलकत्ता में पजाब नेशनल बैंक में क्लर्की करनेवाला नाटा, गोरा, वाचाल नवल शक्ल-सूरत से मेरे राजस्थानी कवि मित्र जगदीश चतुर्वेदी से बहुत मिलता-जुलता लगा था मुझे। फिर जब उसने अपनी कविता सुनाई तो मैं उसका गंभीर प्रशंसक बन गया। सुना था कि कलकत्ता आने से पहले ही उसकी एक कहानी, 'दर्द आएगा दबे पाँव' पाकिस्तान के किसी उर्दू रिसाले में छपकर काफ़ी प्रशंसा बटोर चुकी थी।

उसका बैंक सेंट्रल एवेन्यू वाले कॉफ़ी हाउस के नज़दीक ही था। मुश्किल से दो-तीन मिनट दूर। इसलिए वह जब-तब वहाँ चला आया करता था। कुँवारा पंजाबी यों भी शाहख़र्च होता है। नवल भी अपने दोस्तों को अपनी जेब में हाथ डालने के कम ही अवसर देता था। कविता पाठ करते समय उसका कंठ नाटकीय हो उठता था। गुरु गंभीर स्वर भावों के साथ-साथ नीचे-ऊपर होता चलता था। आज तक उसकी यह सिफ़्त ज्यों-की-त्यों क़ायम है।

सन् 1966 में घनश्याम अस्थाना भी मेरे साथ ही सपरिवार दार्जिलिंग की यात्रा पर गया था। वहीं पर घनश्याम की पत्नी निर्मलाजी ने कमला से उनकी एम. ए., बी. एड. छोटी बहिन उर्मिला के लिए कोई उपयुक्त लडका खोज निकालने का अनुरोध किया। कमला ने उन्हें नवल का नाम सुझाया तो सही, साथ ही यह चेतावनी भी दे दी कि वह केवल इंटर पास है। उस समय मुझे लगा, बात आई-गई हो गई। परंतु कलकत्ता लौटे बाद एक दिन अचानक घनश्याम के श्वसुर, सेठी साहब ने आगरा से फ़ोन कर नवल से बात चलाने और उसे अंतिम रूप देने का लगभग इसरार कर डाला।

नतीजे में 1967 में नवल और उर्मिला का विवाह हो गया। उसके बाद नवल का मेरे और भी पास आ जाना नितांत स्वाभाविक ही था। हमारी इस घनिष्ठता में और ही इज़ाफ़ा हुआ जब 1979 में मदन बाबू का देहांत हो जाने के पश्चात् नवल और मेरे परामर्श को स्वीकार कर श्रीमती प्रतिभा अग्रवाल ने उनकी याद में 'कहानी मदन बाबू की' का संपादन किया। वास्तव में यह 'कहानी मदन बाबू की' अपने ढंग की अनूठी कृति जो बन गई उसका समूचा श्रेय नवल और उसकी परिकल्पना को था। उसके प्रकाशन के दौरान ही प्रतिभाजी की घनिष्ठता हम दोनों को और भी अधिक मिलना संभव हो सका था।

इसी दौर में राजेन्द्र की प्रतिक्रिया प्राप्त हुई थी। इस बार नवल ने मुझसे मेरे यात्रा वर्णनों वाली पांडुलिपि माँगकर उसे दो भागों में बाँट दिया—एक में

केवल हिमालय क्षेत्र की और दूसरी में आसाम, अंदमान आदि-आदि अन्य स्थलों की यात्राएँ। फिर सोचते-सोचते हम दोनों को हिमालय यात्रा संकलन के लिए एक रोचक नाम भी सूझ गया—एक नास्तिक की तीर्थयात्रा।

इतना सब हो जाने के बाद भी मुझे विश्वास नहीं था कि ये यात्रा वर्णन कभी पुस्तक का आकार पा सकेंगे। मुझे लगता था कि मेरे जैसे अल्प साधन संपन्न व्यक्ति के पास न तो कोई प्रकाशक कभी स्वयं चलकर आएगा और न मेरे बैंक में इस राधा को नचा पाने योग्य नौ मन तेल जमा हो पाएगा। मेरी इन दोनों विषम समस्याओं का हल हँसते-हँसते निकाल दिया था नवल ने। भविष्य में वह हल हमारी स्थायी पूँजी बन गया और उसके बूते पर नवल आज तक लगभग अस्सी पुस्तकें प्रकाशित कर चुका है।

बहुत वर्ष पहले नवल ने 'अप्रस्तुत प्रकाशन' नामक संस्था स्थापित कर उसके बैनर तले बारह कवियों की आठ-आठ कविताएँ, पहले छः खंडों में और बाद में पुस्तक के रूप में प्रकाशित कर काफ़ी नाम कमाया था। वह संस्था निष्क्रिय हो जाने के बावजूद अभी तक निष्प्राण नहीं हुई थी। बैंक में उसके नाम का खाता अभी चालू था। अतएव नवल ने अपने उसी 'अप्रस्तुत प्रकाशन' को मेरे जैसे प्रथम बार प्रस्तुत होनेवाले लेखक की रचना का प्रकाशक घोषित कर दिया।

इसके साथ-साथ उसने एक और जो फ़ैसला लिया, वह बेहद चौंकानेवाला सिद्ध हुआ था—न केवल मेरे लिए, बल्कि कलकत्ता के समस्त साहित्य प्रेमियों के लिए भी उसने तय किया कि वह मेरी 'एक नास्तिक की तीर्थयात्रा' ही नहीं, दो अन्य पुस्तकें भी प्रकाशित करेगा, ताकि मेरा 'बहुआयामी साहित्यिक व्यक्तित्व' उजागर हो सके। उस समय तक मैंने जितनी भी, जैसी भी कविताएँ लिखी थीं उनका एक संग्रह 'सौमित्र संकल्प' और जितने हिंदी कवियों की रचनाओं का अंग्रेज़ी में अनुवाद किया था, उनमें से पैंतीस रचनाओं को छाँटकर उनके संग्रह को 'Selected Solilopuies' का नाम देकर प्रकाशित करने की घोषणा कर दी।

इन तीनों पुस्तकों के लोकार्पण के लिए मेरे जन्मदिवस, 26 जुलाई 1985 से आरंभ होनेवाले त्रिदिवसीय समारोह के समाचार ने कलकत्ता में काफ़ी आलोड़न की सृष्टि कर दी। पहली बार किसी कलकत्तावासी की तीन-तीन पुस्तकों का विमोचन होने जा रहा था। मेरे निकट के मित्र तक आश्चर्यचकित हो रहे थे। जहाँ बेचारे हिंदी के लेखक को अपनी एक पुस्तक छपवाने लायक़ पैसों का जुगाड़ कर पाना संभव नहीं होता, वहाँ ठाकुर साहब की तीन पुस्तकें, एक साथ आ रही हैं ! अधिकांश लोगों ने क़यास लगा डाला कि सिंधिया कंपनी से मिले प्रॉविडेंट फ़ंड और ग्रेच्युटी की रक़म में बत्ती लगाकर मैं यह घर फूँक तमाशा देख रहा हूँ। कुछ हितैषियों ने मुझे ऐसी मूर्खता न करने का सत्परामर्श भी दिया था।

सचाई यह है कि इन तीनों पुस्तकों के प्रकाशन तथा तीन दिन चलनेवाले लोकार्पण समारोह में मेरी या नवल की एक पाई तक नहीं लगी थी। उस अवसर पर वितरित किए जानेवाली स्मरणिका में नवल ने लगभग पैंतीस हज़ार रुपयों के विज्ञापन जमा कर लिये थे। उन्हीं से सारा ख़र्च भी निकल आया और पुस्तकों का ढेर जमा हो गया प्रेस में। हमने मुक्त हस्त से मित्रों को तीनों पुस्तकों का सैट भेंट में दिया। वे भी खुश, हम भी खुश।

बड़ा धूमधड़ाका मचाया था नवल ने तीन दिन तक। 'एक नास्तिक की तीर्थयात्रा' पहले दिन, 'सौमित्र संकल्प' दूसरे और 'Selected Soliloquies' तीसरे दिन लोकार्पित होनी थी। भारतीय भाषा परिषद् का सभागार तीनों दिन के लिए भाड़े पर ले लिया था। पहले दिन प्रो. कल्याणमल लोढ़ा ने अध्यक्षता की और पुस्तक विमोचन किया श्री विष्णुकांत शास्त्री ने। दूसरे दिन उसने कलकत्ता के अजातशत्रु वरिष्ठतम कवि एवं गीतकार श्री छविनाथ मिश्र की अध्यक्षता में मेरे अन्यतम मित्र एवं सर्वाधिक प्रिय गीतकार वीरेंद्र मिश्र के हाथों 'सौमित्र संकल्प' का विमोचन करवाया। उस दिन उसने एक कवि सम्मेलन भी आयोजित कर डाला। उसमें कलकत्ता के तो सारे कवियों तथा कवयित्रियों ने अपनी कविताओं का पाठ किया ही, उस अवसर पर विशेष रूप से आमंत्रित सोम ठाकुर तथा घनश्याम अस्थाना ने भी काव्यपाठ कर मुझे आभारी किया था।

'Selected Soliloquies' का विमोचन तीसरे दिन होना था। उस दिन नवल ने कलकत्ता के उर्दू, बांग्ला, गुजराती तथा पंजाबी कवियों का मिला-जुला मुशायरा आयोजित किया था। अध्यक्षता की थी उर्दू के विख्यात शायर जनाब सालिक लखनवी ने और पुस्तक का विमोचन किया था डॉ. प्रभाकर माचवे ने। बड़ा रंग जमा था उस रात भी।

इन तीन दिनों में मैंने हृदय की पूरी गहराइयों से महसूस किया था कि मुझे कलकत्ता की प्रत्येक भाषा के कृती साहित्यकारों का कितनी बड़ी मात्रा में ढेर-ढेर स्नेह सहज ही उपलब्ध हो गया है। इस प्यार के मूल में थी 'सुपर्णा' की वह भाषा की दीवारों को तोड़कर साहित्य के धरातल को कंटकविहीन बनाने की प्रचेष्टा।

इस आयोजन के लिए राजेन्द्र को भी निमंत्रित ही नहीं, आग्रह भरा आमंत्रण बार-बार भेजा गया था। परंतु आमतौर पर उसे ऐसे मौकों पर कोई-न-कोई अत्यंत महत्त्वपूर्ण काम याद आ जाता है जिसके कारण बेचारा हज़ार इच्छा रहने के बावजूद, उपस्थित नहीं हो पाता। इस बार भी ऐसी ही किसी मजबूरी ने उसे कलकत्ता नहीं आने दिया था। उसकी अनुपस्थिति का मलाल धुलने में

पूरे आठ वर्ष लग गए थे। उसकी चर्चा बाद में।

वैसे इस आयोजन के ठीक सात महीने पहले राजेन्द्र कलकत्ता का चक्कर लगा गया था। अपने किसी व्यक्तिगत काम से वह 26 दिसंबर, 1984 को कलकत्ता आया था। यह तारीख़ मुझे इसलिए याद रह गई है क्योंकि उस दिन अचानक ही, बिना किसी पूर्वसूचना के, कुमारी ऐन हंट मुझे बंगाल के पाँच बाउल गीत-नृत्यकारों के दल का नेतृत्व कर, फ़रवरी 1985 में इंग्लैंड, स्कॉटलैंड और वेल्स के विभिन्न स्थानों में उनके प्रदर्शनों के आयोजन में भाग लेने का नितांत अप्रत्याशित प्रस्ताव लेकर मेरे घर आ पहुँची थीं। उनके साथ 'इंडियन काउंसिल फ़ॉर कल्चरल रिलेशंस' की कलकत्ता शाखा का एक कर्मचारी भी था। मैं उनसे बात कर ही रहा था, तभी सहसा राजेन्द्र भी आ गया। उसने ऐन को एक सही व्यक्ति का चुनाव करने के लिए बधाई भी दी थी और धन्यवाद भी।

इंग्लैंड की इस यात्रा से लौटते ही समाचार मिला कि 12 मई को टिंकू का विवाह होना तय हो गया है। टिंकू अर्थात् राजेन्द्र की बिटिया, रचना। मन्नूजी के आग्रह पर उस विवाह में शामिल होने मुझे पुनः दिल्ली की उस प्रचंड गर्मी को झेलने आना पड़ा। परंतु दिल्ली पहुँचे बाद जिस माहौल में तीन-चार दिन गुज़ारे, उसमें पता ही नहीं चला कि गर्मी कहाँ पड़ रही है, कितनी पड़ रही है। मैं तो दिन-भर चंदर, घनश्याम अस्थाना और राजेन्द्र के साथ ठहाके ही लगाता रहा था। राजेन्द्र के एक बाल्यबंधु, प्रकाश दीक्षित भी अमेरिका से आए हुए थे। ये वही सज्जन हैं जिन्हें राजेन्द्र ने अपने 'सारा आकाश' का नायक बनाया था। उनकी श्रीमतीजी भी इस विवाह में सम्मिलित होने दयालबाग, आगरा से आ पहुँची थीं। उस समय तक वे अपने ही द्वारा संस्थापित-संचालित एक संप्रदाय की 'माताजी' बन चुकी थीं। राजेन्द्र जिस प्रकार उन 'माताजी' की टाँग खींच-खींचकर उनके आध्यात्मिक प्रभा-मंडल को भेदते हुए उन्हें विशुद्ध 'भाभीजी' बनाने पर बाध्य करता रहता था, वह दृश्य देखने से ताल्लुक रखता है। पुराने संबंधों को देखते हुए राजेन्द्र के लिए भी शायद यह 'माताजी' रूप काफ़ी मनोरंजक था।

जान पड़ता था, टिंकू के विवाह का अधिकांश भार, श्री अजित कुमार और डॉ. निर्मला जैन ने अपने कंधों पर ओढ़ लिया था। हाँ, मन्नूजी भी मेहमानों की भीड़ की आवश्यकताओं की पूर्ति में व्यस्त और चिंतित दिखाई दे जाती थीं। राजेन्द्र ने स्वयं को इस पूरे प्रसंग से मानो अछूता ही रख छोड़ा था। उसकी बेफ़िक्री देखकर मन्नूजी को भड़काने की नीयत से मैंने फब्ती कसी थी, "सबसै भले वे मूढ़, जिन्हें न व्यापैं जगत गति।" राजेन्द्र ने तुरंत पलटकर प्रश्न किया था, "आपको व्यापती है ?" और फिर अपने ख़ास अंदाज़ में ताली बजा-बजाकर हँसने लगा था। उस हँसी में खुलकर शामिल हो गए थे चंदर भी, घनश्याम भी

और खुद मन्नूजी भी।

राजेन्द्र में एक नैसर्गिक प्रतिभा है—हर निषेध का निषेध करने की। परंपरा से चली आ रही हर बात, हरेक रीति-रिवाज़ मानो उसका दम घोंटने लग जाता है और वह फ़ौरन फन तानकर सन्नद्ध हो उठता है उन तमाम रीति-रिवाज़ों की ऐसी-तैसी करने के लिए। वर्जित फल का स्वाद चखने के लिए उसे आप चौबीसों घंटे, बारहों महीने तैयार ही नहीं, उत्साह से परिपूर्ण पाएँगे। उसके लिए इस आदम को किसी हव्वा के द्वारा उकसाए जाने की ज़रूरत नहीं पड़ती। वह तो खुद ही हव्वा को उकसाने का हर हथकंडा सिखा सकता है।

टिंकू और दिनेश प्रेम-विवाह कर रहे थे। क़ायदे से पंजाबी दिनेश और उत्तर प्रदेश की टिंकू को 'सिविल मैरिज' करना उचित था। उसमें न राजेन्द्र को कोई आपत्ति होती, न मन्नूजी को। उन्होंने खुद भी तो वही सब किया था। किंतु पितृविहीन दिनेश की माताजी की अपनी भावनाएँ परंपरागत हिंदू विवाह के अतिरिक्त और किसी भी पद्धति से किए गए विवाह को मान्यता प्रदान करने में हिचकिचा रही थीं। उनकी ख़ातिर राजेन्द्र ने छाती पर पत्थर रखकर सात फेरों वाले विवाह की माँग तो मान ली, परंतु कन्यादान के प्रश्न पर उसने कोई भी समझौता करने से साफ़ इनकार कर दिया। उसका कहना था कि कन्या दान करने की 'वस्तु' नहीं है। फिर टिंकू तो स्वयं अपनी इच्छा से विवाह कर रही है।

उल्टे, उसने वर पक्ष के सम्मुख अपनी ही कुछ मज़ेदार माँगें केवल रखी ही नहीं, उन्हें स्वीकार भी करा लिया। मसलन, कन्या पक्ष ऐसा भी कोई काम नहीं करेगा, जिससे यह लगे कि वे वर पक्ष की तुलना में दूसरे दर्जे के लोग हों, या कि उन्हें झुकना ही चाहिए।

पंजाबी विवाह में मिलनी की प्रथा अत्यंत महत्त्वपूर्ण मानी जाती है। बारात पहुँचने पर दोनों पक्षों के संबंधी अपने-अपने रिश्ते के अनुसार परस्पर गले मिलते हैं। उस अवसर पर कन्या-पक्ष वाले प्रतिपक्षियों को उनके रिश्ते के महत्त्व के अनुरूप रुपये नज़र करते हैं। इसी तरह, विवाह के दौरान और उसके बाद अनेक पर्व-त्योहारों पर तथा अन्य सामाजिक-पारिवारिक खुशियों के मौक़ों पर लाल-पीले काग़ज़ों में लिपटे फल और मिठाइयाँ पहुँचाने की प्रथा का भी नियम एवं निष्ठापूर्वक पालन किया जाता है।

राजेन्द्र ने ऐसी तमाम रीतियों को पालने से साफ़ इनकार कर दिया। उसने पहले ही कह दिया था कि मिलनी सिर्फ़ एक रुपये से होगी और फल-मिठाइयाँ भिजवाना उसके बस की बात नहीं है। फलतः कन्यादान नहीं हुआ। हाँ, घनश्याम के साथ मैं उस मौके पर उपस्थित नहीं था। हम दोनों उस समय आते चले जा रहे हमारे परिचितों का स्वागत करने में लगे हुए थे।

ख़ासा मजमा जमा हो गया था वहाँ उस रात। जैनेन्द्रजी और विष्णु प्रभाकर

से आरंभ कर लालकृष्ण आडवानी तक दिल्ली के Who's Who दर्ज लगभग सभी नामों की पूरी फ़हरिस्त वहाँ आ जुटी थी। समस्त आयोजन भव्य पैमाने पर—भव्य लोग, भव्य साज-सज्जा, भव्य भोजन। देर रात तक बाक़ायदा मौज-मस्ती होती रही थी। पूरा तमाशा मैं घुस-धुसकर देखता रहा था। बस एक दृश्य देखने से मैं चूक गया। सुबह से देखना चाह रहा था कि टिंकू बेटी को विदा करते समय राजेन्द्र की आँखों में आँसू छलछला उठते हैं कि नहीं। शानी ने ऐन उस मौक़े पर दो-चार दिन बाद होने जा रही अपनी बिटिया की शादी का ज़िक्र छेड़ दिया और धकेल ले गया अपनी बीवी-बच्चों से परिचित कराने।

भागवान के भूत कमाते हैं और खुदा छप्पर फ़ाड़कर देने का आदी हो गया है। राजेन्द्र वर्षों से अपने दिल में एक कहानी पत्रिका का संपादन करने की तमन्ना सँजोए बैठा था। राकेश और कमलेश्वर दोनों 'सारिका' की संपादकी कर चुके थे। वह अभी तक नहीं कर पाया था। तभी उसे पता चला कि दिल्ली के हंसराज कॉलेज वालों ने अपनी कॉलेज की मैगज़ीन का नाम 'हंस' रख छोड़ा है। राजेन्द्र ने उसे एक सामान्य-सी प्रतीक राशि देकर अपने नाम करवा लिया। हिंदी साहित्य एवं पत्रकारिता दोनों के इतिहास में प्रेमचंद और उनका 'हंस' अमर बने रहेंगे। अब अगर राजेन्द्र को यह नाम इतनी आसानी से मिल गया, तो इसे उसका परम सौभाग्य ही माना जाना चाहिए क्योंकि एक मामूली-सी छलाँग लगाकर वह आराम से प्रेमचंद की विरारात का हक़दार बन जाएगा, यह तो उसके ख़्वाबो-ख़याल में भी शायद कभी नहीं आया होगा।

उस समय अधिकांश लोगों ने सोचा था कि राजेन्द्र ने प्रेमचंद के पुत्र, श्री अमृतराय को ख़ासी बड़ी रक़म देकर यह नाम ख़रीद लिया होगा। मैंने पत्र लिखकर राजेन्द्र से इस संबंध में प्रश्न भी किया था। मेरी यह धारणा 'हंस' के पहले ही अंक में श्री कमलगुप्त द्वारा श्री अमृतराय का इंटरव्यू छपा देखकर और भी दृढ़ हुई थी। परंतु राजेन्द्र ने तभी यह साफ़ कर दिया था कि ऐसा उसने लेखकीय सम्मान की ख़ातिर किया है। इस प्रकार आरंभ से ही राजेन्द्र के 'हंस' का संबंध प्रेमचंद की साहित्यिक विरासत से रहा है, उनके वारिसों से नहीं।

'हंस' का प्रकाशन टिंकू के विवाह के एक वर्ष बाद से शुरू हो गया था। राजेन्द्र ने उस विवाह के निमंत्रण पत्र पर बड़े कलात्मक रूप से जिस सौभाग्य-प्रतीक बिंदिया का उपयोग किया था, वह बिंदिया आज तक 'हंस' के कवर पर चमचमाती देखी जा सकती है। यही वह समय था जब श्रीमती प्रतिभा अग्रवाल, प्रो. कल्याणमल लोढ़ा, श्री विष्णुकान्त शास्त्री, नवल तथा मैंने मिलकर

मदन बाबू की स्मृति को अपेक्षाकृत स्थायित्व प्रदान करने के उद्देश्य से एक अभिनव साहित्यिक योजना को मूर्त रूप प्रदान करने का निर्णय लिया।

अहिंदी भाषी कलकत्ता में लगभग साढ़े तीन दशक गुज़ारते हुए मेरी दो धारणाएँ दिनों-दिन मज़बूत होती रही थीं। एक तो यह कि महानगर कलकत्ता 'गुण ना हिरानो, गुणगाहक हिरानो है' का बड़ा अच्छा उदाहरण है। वहाँ हिंदी के अच्छे लेखकों का क़तई कोई अकाल कभी नहीं रहा। उनका सबसे बड़ा 'माइनस पॉइंट' एकमात्र यही रहा है कि वे हिंदीभाषी प्रदेशों में रहकर नहीं लिख पाते। रोटी-रोज़ी की तलाश उन्हें कलकत्ता ले आती है। और यहाँ आए बाद उन्हें चक्की के दो पाटों के बीच अनवरत पिसते रहना पड़ता है।

बांग्ला के अधिकांश साहित्यकारों की नज़र में आज भी हिंदी में तुलसीदास और 'प्रेमचाँद' के अलावा और कोई उत्कृष्ट साहित्यकार हुआ ही नहीं है। ''हुआ होता तो उसे नोबल प्राइज न मिल जाता ?'' इस तरह जब उनके लिए पन्त, प्रसाद, निराला और अज्ञेय का कोई महत्त्व नहीं है, तो भला आज के युग में उन्हीं की आँखों के सामने किसी स्कूल या, हद-से-हद कॉलेज में मास्टरी कर रहे अथवा किसी व्यावसायिक प्रतिष्ठान के क्लर्क को साहित्यकार के आसन पर कैसे प्रतिष्ठित किया जा सकता है ? यह है चक्की का एक पाट।

उसी चक्की का दूसरा पाट है हिंदीभाषी प्रांतों के हिंदी के ही साहित्यकार खुद। जब तक कलकत्ता भारत की राजधानी बना रहा, आजीविका की तलाश उन्हें यहाँ उसी प्रकार खींच लाती थी, जैसे पेट की भूख आज भी यू. पी. और बिहार से हज़ारों खेतिहरों को कलकत्ता में रिक्शा-चालक बना दिया करती है। सन् 1911 से उस स्थिति में भौतिक परिवर्तन आ गया है। हिंदी, उर्दू और पंजाबी के पहले समाचारपत्रों को आरंभ करनेवाला कलकत्ता तेज़ी से अपने उस रुतबे और शान-शौक़त को खोने लग गया जिससे चकाचौंध होकर ग़ालिब तक कह बैठा था, ''कलकत्ते का जो ज़िक्र किया तूने हमनशीं, एक तीर-सा सीने में लगा यूँ कि हाय-हाय।''

राजनैतिक स्तर पर श्रीहत होने के बाद कलकत्ता की यह दशा हो गई कि बनारस, इलाहाबाद और दिल्ली ही नहीं, इंदौर और भोपाल तक के जोगने कलकत्ता बुलाए जाने के बाद सिद्ध पीठ के मठाधीश बन बैठे। अवश्य ही इसमें केवल उनका ही नहीं, कलकत्ता के मारवाड़ी नवधनाढ्यों का भी उतना ही बड़ा हाथ रहा है। उनकी अपनी साहित्यिक एवं सांस्कृतिक दरिद्रता से कलकत्ता के लोग तो भली-भाँति परिचित होते हैं। अतएव वे सामान्य प्रतिभावान लेखकों को बाहर से आयातित कर, उन्हें अतिरिक्त महिमा से मंडित कर अपनी उस दरिद्रता को मख़मली क़ालीन के नीचे छिपाने का प्रयास करते रहते हैं।

दूरदराज़ के शहरों से बड़े आदर और सम्मानपूर्वक सिर पर उठाकर लाई

गई ये अधजल गगरियाँ कलकत्ता पहुँचते ही छलकना शुरू कर देती हैं। 'हम चौड़े, बाज़ार संकड़ा' वाली मनोवृत्ति के शिकार हो जाते हैं इनमें से अधिकांश। उसी ज़हनियत ने रमेश बख़्शी द्वारा कलकत्ता के सारे हिंदी के साहित्यकारों को 'चपरक़नाती' का फ़तवा दिलाया था। उन्हें न अवधनारायण सिंह में कोई साहित्यिक प्रतिभा नज़र आई थी, न छविनाथ मिश्र में। न छेदीलाल गुप्त और न शलभ श्रीराम सिंह, न नवल, न डॉ. कृष्णबिहारी मिश्र—कोई भी तो उन्हें साहित्यस्रष्टा कहे जाने क़ाबिल लगा ही नहीं। उनके इस रवैए से मुझे विश्वास हो गया था कि यदि राजेन्द्र यादव, मन्नूजी, दूधनाथ सिंह, शलभ श्रीराम सिंह और कुमारेन्द्र पारसनाथ सिंह भी कलकत्ता में ही रह गए होते तो उन आयातित सुविधान्वेषी 'महान' साहित्यकारों की तुला पर पासंग बराबर भी सिद्ध न होते।

इस पृष्ठभूमि में जब प्रतिभाज़ी द्वारा संचालित और मदन बाबू की स्मृति में स्थापित 'उपचार ट्रस्ट' ने मदन बाबू के प्रिय कलकत्ता के साहित्यकर्मियों के लिए 'कुछ' ठोस कार्य करने की इच्छा प्रकट की तो हम ऊपर नामांकित पाँच सदस्यों की समिति ने एकमत से निर्णय लिया कि हम अपनी समस्त गतिविधियाँ केवल, और केवल कलकत्ता तक ही केंद्रित रखेंगे। बाहर से यदि किसी मित्र साहित्यकार को बुलाया भी तो अध्यक्षता के लिए बुला लेंगे। अन्यथा, हमारे द्वारा किए गए तमाम कामों का केंद्र महानगर कलकत्ता ही रहेगा।

इस उद्देश्य की पूर्ति के लिए हमने तीन अत्यंत महत्त्वपूर्ण निर्णय लिये। पहला, कि हम हर साल मदन बाबू के जन्मदिवस, 13 नवंबर को कलकत्ता के एक वरिष्ठ साहित्यसेवी का सम्मान कर उन्हें 5,000/रु. की सम्मान राशि सादर भेंट करेंगे। दूसरे, हम उस अवसर पर 'कलकत्ता' नामक यहाँ के कवियों, लेखकों आदि की रचनाओं का एक साहित्यिक संकलन प्रकाशित करेंगे ताकि भविष्य की पीढ़ियों को याद रह जाए कि अमुक वर्ष में यहाँ अमुक-अमुक लोग गंभीर रूप से साहित्य सृष्टि कर रहे थे। तीसरा निर्णय यह था कि समिति के हम पाँचों सदस्य स्वयं न तो सम्मानित होंगे और न सम्मान राशि ही ग्रहण करेंगे।

जब 1986 में 13 नवंबर को पहला सम्मान समारोह संयोज़ित हुआ उस अवसर पर संयोगवश राजेन्द्र भी कलकत्ता में उपस्थित था। अतएव आयोजन के अध्यक्ष, श्री लक्ष्मीचंद्र जैन के साथ उसे भी मंचस्थ कराया गया था। उस शाम श्री हर्षनाथ को सम्मानित किया जा रहा था। हर्षनाथजी की कहानियाँ प्रेमचंद के 'हंस' में भी छपती रही थीं। उस अवसर पर राजेन्द्र ने हमारे संकलन को कलकत्ता तक ही सीमित रखने तथा स्थानीय लेखक को ही सम्मानित करने की जमकर आलोचना की। संयोजक होने के नाते उत्तर मुझे देना पड़ा। मेरा निवेदन था कि बाहर के लोगों को सम्मानित करने तथा पुरस्कृत करने के लिए तो हिंदीभाषी क्षेत्र की असंख्य संस्थाएँ आतुर रहती हैं। हम लोगों को घास

डालनेवाला कोई नहीं होने के कारण हम अपने इस निर्णय पर अडिग रहेंगें।

मुझे प्रसन्नता है कि हमारी उस योजना को चलते चौदह वर्ष हो गए हैं। पहले दस वर्षों में कलकत्ता के दस वरिष्ठ लेखकों को सम्मानित किया गया। वे थे—सर्वश्री हर्षनाथ, छविनाथ मिश्र, छेदीलाल गुप्त, सन्हैयालाल ओझा, शंकर माहेश्वरी, अवधनारायण सिंह, सकलदीप सिंह, सुश्री सुकीर्ति गुप्ता, श्रीहर्ष तथा श्री निवास शर्मा। सन् 1996 से हमने एक अन्य योजनानुसार 1850 से 2000 तक कलकत्ता में किए गए हिंदी के कामों की, लेखकों और प्रकाशकों की तथा समाचारपत्रों की विस्तृत विवरणिका प्रकाशित करना तय किया। डॉ. प्रतिभा अग्रवाल इसके चार खंड संपादित कर रही हैं। चारों खंडों को बाद में सन् 2001 में एक पुस्तक के रूप में भी प्रकाशित कर दिया कर दिया जाएगा।

'हंस' के प्रकाशन को कुछ ही अरसा बीता था कि मेरा राजेन्द्र के साथ बाक़ायदा झगड़ा हो गया। इस बार का झगड़ा दो मित्रों के बीच होनेवाली अब तक की तकरारों से कुछ अलग क़िस्म का था। वह था आत्म-सम्मान के प्रति जागरूक एक अत्यंत सामान्य, लगभग नगण्य लेखक तथा एक प्रतिष्ठित पत्रिका के अत्यंत प्रतिष्ठित संपादक के बीच। मसला सिद्धांत का हो तो मुझे न आगा सूझता है, न पीछा। बस, आँख मूँदकर, अपनी पूरी ताक़त से जूझ ही पड़ता हूँ। अक्सर 'समझदार' इसी कारण मुझे मूर्ख कहते रहे हैं। और, कुछ ऐसे भी हैं जिनकी राय में मैं बेहद झगड़ालू हूँ।

हर बड़े झगड़े की भाँति इसकी शुरुआत भी बड़ी मामूली-सी बात पर हुई। रांगेय राघव का जन्म 17 जनवरी, 1923 को हुआ था। उसके प्रति 'हंस' की श्रद्धाजलि निवेदित करने के उद्देश्य से राजेन्द्र ने 'हंस' के जनवरी अंक में रांगेय राघव संबंधी एक लेख लिख भेजने का मुझसे अनुरोध किया। उस समय तक मेरी रांगेय राघव संबंधी पुस्तक क़ी पांडुलिपि राजेन्द्र के ही पास पड़ी हुई थी। अतएव मैंने उसे लिख दिया कि या तो वह उसका जो भी अंश उसे पसंद आए, वह छाप दे, अन्यथा मैं एक नया लेख लिखकर भेज दूँगा। राजेन्द्र ने इसके पश्चात् मौन साध लिया।

जनवरी 1987 में मेरे प्रतिवेशी मित्र, श्री सूर्यशंकर नागर के पुत्र के विवाह के सिलसिले में मुझे भोपाल जाना पड़ा। बारात वहीं से चलकर इलाहाबाद आनेवाली थी। इटारसी जंक्शन पर अख़बार ख़रीदने स्टॉल पर गया तो देखा वहाँ 'हंस' का जनवरी अंक भी रखा था। बड़ी आशा, उमंग और जिज्ञासा से उसे ख़रीदकर पृष्ठ पलटना आरंभ किया तो सिर से पाँव तक आग लग गई। रांगेय राघव पर लेख ठीक ही छपा था। केवल, उस लेख का लेखक मनमोहन

ठाकौर नहीं घनश्याम अस्थाना था। वैसे मनमोहन ठाकौर भी उस अंक में थे अवश्य। पर उन्हें एक दो-कॉलमी बक्स में भींच रखा गया था। उन दो कॉलमों वाली जगह भरी थी मेरी पांडुलिपि से उठाए गए दो-तीन चुटकुलोंनुमा मैटर से।

मुझे इस पर क़तई ऐतराज़ नहीं था कि घनश्याम का लेख क्यों छपा। घनश्याम को मैं निश्चित रूप से अपनी अपेक्षा कहीं अच्छा लेखक भी मानता था और रांगेय राघव का घनिष्ठतर मित्र भी। मेरा ऐतराज़ इस बात को लेकर था कि जिस पत्र में राजेन्द्र ने मुझसे लेख माँगा था, उसमें उसने घनश्याम के उस लेख को पहले कहीं प्रकाशित हुआ तथा स्तर से नीचे का बताया था। इसके बावजूद अगर उसने मुझे पहले ही सूचित कर दिया होता कि घनश्याम को छापेगा, तो मुझे कोई शिकायत न होती। परंतु उसके मौन के कारण मुझे न जाने क्यों यह आभास हुआ था कि वह मेरी पांडुलिपि के कुछ महत्त्वपूर्ण अंश छापने जा रहा है।

इलाहाबाद पहुँचने से पहले ही जल-भुनकर कलाबत्तू हुए मैंने 'आदरणीय संपादक जी' के नाम एक अच्छा-ख़ासा जला-भुना लंबा-सा पत्र तैयार कर लिया था जिसका हर शब्द ज़हर में बुझा और हर वाक्य तेज़ाब के कंटर से निकाला गया था। इतना कटु पत्र इसके पहले, और इसके बाद, मैंने किसी को कभी नहीं लिखा था। उस विवाह में घनश्याम भी शामिल होने इलाहाबाद पहुँच रहा था। आना तो राजेन्द्र को भी था। पर हस्बमामूल उसे आख़िरी क्षणों में 'बेहद ज़रूरी' व्यस्तताओं ने आ घेरा था। अतएव घनश्याम को वह पत्र पढ़वाए बाद, उसकी स्वीकृति लेकर, मैंने वह पत्र डाक के हवाले कर दिया। साथ ही, तय कर लिया कि अब मैं 'हंस' में कुछ नहीं लिखूँगा, कभी नहीं लिखूँगा।

लेकिन शायद उस वक़्त तक मुझे राजेन्द्र को पूरी तरह जानना बाक़ी था। मेरे क्रोध की थाह लगाकर उसने मेरे स्थान पर कमला को ऐसे-ऐसे मज़ेदार पत्र लिखना आरंभ कर दिया जिन्हें पढ़े बाद मेरे मुँह से सिर्फ़ 'साला, नालायक़ कहीं का' के अलावा और कुछ निकलना संभव ही नहीं था। अब तो मैं अच्छी तरह समझ चुका हूँ कि वह अपने प्रियजनों को किसी भी शर्त पर नाराज़ नहीं रहने दे पाता, भले उनको मनाने के लिए उसे जोकरों वाली हरकतें ही क्यों न करनी पड़ जाएँ। उसकी उन्हीं हरकतों की वजह से आप उस पर झुंझला भले लें, क्रुद्ध नहीं हो सकते।

गुस्सा ठंडा हो जाने पर मैं पुनः सम पर आ गया। इस बीच मैंने आदरणीय अमृतलालजी नागर के 'सेठ बांकेमल' से प्रेरणा प्राप्त कर अपनी जन्मस्थली, आगरा की बल्काबस्ती-राजामंडी-गोकुलपुरा में बचपन से सुनी स्थानीय बोली में अपनी पचास-साठ वर्ष पुरानी स्मृतियों को समेटना आरंभ कर दिया था। तब तक उसके दो अध्याय लिखकर आगरा में घनश्याम, सोम ठाकुर और मेरे प्रिय

आत्मीय जतनलाल ठाकौर को सुनाकर उनकी वाहवाही लूट भी चुका था।

मैंने वे दोनों अध्याय राजेन्द्र को एक बार फिर अपने लेखन के संबंध में उसकी राय जानने को भिजवा दिए। इस बार मैंने पहले से ही हतोत्साहित होने की मानसिक तैयारी कर रखी थी। परंतु आशा के विपरीत, एकदम विपरीत, उसका 20 जनवरी, 1988 का जो पत्र मिला वह आरंभ से अंत तक उद्धृत किए बिना नहीं रह सकूँगा। उसने लिखा था—

प्रिय ठाकुरजी,

नाराज़गी अपनी जगह है और उसे हर जड़ स्थिति की तरह (बुढ़ापे में हर चीज़ जड़ता को प्राप्त कर लेती है) वहीं बने रहना चाहिए।

देखिए, मेरा निरीक्षण कितना सही है कि आपके गुस्से में भी गत्यात्मकता (डायनेमिज़्म) नहीं है। असल में आपकी 'बल्काबस्ती पुराण' साल भर से परेशान किए हुए है और बार-बार अपने से पूछता हूँ कि मुझे उसमें क्या कमी लगती है? क्यों मैं इसे सिर्फ़ विवरण मानने के लिए आग्रही हूँ...

अब अचानक मुझे इलहाम होता है कि उसमें इतने महत्त्वपूर्ण चरित्र और व्यक्तित्व हैं, लेकिन उनका सही इस्तेमाल नहीं किया गय है। भौंदा नाई, पी-पी चाचा, भोला चाचाजी, डॉ. पंड्या या इस तरह के अन्य महत्त्वपूर्ण पात्रों को अलग से छाँटकर उनके ऊपर एक-एक चैप्टर बना दिया जाए तो शायद यह अद्भुत रचना बन सकती है। इससे हर चरित्र के साथ संपूर्ण न्याय ही नहीं हो सकेगा, उनके रेशे-रेशे मे घुसकर आगरा की संस्कृति को भी उजागर किया जा सकेगा, जो हमें और आपको खींचती है। सुबह पाँच बजे से रात की भांग-स्वांग या भगत तक इन चरित्रों को बाँटा जा सकता है। मुझे ऐसा लगता है कि इनमें से हर चरित्र वहाँ की ज़िंदगी समेटे हुए है और उसका एक-एक पहलू ही नहीं पकड़े हुए है, बल्कि दिन के किसी विशेष पहर में अपनी पहचान अलग ढंग से करवाता है—दूध वाले संतलाल तक। और इस तरह हर चरित्र के माध्यम से वहाँ के शौक़, सनक, व्यसन, आनंद सभी को बाँटकर विस्तार से पकड़ा जा सकता है। चाहे फिर बाद में इसका नाम 'बल्काबस्ती का एक दिन' ही क्यों न हो। इसमें पीढ़ियाँ आ सकती हैं, संबंध आ सकते हैं, वैध-अवैध रिश्ते आ सकते हैं। यानी एक-एक अध्याय में एक-एक चरित्र को उठाकर आठ-दस लोगों के माध्यम से उन सारे विवरणों को एक मानवीय सार्थकता दी जा सकती है जो अब अलग होकर सिर्फ़ भाषा का चटखारा बनकर रह गए हैं।

ऐसा मैं महसूस करता हूँ। बाक़ी आप भाड़ में जाने के लिए स्वतंत्र हैं। यह पत्र सिर्फ़ इसलिए लिख रहा हूँ कि मैं आपके लेखन का भयानक और ईमानदार प्रशंसक हूँ, उतना ही कैजुअलनैस और प्लवंगमी (फ़्लक्चुएटिंग)

दृष्टिकोण का निंदक भी।

बाल-बच्चों को प्यार दें और भाभीजी को चरण स्पर्श।

आपका

राजेन्द्र यादव

राजेन्द्र के इस पत्र नें मुझे गहरे से छुआ। पत्र के पोर-पोर से उसकी ईमानदारी स्पष्ट झलक रही थी और झलक रहा था उसका मेरे प्रति आंतरिक स्नेह तथा सम्मान। उसकी इन्हीं तीन विशेषताओं ने ही तो मुझे उसके साथ आज तक बाँधे रखा है। उसका यह मंतव्य बिलकुल सही है कि मैं विवरण दे सकता हूँ। स्थितियों और पात्रों के अंदर पैठ पाने की उस क्षमता का मुझमें नितांत अभाव है जो मुझे विवरणकार के घटिया स्तर से ऊपर उठाकर एक साहित्यकार कहे जाने का गर्व तथा गौरव प्रदान कर देती। अपनी इस अक्षमता का ज्ञान मुझे बहुत अच्छी तरह है। उसने जिस कैज़ुअलनैस और प्लवंगमी दृष्टिकोण पर उँगली रखी है, उनके प्रति मैं स्वयं अत्यंत जागरूक भी हूँ और उनसे परेशान भी। परंतु राजस्थानी कहावत के मुताबिक़ 'ज्यांका पड़्या स्वभाव, जाशी जीव सूँ।' स्वभाव प्राणों के साथ ही विदा ले पाता है।

फिर भी बहुत मुमकिन है कि इस पत्र में दिए गए सुझावों के अनुरूप 'अवाजैं—बल्काबस्ती की' को दुबारा लिखने बैठ जाता। कम-अज़-कम कोशिश तो करता ही। परंतु वह जो संभव नहीं हो पाया, उसकी टोटल ज़िम्मेदारी अकेले राजेन्द्र पर ही है। मुझ पर क़तई नहीं। कारण कि उसने 15 फ़रवरी, '88 को लिखे अगले पत्र में ही सूचना दे डाली—

"चीनी लोग चाहते हैं कि 'हंस' की ओर से हम किसी ऐसे व्यक्ति को उनके प्रकाशन-गृह में भेजें जो अंग्रेज़ी से हिंदी में स्वयं अनुवाद कर सकता हो, या उनके किए अनुवाद को संपादित-संशोधित कर सके। यानी उनकी रचनाओं को 'स्वाभाविक हिंदी' देने में सहायक हो। आने-जाने और 'ए' ग्रेड होटल में रहने-खाने, कार्यस्थल तक के वाहन इत्यादि की व्यवस्था है (चश्मा और दाँत बदलवाना इसमें शामिल नहीं है)। साढ़े पाँच हजार देने को कहते हैं, मैं हज़ार-पंद्रह सौ बढ़वाने की बात कह रहा हूँ। बताइए, चीन घूमकर आना चाहेंगे ? कलकत्ता वालों को भी कुछ मुक्ति मिलेगी—एक साल।"

पत्र पढ़कर मैंने कमला से केवल इतना ही पूछा, "चीन चलोगी ?" उसने भी तुरत ही उतना ही संक्षिप्त उत्तर दिया, "चलो।" मैंने दूसरे ही दिन राजेन्द्र को अपनी उत्सुक स्वीकृति देते हुए लिख भेजा कि किसी भी भारतीय नागरिक को यदि बिना अपनी जेब से पैसा ख़र्च किए विदेश जाने का मौक़ा मिलता हो तो केवल राजेन्द्र सरीखा 'बुद्धिमान' ही उस अवसर को लात मारेगा। सौभाग्यवश मैं उस जैसा नहीं हूँ।

नतीजे में राजेन्द्र ने चीनी पंडों द्वारा विस्तृत विवेचनार्थ मेरी पूरी जन्मपत्री (बायोडाटा) मँगवा भेजा। और उसके बाद, दो-सवा दो महीने के लिए चुप्पी साध ली। उस अरसे में मेरी मनोदशा का अंदाज़ आसानी से लगाया जा सकता है। बहुत वर्षों पहले राजस्थान की कम्युनिस्ट पार्टी के तत्कालीन मंत्री, साथी एच. के. व्यास ने बड़ी उदारतापूर्वक मुझे सोवियत यूनियन भेजने की पेशकश की थी। शर्त केवल इतनी-सी थी कि रूस जाने और आने का हवाई जहाज़ का टिकिट मुझे ही ख़रीदना पड़ेगा। उस ज़माने में वह टिकिट मात्र 3,500 रु. में मिल जाता था। परंतु तब मेरे लिए वे 3,500 रु. आज के साढ़े तीन लाख रुपयों से भी अधिक ऊँची हैसियत रखते थे।

अतएव मुझे मन मसोसकर मॉस्को जाकर हमारी शताब्दी के अपने जैसे करोड़ों-करोड़ मानवों के मसीहा कॉमरेड लेनिन के शव को अपना लाल सलाम देने से वंचित रह जाना पड़ा। अब जब कॉमरेड माओ त्से तुङ के पेइचिङ में उनके शव को लाल सलाम दे पाने का विचार मात्र मेरे अंतर-बाह्य को झंकृत करने लग गया था, राजेन्द्र की चुप्पी से बार-बार आशंका होने लगती थी कि कहीं जब लबे-बाम दो-चार हाथ रह गया है, कहीं कमंद टूट तो नहीं जाएगी।

तभी मार्च के अंत में राजस्थान प्रगतिशील लेखक संघ के महामंत्री, साथी वेद व्यास ने 9 अप्रैल, 1988 को जयपुर में प्रतिवर्ष आयोजित होनेवाले वार्षिक सम्मेलन में भाग लेने का आग्रह भरा आमंत्रण भिजवा दिया। उन जैसे पुराने स्नेही मित्र का अनुरोध टाल पाना मेरे बूते का नहीं था। सो मैं जा पहुँचा जयपुर। वहाँ एक और घनघोर आश्चर्य मेरी प्रतीक्षा कर रहा था। वेद भाई ने फ़तवा सुना दिया कि सम्मेलन का उद्घाटन मुझे ही करना पड़ेगा।

इससे अधिक संकोच और असमंजस भरी स्थिति से मेरा पाला पहले कभी नहीं पड़ा था। उस सम्मेलन में भाग लेने आए हुए थे सुप्रसिद्ध वयोवृद्ध क्रांतिकारी लेखक श्री हंसराज रहबर और उसकी अध्यक्षता करनेवाले थे मेरे बेहद प्यारे मित्र और राजस्थानी के धाकड़ लेखक श्री विजयदान देथा। मंच को शोभा प्रदान करनेवाले थे सुविख्यात प्रगतिशील आलोचक डॉ. विश्वंभरनाथ उपाध्याय तथा श्री मधुकर गंगाधर खेर, श्री बालकृष्ण कौल, श्री ताराप्रकाश जोशी और श्री मरुधर मृदुल। इन सबके समाने मैं तो न पिद्दी था, न पिद्दी का शोरवा। लिहाज़ा मैंने वेद भाई को हरचंद समझाने की कोशिश की कि इस सम्मान के लिए मैं क़तई नालायक़ हूँ। लेकिन वे तो उस क्षण 'चंद टरै, सूरज टरै' वाली मुद्रा अपनाए हुए थे। फलतः मुझे अपने जीवन में मिलनेवाले सर्वोच्च सम्मान को स्वीकार करने के लिए नतशिर होने के अलावा और कोई चारा नहीं रह गया।

बड़ी धूम मची थी तीन दिनों तक श्री मनमोहन ठाकौर की। जयपुर, अजमेर, उदयपुर और दिल्ली से छपनेवाले प्रत्येक हिंदी दैनिक में फ़ोटो और भाषण

विस्तार से छपते रहे थे। रेडियो और टेलीविज़न में भी उन्हीं की चर्चा होती रही। कहते हैं कि बारह वर्ष बाद घूरे के भी दिन फिर जाते हैं। मैं तो अपने जीवन के पैंसठवें वर्ष में था।

वहाँ से कलकत्ता जाने के लिए दिल्ली आकर राजेन्द्र से मिलने अक्षर प्रकाशन के दफ़्तर पहुँचा तो पता चला कि श्रीमानजी कुछ ही देर पहले किसी कार्यक्रम में भाग लेने जयपुर उड़ गए थे। बहुत निराश किया था राजेन्द्र ने उस बार। न आते वक़्त मिला, न जाते समय। हाँ, उसके सहयोगी हरिनारायण ने अवश्य सूचना दी थी, "भाई साहब, बधाई हो। आपका चीन जाना तो पक्का हो गया है।" चलो, उस निराशा को थोड़ी-सी राहत तो महसूस हुई। भाई हरिनारायण के पास इससे अधिक और कोई जानकारी नहीं थी, और मन्नूजी कलकत्ता में थीं। अतः समस्त उत्सुकताओं और जिज्ञासाओं को कलेजे में ही समेटे, मैं दूसरे दिन कलकत्ता के लिए रवाना हो गया।

फिर, कलकत्ता लौटने के दो-तीन दिन बाद मन्नूजी ने ही सूचना दी कि राजेन्द्र ने मुझे फ़ौरन दिल्ली पहुँचने को कहा है। वे खुद भी 1 मई को दिल्ली लौट रही थीं। तो मैंने भी उनके साथ ही राजधानी का टिकिट कटवा लिया। उधर राजेन्द्र ने चीनी दूतावास के सेकिंड सेक्रेटरी श्री चू चान फू को मुझसे भेंट करने के लिए अक्षर प्रकाशन के दफ़्तर में ही बुलवा लिया था।

बड़ी मज़ेदार बातें हुई थीं श्री चू चान फू के साथ; धाराप्रवाह हिंदी में जिसमें बेचारी अंग्रेज़ी किधर से भी नहीं घुस पाई। जब मैंने उनसे अपनी नियुक्ति की शर्तों के बारे में जानना चाहा, तो उनका उत्तर था, "वे सब आप पेइचिङ जाकर तय कर लीजिएगा।" मैंने पूछा था, "अगर कोई शर्त मुझे स्वीकार नहीं हुई, तो ?" इसका बड़ा मासूमियत भरा उत्तर दिया था उन्होंने, "तो आप वापस लौट आइएगा।" इस शर्त पर तो मैं दुनिया में कहीं भी जा सकता हूँ। चू तो मुझे कम्युनिस्ट चीन की राजधानी पेइचिङ भेज रहे थे। वह भी दो-चार-दस दिनों के लिए नहीं, पूरे एक साल के लिए।

उस दिन चू चान फू ने मुझे अगले दिन सुबह दस बजे 50 डी, पंचशील मार्ग में चीनी दूतावास पहुँच जाने का अनुरोध किया। वीज़ा की कार्यवाही पूरी करने के लिए। ज़िंदगी में पहली बार मुझे खुद वीज़ा आदि के लिए दौड़-धूप करनी पड़ रही थी। इंगलैंड जाते वक़्त तो इंडियन काउंसिल फ़ॉर कल्चरल रिलेशंस ने मुझे ऐसे तमाम सिरदर्दों से दूर रखा था। बहरहाल, चीन जाना हो तो वीज़ा भी लेना ही पड़ेगा।

तरह-तरह के पापड़ बेलने पड़ गए थे वीज़ा लेने के लिए—ब्लड, स्टूल, स्पुटम; एक्स-रे, ई. सी. जी., विज़न, टायफ़ायड—इस संभव-असंभव बीमारी की आशंका के विषय में पूरी तरह आश्वस्त हो जाने के बाद ही इनायत किया था

वह वीज़ा हमारे चीनी भाइयों ने। बाक़ी सिर्फ़ रह गई थी एड्स की जाँच। उसकी ख़ानापूरी भी पेइचिङ पहुँचने के बाद एक सप्ताह के अंदर-अंदर कर ली गई। बड़े खुश हुए थे चीनी साथी मुझे एड्स-मुक्त पाकर। एक पत्नीव्रती होने का यह लाभ तो मुझे हर हाल में मिलना ही था।

वीज़ा मिलने के साथ-साथ श्री चू चान फू ने मुझे एयर इंडिया का एक टिकिट भी थमा दिया। उस टिकिट पर यात्री का नाम लिखा था श्री गिरधर राठी का। वास्तव में उन्हें ही जाना था पेइचिङ। दुर्भाग्यवश वे एक स्कूटर दुर्घटना के शिकार होकर लंबे समय के लिए शैयाशायी होने पर बाध्य हो गए थे। नतीजे में चीनियों को उनका स्थानापन्न खोजने के लिए बाध्य होना पड़ा। इसीलिए मुझ बिल्ली के भाग से छींका टूटा था।

चीनी अधिकारियों को हमारे देश के नियम-क़ानूनों की कितनी कम जानकारी थी, यह श्री चू चान फू द्वारा मुझे श्री गिरधर राठी के नाम वाला टिकिट थमाने से ही स्पष्ट हो गया। मैंने चू भाई को समझाने की चेष्टा भी की थी कि एक नया ही टिकिट बनवाना पड़ेगा। परंतु बात उनकी समझ में नहीं आई। ख़ैर, जब एयर इंडिया के जनरल मैनेजर ने उन्हें फ़ोन कर एक नया टिकिट बनावाने की आवश्यकता बताई, तब उदास मन से उन्हें कहना पड़ा, "खेद है ठाकुर साहब, हम तो आपको जल्दी-से-जल्दी पेइचिङ भिजवाना चाहते थे। अब लगता है, पंद्रह-बीस दिन बाद ही आपका जाना संभव हो सकेगा। नया टिकिट आपको कलकत्ता में मिल जाएगा।"

पंद्रह-बीस दिन नहीं, पूरो डेढ़ महीना लगा उस टिकिट को कलकत्ता पहुँचने में। और जो टिकिट मिला, वह एयर इंडिया का नहीं, यूगोस्लाव एयरलाइन का था। अच्छी बात यह थी कि एयर इंडिया की तरह पहले कलकत्ता से हांगकांग और फिर वहाँ से चाइनीज़ एयरवेज़ का हवाई जहाज़ बदलने का झंझट नहीं था। यूगोस्लाव एयरलाइन का जहाज़ कलकत्ता से उड़े बाद मात्र पाँच घंटों में पेइचिङ पहुँचा दिया करता था।

आख़िरकार 20 जून, 1988 को उस यूगोस्लाव जहाज़ ने मुझे पेइचिङ पहुँचा ही दिया। कमला के पास उस समय तक न पासपोर्ट ही था, न वीज़ा। लिहाज़ा उसे पेइचिङ आने में तीन महीने और लग गए। पेइचिङ पहुँचे बाद पता चला कि वहाँ मुझे 1500 य्वान (1 य्वान =4 रु.) प्रति मास के वेतन पर काम करना था। मैं पैसों की ख़ातिर चीन गया भी नहीं था। मुझे तो वहाँ की कम्युनिस्ट व्यवस्था को निकट से जानने-परखने का आकर्षण खींच ले गया था।

वहाँ पहुँचे बाद जान पाया था कि जिस विदेशी भाषा प्रकाशन गृह में 'हिंदी विशेषज्ञ' की भाँति मुझे काम करना था, उसके 'लीडर' श्री छन शी थ्वे को मेरी 'प्रतिष्ठा और सम्मान के अनुरूप' इस पंद्रह सौ य्वान की रक़म को बढ़ाकर

कम-से-कम 1700 य्वान कर देने की मानसिक संस्तुति राजेन्द्र ने मेरे चीन पहुँचने के पहले ही एक पत्र लिखकर कर दी थी। एक वर्ष बाद तो स्थिति यह हो गई थी कि वहाँ तीसरी दुनिया से बुलाए गए सभी 'विशेषज्ञों' की अपेक्षा मुझे अधिक वेतन मिलने लगा था।

चीन में एक वर्ष के स्थान पर मुझे पूरे सवा दो वर्ष रहना पड़ा। वे लोग तो और भी अधिक समय के लिए रखना चाहते थे। पेइचिङ रेडियो के अधिकारियों का आग्रह था कि मैं विदेशी भाषा प्रकाशन गृह छोड़कर उनके साथ काम करना स्वीकार कर लूँ। परंतु मुझे भारत आना ही था, अपनी पारिवारिक ज़िम्मेदारियों को पूरा करने। जो हो, चीन में बिताया समय मेरे जीवन की अविस्मरणीय उपलब्धि बन चुका है। कई-कई, तरह-तरह के, अनुभवों का गट्ठर साथ बाँधकर लाया था वहाँ से। कुछ खट्टे, कुछ कडुवे अनुभव भी थे उस ज़खीरे में। किंतु अधिकांश बेहद मीठे थे। ये कडुवे, मीठे, खट्टे अनुभव ही तो हमारी ज़िंदगी को रंगारंग और जीने योग्य बनाते हैं। इसके लिए मैं राजेन्द्र का आभारी रहूँगा। उसी के कारण तो मेरे अनुभवों के ख़ज़ाने में इतनी अधिक अभिवृद्धि हो सकी थी।

चीन में था तभी मेरे बड़े बेटे दीप ने सूचित किया कि पप्पू (रांगेय राघव) के जामाता, श्री अशोक शास्त्री ने उसे पप्पू के संस्मरणों वाली पांडुलिपि भेजने का अनुरोध किया है। वे उसे पुस्तक के रूप में प्रकाशित करना चाहते थे। मैंने दीप को वह पांडुलिपि तुरंत भिजवा देने को लिख दिया। पप्पू के असमय देहावसान के बाद भी उसकी स्नेहशीला विदुषी धर्मपत्नी सुलोचनाजी, पुत्री सीमन्तिनी बिटिया और खुद अशोकजी से जितनी आत्मीयता आज तक मिलती रही है, उसके कारण अशोकजी से किसी भी प्रकार के नख़रे करने अथवा शर्तें जानने की बात भी दिमाग़ में ला पाना मेरे लिए तो अकल्पनीय ही था।

पांडुलिपि मिलने के कुछ ही दिनों बाद अशोकजी ने मुझसे पुस्तक का नामकरण करने तथा प्रस्तावना एवं बायोडाटा भिजवाने का आदेश लिख भेजा। पुस्तक छपना आरंभ हो गया है, यह सूचना भी मुझे पेइचिङ में ही मिल गई थी। फिर, 1 अक्टूबर, 1990 को कमला और मैं कलकत्ता वापस आ पहुँचे। इसी के कुछ समय पश्चात् अशोकजी ने मेरे जीवन का सबसे बड़ा सुखद आश्चर्य प्रदान कर दिया।

पुस्तक छप ही रही थी, उन्हीं दिनों नागार्जुन कुछ दिनों के लिए जयपुर में सुलोचनाजी के घर जा टिके थे। पुस्तक के फ़र्मे छप-छपकर आ रहे थे और नागार्जुनजी उन्हें आतशी शीशे के सहारे पढ़ते रहे थे। साढ़े पाँच-छः फ़र्मों की छोटी-सी 'कितबिया' उन्होंने चार-पाँच दिन में ही पूरी पढ़ डाली। और उसके

बाद उन्होंने जो किया, वह नितांत अयाचित, नितांत अप्रत्याशित था। उन्होंने अशोकजी को बोलकर मेरे नाम एक पत्र लिखवाया और उस पर हस्ताक्षर कर भारत लौट आने पर मेरे पास भिजवा देने के लिए उनके पास छोड़ आए। पत्र था—

डियर मनमोहन, यानी ठाकुर साहब,

अभी-अभी तुम्हारी पप्पू वाली कितबिया (रांगेय राघव से याराने के पाँच वर्षों का सफ़रनामा) पूरी की। दरअसल तुम भारी शैतान हो। अपनी काबिलियत को हींग की डिबिया में बंद किए घूम रहे हो।···कलकत्ता के बाहर के मित्रों को पता तक नहीं लगने दिया कि चीन में जा बिराजे हो। अब यहाँ ज़ोरों से चर्चा है कि लौट आए हो और संशोधनवाद के कंधों पर लात जमाकर काली माई की छाया में मुसकरा रहे हो। यह पुस्तिका हमारे स्वाधीनता आंदोलन के छोटे-से पीरियड का भी बहुत बढ़िया दस्तावेज़ बन गई है। आगरे की तुम्हारी किशोर मंडली पाठकों के दिल-दिमाग़ पर बहुत बढ़िया छाप छोड़ती है। मगर तुम डाकू हो, ज़्यादा लिखते नहीं हो।...

—नागार्जुन तुम्हारा

मूल पत्र की जो प्रतिलिपि अशोकजी ने मेरे पास भिजवाई, उसे मैंने किसी अतिरिक्त ही सुरक्षित स्थान पर 'सँभाल' कर रख दिया प्रतीत होता है। इस समय वह मिल नहीं रही। अतएव अशोकजी ने 'पप्पू' के बैक-कवर पर उसका जितना अंश छापा, उसे ही उद्‌धृत करना पड़ रहा है।

नागार्जुनजी से मेरा परिचय उत्तर प्रदेश किसान सभा के बछगाँव सम्मेलन में राहुलजी द्वारा करवाया गया था। लगभग 45-46 वर्ष से उनके सहज, सरल हृदय में मेरे प्रति जो स्नेह संचित होता रहा था, वह इस पत्र के शब्द-शब्द से स्पष्ट छलक रहा है।

सचमुच बहुत महान व्यक्तित्व था नागर्जुन का। उस डेढ़ पसली की दमा-जर्जरित दुबली-पतली काया के अंदर जितना विशाल कवि एवं साहित्यकार समाहित था, उसकी अपेक्षा भी कहीं ऊँचा क़द्दावर इनसान निवास करता रहता था। अपनी मेहनत की ही कमाई खाने में विश्वास करनेवाले संसार-भर के समस्त शोषित, पीड़ित, उपेक्षित मनुष्य ही नहीं, कुत्तों और कौओं तक की मूक व्यथा को सार्थक, सशक्त वाणी प्रदान करनेवाले नागार्जुन भी कार्ल मार्क्स तथा राहुलजी की भाँति यहाँ से भागने में नहीं, इस दुनिया को बदलने में विश्वास करते थे। आयु में बहुत अंतर होते हुए भी उन्होंने मेरे साथ जीवन-भर समवयस्कों सरीख़ा व्यवहार किया। कदाचित् इसीलिए मैं उन्हें कभी 'बाबा' कहने की हिम्मत नहीं जुटा पाया।

शायद यह उनके आशीर्वाद का ही फल था कि 'पप्पू' के प्रकाशित होने के बाद मेरी पूछ कुछ ज़्यादा होने लग गई। श्री सुरेश सलिल, श्री विष्णुचंद्र शर्मा (संपादक, सर्वनाम) तथा प्रख्यात कवि श्री त्रिलोचन शास्त्री ने क्रमशः 'नवभारत टाइम्स', 'जनसत्ता' तथा 'इंडिया टुडे' (हिंदी संस्करण) में बिना किसी पूर्व परिचय के, केवल 'पप्पू' पढ़ने के बाद, जितनी प्रशंसात्मक समीक्षाएँ लिखीं, उन्हें पढ़कर मैदान में नए-नए उतरे, मेरे जैसे नए खिलाड़ी की छाती फूल उठना स्वाभाविक ही था। निज कवित्त केहि लागि न नीका ?' 'पप्पू' के ही कारण मुझे श्री से. रा. यात्री का इकलौता, लेकिन बड़ा प्यारा-प्यारा पत्र मिला और इसी की बदौलत श्री मधुरेशजी के साथ नियमित पत्र-व्यवहार संभव हो सका।

'एक नास्तिक की तीर्थयात्रा' के बाद से ही यदा-कदा आ जानेवाले पाठकों के प्रशंसापूर्ण पत्रों का जो सिलसिला आरंभ हो गया था, 'पप्पू' के प्रकाशन के पश्चात् उनकी संख्या बहुत बढ़ गई थी। निश्चय ही इसमें रेडियो तथा विभिन्न पत्र-पत्रिकाओं में छपी सहृदय समीक्षाओं ने महत्त्वपूर्ण भाग अदा किया। प्रत्येक पत्र मुझमें एक अनिर्वचनीय सुख और संतोष की सृष्टि कर देता, एक अपूर्व उत्साह भर देता। परंतु मुक्त कंठ से स्वीकार करता हूँ कि उन सबसे कहीं अधिक सुख, संतोष तथा उत्साह से परिपूरित किया था राजेन्द्र यादव के 21 नवंबर, 1991 के पत्र ने। इसलिए और भी अधिक क्योंकि जिस समय यह पत्र मुझे मिला था तब ऐसे किसी पत्र की वास्तव में बहुत, बेहद ज़रूरत थी भी। राजेन्द्र ने लिखा था—

प्रिय ठाकुर साहब,

कल ही आपको पत्र लिखा है और आज सुबह ही 'पप्पू' को फिर से पढ़कर चुका हूँ। इसके साथ ही मुझे एक दिव्यज्ञान की प्राप्ति हुई है : अगर इसे आपने बहुत कुछ बदल नहीं दिया है तो मैं स्वीकार करता हूँ कि उस समय मेरी अक्ल पर पत्थर पड़ गए थे। सचमुच यह रचना अद्‌भुत और विलक्षण है। आपने जिस आत्मीयता से उस पूरे माहौल की जीवंतता को उतार दिया है, वह दुर्लभ ही कही जाएगी। 20-22 वर्ष की उछालें मारती उम्र, आदर्शों की झोंक, अध्ययनशील और ब्रिलियेंट युवा झड़पें और मस्तियाँ...भारतीय इतिहास के एक पन्ने को आपने सचमुच इतना जीवंत और सरस बना दिया है कि आपको भींच डालने का मन करता है (बाद में चाहे दधीच की ठठरियाँ ही हाथ लगें)।

इसको पढ़कर मुझे वाक़ई रांगेय राघव से रश्क़ हो रहा है कि उन्हें क़ितने शानदार और जानदार दोस्त मिले थे। मेरी क़िस्मत में तो खिच्चड़ गुजराती बुढ़ऊ और एक अदद कटखनी भाभी ही लिखे थे। सुबह से यह बात बहुत ज़ोर से आपको कहने को मन करता है कि कलकत्ता पर भी

एक इसी तरह की पुस्तक आनी चाहिए, वर्ना (अब क्या कहूँ), आप खुद ही करुणा और हास्य की साकार मूर्ति बने बैठे हो। काश, इस पुस्तक का अगला खंड घनश्याम ने भी लिख दिया होता...फिर भी सुलोचनाजी का 'पुनः' और आपका 'पप्पू' दोनों मिलकर उस व्यक्ति की बेजोड़ तसवीर खड़ी करते हैं। अगर आप कहें तो दो खंडों में इसे 'हंस' में अगले वर्ष ही छाप डालूँ मगर शायद इसमें आपके प्रकाशक को आपत्ति होगी।

उस समय 'हंस' नया-नया ही निकला था और बाद में पाठकों को लेकर इतना विश्वास नहीं था कि वे क्या चीज़ पसंद करेंगे और क्या नहीं। अब विश्वासपूर्वक कह सकता हूँ कि यह 'हंस' के प्रकाशन की अविस्मरणीय उपलब्धि होती। एक बार फिर आपके लिए अजस्र प्यार, श्रद्धा सभी कुछ उमड़ रहा है। अब आप बिलबिलाकर उठिए और अपनी जीवनी का कलकत्ता-कांड पूरा कीजिए। ज़ोर-शोर से 'हंस' में छपेगा। इस पुस्तक के बारे में भी मुझे बताइए। फिर याद करा दूँ कि पत्र डिक्टेट नहीं होना चाहिए। आपके हाथ का लिखा रहेगा तो सनद बनी रहेगी।

भाभीजी को प्रगाढ़ालिंगन...

बेहद ही दुखी,
राजेन्द्र यादव

जिस समय यह पत्र मेरे घर पहुँचा, उस समय मेरी ज़िंदगी मौत के हाथों दम तोड़ने से बाल-बाल बचकर निकली ही थी। दीवाली से एक दिन पहले, 4 नवंबर की रात के साढ़े ग्यारह बजे मुझे अपनी श्वास-प्रक्रिया क्रमशः अवरुद्ध होती-सी प्रतीत होने लगी। मेरे कवि मित्र, भारत प्रख्यात नेत्र-चिकित्सक डॉ. गोपालकृष्ण सराफ़ की तत्परता से रात के तीन बजे मुझे बैले न्यू नर्सिंग होम के सघन चिकित्सा कक्ष (इंटेंसिव केयर यूनिट) में भर्ती करा दिया गया। बहुत बाद में, होश आने पर, नर्सों की ज़बानी पता चला कि अगर भर्ती किए जाने में दस मिनट की भी देरी हो गई होती, तो फिर मुझे नर्सिंग होम के स्थान पर सीधा श्मशान घाट ले जाना पड़ता।

चौबीस दिन रहना पड़ गया था उस सघन चिकित्सा कक्ष में। बड़ी मरदूद होती है यह इस्कीमिया की बीमारी भी। कंबख़्त दिल का दायरा बड़ा कर देती है। दिल के अलावा इस बीमारी ने मेरे अनुभवों का दायरा भी बढ़ा दिया था। काफ़ी कुछ देख लिया था अड़सठ वर्ष की ज़िंदगी में। छूटा जा रहा था सिर्फ़ अस्पताल का माहौल। इन चौबीस दिनों ने अब वह कसर भी पूरी कर दी थी। आख़िर तरह-तरह के अनुभवों का सामूहिक नाम ही तो ज़िंदगी होता है।

इन चौबीस दिनों की ही बात है। जनवादी लेखक संघ की कलकत्ता शाखा ने अवधनारायण सिंह को सम्मानित करने के उद्देश्य से जो आयोजन किया

था उसकी अध्यक्षता के लिए उन्होंने अपने राष्ट्रीय उपाध्यक्ष राजेन्द्र यादव को आमंत्रित किया था। तभी एक शाम राजेन्द्र मुँह लटकाए आ पहुँचा था बैले न्यू नर्सिंग होम। उदासी घुले स्वर में प्रश्न किया था उसने, "ठाकुर साब, आपको कहाँ से हो गई यह दिल की बीमारी ?" मेरा उत्तर था, "जिनके दिल होता है, उन्हीं को यह बीमारी होती है। तुम निश्चिंत रहो, तुम्हें न दिल की बीमारी होगी, न दिमाग़ की।" नहीं हँस पाया था राजेन्द्र उस शाम यह सुने बाद भी।

रहीम का एक दोहा है—

रहिमन बिपदा हू भली, जो थोरे दिन होय,
हित अनहित या जगत् में, जान परत सब कोय।

मात्र चौबीस दिनों के सघन चिकित्सा कक्ष में किए गए निवास ने मुझे प्रत्यक्ष विश्वास दिला दिया कि कलकत्ता में बिताए चार दशकों ने मुझे असंख्य स्नेही शुभाकांक्षियों की अमूल्य संपदा से प्रचुर धनी बना दिया है। कौन नहीं आया था मुझे देखने, मेरे परिवार को अपनी सक्रिय सहानुभूति का आश्वासन देने ? हृदय रोग का अंत तो दिल की धड़कन बंद होने के साथ ही हो पाता है। उन धड़कनों को कुछ समय अधिक दिलाने की चेष्टा में जीवित रहते ढेर सारी औषधियाँ खानी पड़ जाती हैं। परंतु इसमें कोई संदेह नहीं कि कलकत्ता के उन मित्रों की सद्‌भावना ने औषधियों की अपेक्षा मुझे मानसिक रूप से स्वस्थ बनाए रखने में कहीं अधिक सहायता प्रदान की है।

ऐसे माहौल में राजेन्द्र के उपर्युक्त पत्र ने मुझे कितनी ताक़त दी होगी, आसानी से समझा जा सकता है। राजेन्द्र की इस विशेषता ने मुझे आरंभ से ही आश्चर्य में डाला है। अपनी ग़लती को इस बेबाक़ी से मान लेने की ईमानदारी अक्सर देखने में नहीं आती। मैंने राजेन्द्र की सलाह मानकर शरीर में थोड़ी-सी ताक़त वापस आते ही अपनी 'जीवनी का कलकत्ता कांड' लिख डालने का निश्चय कर लिया था।

मेरी बीमारी ने एक पुण्य कार्य करवा लिया। मेरे छोटे बेटे शरद की इच्छानुसार पहले उसका विवाह कलकत्ता से राँची बाक़ायदा बारात ले जाकर हिंदू पद्धति से होना था। बेटे के साथ उसकी माँ भी इसके लिए काफ़ी उत्साहित हो रही थी। बीमारी के बाद डॉक्टरों ने मेरे लिए राँची तक की बसों में की जानेवाली यात्रा एकदम वर्जित कर दी। फलस्वरूप बसों का रिज़र्वेशन कैंसिल और विवाह का 15 फ़रवरी, 1992 को कलकत्ता में ही संपन्न होना सर्वसम्मति से तय कर लिया गया।

फिर मेरी इच्छा का सम्मान करते हुए माँ-बेटों ने 'सिविल मैरिज' की प्रथा से विवाह होना भी स्वीकार कर लिया। अब माधुरी बेटी के माता-पिता, और भाई-बहनों को राँची से कलकत्ता आने के लिए राज़ी कराना था। खुशक़िस्मत था मैं कि माधुरी के पिताजी मेरे बहुत पुराने और अच्छे मित्र थे। फ़ोन पर बात करते ही मान गए। दोनों पक्ष राज़ी तो फिर क़ाज़ी क्या कर सकता था ? तय हो गया कि 15 फ़रवरी, 1992 को रविवार के आदर्श मुहूर्त में सुबह 9.30 बजे रजिस्ट्रार द्वारा विवाह संपन्न करा दिया जाएगा और शाम को संयुक्त रिसेप्शन हो जाएगा। न कोई झंझट, न झगड़ा।

इस बार राजेन्द्र ने फिर से मुझे एक 'सरप्राइज़' दे डाला। अपनी आदत के बरख़िलाफ़ वह विवाह-स्थल पर वर-वधू तथा गवाहों के दस्तख़त होने से कुछ देर पहले ही सहसा प्रकट हो गया। बहुत गद्‌गद किया था उसके इस प्रकार अचानक आ पहुँचने ने, विशेषकर इसलिए क्योंकि मैं जानता था कि उसे कलकत्ता या उसके आसपास कहीं भी और किसी आयोजन में सम्मिलित नहीं होना था। निश्चित रूप से यह बढ़ चुकी उम्र में आई बुद्धि का ही प्रमाण था।

सौ सयाने एकमत होते हैं। इसका हाथों-हाथ प्रमाण भी शीघ्र ही मिल गया। उधर तो राजेन्द्र ने अपने पत्र में मुझसे मेरी जीवनी का कलकत्ता कांड पूरा कर डालने का अनुरोध किया, और इधर नवल ने अपनी संस्था 'प्रतिध्वनि' की 'वरिष्ठ साहित्यकार सम्मान योजना' के अंतर्गत कलकत्ता में बिताए क़रीब पचास वर्षों के अनुभवों को पुस्तक में ढालने का आदेश जारी कर दिया। नवल दो बातों में बहुत विश्वास करता है—एक तो यह कि वरिष्ठता मूलतः आयु पर निर्भर करती है और दूसरी यह कि एक बार में एक नहीं, कम-से-कम तीन पुस्तकों का लोकार्पण किया जाना चाहिए। अपने इन विश्वासों के चलते पहले उसने प्रो. कल्याणमल लोढ़ा को सम्मानित किया और उसके बाद दूसरे नंबर पर लोढ़ाजी से एक वर्ष छोटे मुझ नाचीज़ को उस योजना में सम्मिलित कर लिया।

मेरे लिए अब कम-से-कम एक नई पुस्तक लिखना अनिवार्य हो गया। मेरे लिए लेखन अत्यंत सायास प्रक्रिया होती है। कुछ न लिखना पड़े तो मैं परम प्रसन्न रहता हूँ। किंतु यदि लिखना पड़ ही जाए तो मैंने कभी पीठ भी नहीं दिखाई है। मुझे वह अपने आत्म-सम्मान पर आघात प्रतीत होता है। जीवन-भर राष्ट्रकवि मैथिलीशरण गुप्त की वे पंक्तियाँ मेरा आदर्श वाक्य रही हैं—

नहीं विघ्न-बाधाओं को हम स्वयं बुलाने जाते हैं,
किंतु कभी वे आ पड़ती हैं, नहीं तनिक घबराते हैं।

पिछले कुछ वर्षों से नवल ने एक नियम बना रखा था। वह हर रविवार को सुबह मेरे पास आकर क़रीब दो घंटे ज़रूर बिताता था। उस दौरान हम योजनाएँ बनाते और उनके कार्यान्वयन की समीक्षा किया करते थे। उन दिनों नवल को नए-पुराने कवियों को खोजकर उनके काव्य-संग्रह प्रकाशित करने का नशा सवार था। कविताएँ छाँटने की ज़िम्मेदारी अधिकतर मेरी रहती थी। काव्य-संग्रह प्रकाशन का तरीक़ा वही रहता था कि कविगण अपने संपर्कों तथा साधनों से जितने विज्ञापन जुटा पाते थे जुटा लेते, बाक़ी रक़म नवल और मैं अपने संपर्कों को टटोलकर जमा कर लेते थे। पुस्तक छप जाने के बाद आयोजित किया जाता था विमोचन समारोह। इस प्रकार हम तब तक चालीस-पचास संग्रहों का प्रकाशन कर चुके थे।

निश्चय ही वे समस्त रचनाकार तथा उनकी कृतियाँ हमेशा प्रथम श्रेणी की ही नहीं होती थीं। कुछ की तो आरंभिक रचनाएँ ही उनमें संकलित होती थीं। परंतु इस प्रयास के दो लाभ हमें स्पष्ट दिखाई दे रहे थे। एक तो यह कि इस प्रकार कलकत्ता के हिंदी जगत् में साहित्य रचना की प्रक्रिया को निरंतर उत्साह मिलता रहता था, दूसरे, इसके द्वारा नए, किंतु प्रतिभाशाली कवियों को अपने जौहर दिखाने का अच्छा अवसर मिल जाया करता था। केवल एक ही उदाहरण मेरे इस कथन की पुष्टि कर देगा कि आज की सुविख्यात साहित्यकर्मी डॉ. प्रभा खेतान की प्रारंभिक काव्य-कृतियाँ नवल की इसी योजना के अंतर्गत प्रकाश में आई थीं।

तो अब होने यह लगा कि नवल हर रविवार को आता और हफ़्ते-भर में मैंने जो और जितना लिख रखा होता उसे सुनता और फिर उन हस्तलिखित पृष्ठों को ले जाकर सीधा कंपोज़ीटर को थमा देता। नवल में एक अच्छी आदत और भी है कि वह बहुत पहले से ही पुस्तक-विमोचन की तारीख़ और स्थान तय कर देता है ताकि लेखक महोदय पुस्तक की पांडुलिपि देने में सुस्ती न बरत पाएँ। मेरे साथ भी उसने ठीक यही हथकंडा अपनाया था।

उसने मेरी दो पुस्तकों—'अंतरंग' तथा 'काले पानी का गहराव'—और अपने चार नाट्यालेखों के संकलन 'अग्नि' का लोकार्पण 22 नवंबर, 1993 को 'ज्ञान मंच' पर अनुष्ठित किए जाने की घोषणा कर दी। 'काले पानी का गहराव' में उसने मेरी पहले से छाँटकर अलग रखे अंदमान-कोलंबो-बंबई की जलयान और वायुयान द्वारा दो-दो बार आसाम-नागालैंड-मणिपुर की तथा अजंता-एलोरा की यात्राओं के वर्णनों को समाविष्ट कर लिया था। साथ ही, नवल ने अपने चार नाट्यालेखों के संकलन को संपादित करने का भार भी मुझ पर डालकर पुस्तकों की संख्या तीन कर ली थी।

बीमारी से उठने के बाद मेरी नींद बहुत कम हो गई थी। सुबह ढाई-तीन

बजे आँख खुल जाया करती। इसका लाभ उठाकर मैं तीन बजे बाहर बरामदे में जा बैठता और 'अंतरंग' लिखने लग जाता। छः बजे तक घनघोर नीरव वातावरण में मेरी क़लम को काग़ज़ पर सपाटे से फिसलते देखना मेरे लिए बिलकुल नया अनुभव था। इससे पहले तो चार पन्ने फाड़ चुकने पर एक पृष्ठ को अंतिम रूप दे पाता था। अब क़लम रुकने का नाम ही नहीं लेती थी। शायद 'करत करत अभ्यास के' मुझ जैसा जड़मति भी सुजान होने लगा था।

पहले मेरा इरादा था कि 'अंतरंग' में मैं 1949 में कलकत्ता आ बसने के बाद से आरंभ कर 1988 में चीन जाने तक के लगभग चालीस वर्षों के अपने जीवन की सभी महत्त्वपूर्ण घटनाओं का समावेश कर लूँगा। कुछ दिन उसी मानसिकता से मैं लिखता भी रहा। परंतु शीघ्र ही समझ में आ गया कि वह सब करने बैठ गया तो 'अंतरंग' नौ-दस फ़र्मों का नहीं, पचास-पचपन फ़र्मों का ऐसा बृहदाकार ग्रंथ बन जाएगा जिसे न लिखने का धैर्य मुझमें रह पाएगा और न पढ़ने का पाठकों में। एक मारवाड़ी जूट व्यवसायी के दफ़्तर की सामान्य किरानीगीरी से आरंभ कर, स्कूल की अध्यापकी, ट्रेड यूनियन और कम्युनिस्ट पार्टी, साहित्यिक एवं नाट्य संस्थाओं की सक्रिय सदस्यता के चार दशकों का विविधता से परिपूर्ण, उतार-चढ़ाव से भरे-पूरे जीवन के दौरान हज़ारों उल्लेखनीय घटनाओं तथा सैकड़ों दिलचस्प लोगों के संपर्क में आने का सौभाग्य मुझे मिला था। उनमें से क्या भूलूँ, क्या याद करूँ वाला चयन कर पाने की मुझमें क्षमता थी भी नहीं। लिहाज़ा यही तय किया कि 'अंतरंग' में केवल उन साहित्यकारों के ही संस्मरण सम्मिलित करूँ जिनके सान्निध्य में आने से मेरा जीवन समृद्धतर हुआ है। इस छँटनी के बाद भी वह 240 पृष्ठों की पुस्तक हो ही गई।

बड़ा रंगारंग प्रोग्राम आयोजित किया था नवल और उसकी संस्था 'प्रतिध्वनि' ने उस 22 सितंबर की सुबह 'ज्ञानमंच' के प्रेक्षागार में। मेरी दो पुस्तकों के लोकार्पण के लिए उसने आमंत्रित किया था राजेन्द्र यादव के अतिरिक्त भारतीय भाषा परिषद् के तत्कालीन निदेशक श्री बालशौरि रेड्डी को। 'अग्नि' का लोकार्पण किया था सुप्रसिद्ध नाट्य-निर्देशक श्यामानंद जालान ने। अध्यक्षता की थी प्रो. कल्याणमल लोढ़ा ने। नवल के नाट्यालेख 'अग्नि' का अत्यंत प्रभावी मंचन किया था श्यामानंद जालान की संस्था 'पदातिक' की नृत्यांगनाओं के समूह ने जिसमें प्रमुख भूमिका में थी श्यामानंद की सहधर्मिणी चेतना जालान।

जी खोलकर बोला था राजेन्द्र उस अवसर पर। मैं उसे भाषण देते पहली बार सुन रहा था और सोच रहा था कि अभ्यास और दृढ निश्चय मनुष्य को कहाँ से कहाँ पहुँचा देते हैं। अन्यथा, यह वही राजेन्द्र यादव था जिसकी 1954 में बालीगंज शिक्षा सदन में स्कूली छात्राओं और अध्यापिकाओं के सामने घिग्घी बँध गई थी; हज़ार कोशिश करने पर भी एक बोल भी गले से नहीं फूट पाया

था। और आज ? आज तो वह धाराप्रवाह बोलता चला जा रहा था, बोलता ही चला जा रहा था।

वह बोल रहा था और बोलते-बोलते मूड में आता चला जा रहा था। पहली बार कोमल कोठारी से मिलने ग्रीक चर्च रो आने से आरंभ कर वह बड़े मज़ेदार लहजे में हमारी मित्रता के अनेक मनोरंजक क्षणों को दुहराता चला जा रहा था। किंतु तभी अपनी आदत से मजबूर प्रो. लोढ़ा ने दस-बारह मिनट बीतते-न-बीतते, बार-बार और सबको दिखा-दिखा कर हाथ पर बँधी घड़ी देखकर मुँह बनाना आरंभ कर दिया। मजबूरन राजेन्द्र को अपना वक्तव्य झटपट समाप्त कर देना पड़ गया। राजेन्द्र लोढ़ाजी की इस चिरपरिचित आदत से बखूबी वाक़िफ़ था, इसलिए क्रोधित तो नहीं हुआ किंतु बाद में, उसने स्वयं लोढ़ाजी से ही, अपनी खीझ का स्पष्ट इज़हार अवश्य कर दिया था।

इस बार मैं कलकत्ता में उसके साथ अधिक समय नहीं बिता पाया था। उसे तुरंत ही लौटकर कानुपर में श्री गिरिराज किशोर की पुत्री के विवाह में सम्मिलित होना था। निहायत खफ़ीफ़-सी रही थी मेरे लिए इतने महत्त्वपूर्ण अवसर परं हुई हमारी यह भेंट। परंतु इससे कोई विशेष अंतर नहीं पड़ा क्योंकि मेरा छोटा पुत्र, शरद, अक्टूबर से ही बंबई से स्थानांतरित होकर दिल्ली आ बसा था। और अब वह कमला को तथा मुझे बार-बार दिल्ली चले आने का आग्रह कर रहा था। उसके आग्रह के कारण हम दोनों एक महीने के अंदर-अंदर दिल्ली आ पहुँचे।

दिल्ली में दिल की जाँच के सिलसिले में मुझे महीने में एक-दो बार डॉ. अनंत दवे के क्लिनिक जाना पड़ता था। क्लिनिक अक्षर प्रकाशन के दफ़्तर के नज़दीक ही अंसारी रोड पर था। अतएव मैं अक्सर राजेन्द्र से ग़पियाने वहाँ भी चला जाता। वहीं एक दिन शानी भी नमूदार हुए। ताज़ा-ताज़ा अमेरिका के दौरे से वापस लौटे थे। हाथ में पान-मसाले का डिब्बा थामे बता रहे थे कि अमेरिका में भी वह डिब्बा कितने डॉलर देने पर आसानी से उपलब्ध हो जाता है। नहले पर दहला जड़ते हुए मैंने भी जोड़ा था कि चीन में तो पान-ज़र्दे के दर्शन होते नहीं थे। सो कमला की ख़ातिर मुझे हर हफ़्ते हांगकांग से दस हांगकांग डॉलर में पान मसाले के और पंद्रह डॉलर में बाबा ज़र्दे के डिब्बे मँगवाने पड़ते थे।

शानी जहाँ भी जाते थे, हँसी-खुशी और मज़ाक़-ठहाकों का माहौल भी उनके साथ लगा-बँधा चला आया करता था। उस दिन भी मैंने कुछ ऐसी ही उम्मीद लगाई थी। लेकिन जान पड़ता है उस दिन शानी बिस्तर से ग़लत तरफ़ से उठे थे। उस दिन मैंने शानी को देखते-देखते अग्निशर्मा में परिवर्तित होते देखा। एक बेहद नाचीज़-सी बात पर वे राजेन्द्र पर ऐसे बरस उठे थे जैसे वह उनका जनम-जनम का बैरी रहा हो। उनका कथन था कि राजेन्द्र ने किसी संग्रह का

संपादन करते हुए कहानी के लेखक का नाम केवल शानी नहीं, गुलशेर ख़ाँ 'शानी' लिखकर उनके मुसलमान होने को जान-बूझकर, एक षड्यंत्र के तहत, उजागर किया था। उन्हें इसमें राजेन्द्र की हीन सांप्रदायिक मनोवृत्ति का चित्रण नज़र आ रहा था।

मैं निर्वाक् बैठा शानी के मुँह से अनवरत झरती घटिया गालियाँ सुनता रहा। समझ में नहीं आ रहा था कि उन गालियों का उत्स अल्पसंख्यक समुदाय का सदस्य होने की हीनत्व की भावना में निहित था अथवा उसके लालन-पालन में। राजेन्द्र जब भी अपनी सफ़ाई में कुछ कहने की चेष्टा करता, शानी तार स्वर में कुछ मल्लाही बककर उसे चुप करा देते। इस नितांत अप्रत्याशित, अकल्पनीय दृश्य को मैं दस मिनट से अधिक बर्दाश्त नहीं कर पाया। बातें शानी और राजेन्द्र के बीच में हो रही थीं। बीच में कुछ भी बोल बैठना अपने अपमान को आमंत्रित करना होता। अतएव बिना साहब-सलामत के मैं वहाँ से भाग निकला।

शानी के साथ यही मेरी अंतिम भेंट थी। क़रीब साल-सवा साल बाद एक दिन शाम को जनवादी लेखक संघ के श्री चन्द्रबली सिंह तथा श्री चंचल चौहान के साथ राजेन्द्र अचानक मेरे पुत्र के सरिता विहार वाले फ़्लैट पर आ धमका था। उसने बताया कि शानी लिवर की गड़बड़ी में गंभीर रूप से बीमार होकर भर्ती कर दिए गए थे। ये तीनों उसे देखने फ़रीदाबाद के एक अस्पताल में गए थे। लौटते समय सरिता विहार पड़ा तो पता खोजते-खोजते मुझसे मिलने चले आए। राजेन्द्र बेहद दुखी हो रहा था कि कहाँ तो शानी एक मासिक कहानी पत्रिका की संपादकी करने की तैयारियाँ पूरी कर चुका था और कहाँ अब उसकी जान पर आ बनी थी।

शानी की मौत कुछ दिन बाद हो गई थी। राजेन्द्र ने उसके पहले ही मेरे दृष्टिकोण में परिवर्तन ला दिया था।

सरिता विहार रहते समय राजेन्द्र एक बार और भी आया था। मन्नूजी के साथ। वे कमला और मुझे, घनश्याम अस्थाना को देखने साथ ले जाने के इरादे से आए थे। तीन-चार वर्ष पहले हुई एक स्कूटर-दुर्घटना में घनश्याम के दिमाग़ पर कुछ ऐसी गंभीर चोट लगी थी कि जिस घनश्याम की याददाश्त की मिसालें दी जाती थीं, वह अब अपने घर के पास वाले चौराहे का नाम तक भूल चुका था। ग़नीमत यही थी कि पूरी तरह से बेख़बर होने से पहले ही वह अपनी बेटी काव्या और बेटे अभिषेक के विवाह संपन्न कर चुका था। स्वयं भी आगरा कॉलेज के अंग्रेज़ी विभागाध्यक्ष के पद से अवकाश प्राप्त कर चुका था।

उन दिनों उसका पुत्र अभिषेक भारतीय वायु सेना में पदाधिकारी बनकर

दिल्ली की सीमा पर उत्तर प्रदेश के नॉइडा में जलवायु विहार में सपरिवार रह रहा था। नॉइडा सरिता विहार के नज़दीक ही था। मुश्किल से बीस मिनट लगे थे हमें वहाँ पहुँचने में। पर फ़्लैट खोजने में काफ़ी समय लग गया। बहुत खुश हुई थीं निर्मलाजी हम चारों को देखकर। लेकिन अंदर जाने पर मुझे अपने जीवन का सबसे अधिक त्रासद दृश्य देखना बदा था। बरामदे के पैसेज में एक कुर्सी पर सिर टिकाए घनश्याम बैठा था। आँखें उसकी बंद थीं। मुँह आधा खुला। उसके झबराले घने खिचड़ी केश कुर्सी के पीछे झूल रहे थे। जान पड़ता था मानो अपनी कविता की किसी बिखर गई पंक्ति को याद करने की चेष्टा में ध्यानमग्न है। अभी-अभी आँखें खोलकर सिगरेट से काले पड़ गए होंठों पर अपनी चिरपरिचित मुसकान बिखेरकर हमेशा की तरह कह उठेगा, "आओ राजेन्द्र, अरे ठाकुर साब, आप भी ? निर्मल, देखो तो, कौन-कौन आए हैं तुमसे मिलने।"

लेकिन ऐसा कुछ नहीं हुआ। घनश्याम की आँख, होंठ और ज़बान पर उसके दिमाग़ ने हमेशा के लिए ताला जड़ दिया था और चाबी कहीं फेंक दी थी। अब वह जीवित था केवल इस अर्थ में कि उसकी साँसें अभी तक लगातार चल रही थीं। अन्यथा वह उस स्थिति में जा पहुँचा था जिसे अंग्रेज़ी में कहा जाता है वैजिटेबिल ऍक्ज़िस्टेन्स। कितनी भयावह होती होगी वह स्थिति, इसकी कल्पना मात्र से आज तक सिहर-सिहर उठता हूँ।

पाँच मिनट भी खड़ा नहीं रह पाया घनश्याम के सामने। दिमाग़ में एक-एक घटना तेज़ी से चक्कर काटने लगी और मैं पूरी तरह से चकरा उठा था। क़रीब पचास-पचपन साल पहले सात-आठ वर्ष के घनश्याम की 'आगरा पंच' में छपी कविता और उसके संबंध में लिखी गई महेन्द्रजी की संपादकीय प्रशस्ति, उसके वर्षों बाद आगरा के हमारे 'बाबू के रेस्तराँ' में पप्पू द्वारा उससे कराया गया परिचय, राजेन्द्र के निमंत्रण पर उसका कलकत्ता का प्रथम प्रवास, मेरी अनगिनत आगरा-यात्राओं के दौरान मुझ पर उँडेला गया उसका निश्छल स्नेह, उसके विवाह पर राजेन्द्र और मेरे द्वारा भेजा गया तार—'यू टू ब्रूटस', ग्रीक चर्च में वीरेन्द्र मिश्र, सोम ठाकुर, शैल चतुर्वेदी के साथ बिताए गए उसके मौज-मस्ती भरे पाँच दिन, दिमाग़ में लगी चोट के बाद उसकी जीवन-ज्योति का देखते-देखते बुझते चले जाना—सबकुछ उन क्षणों में तेज़ी से चलाई जा रही फ़िल्म की भाँति घूम गया था मेरी दिमाग़ी आँख के सामने।

और, यादों के उस तूफ़ान ने तिनके की तरह मुझे उड़ा फेंका था उस कुर्सी के सामने से। मैं शब्दशः दौड़ भागा था एक दूसरे कमरे में जहाँ निर्मलाजी और अभिषेक की पत्नी हमारी ख़ातिर-तवज्जह की तैयारी में लगी थीं। बहाना बनाया था कि मैं अभिषेक की पत्नी तथा बेटे के साथ परिचित होना चाह रहा हूँ। साफ़ समझ में आ रहा था कि यही आख़िरी बार घनश्याम को देख रहा हूँ।

विडंबना यही थी कि यह विचार ही उसे जी भरकर देखने भी नहीं दे रहा था।

बाहर निकलने के बाद हम चारों बड़ी देर तक अपनी-अपनी भावनाओं को संतुलित करने की चेष्टा में चुपचाप बैठे रहे थे। क्या कहते, किससे कहते। घनश्याम हम सबका बेहद प्यारा मित्र था। हाँ, मैंने उसी समय से घनश्याम के संबंध में वर्तमान काल की क्रिया का प्रयोग समाप्त कर दिया था।

वहाँ से हम सीधे अपने-अपने घर नहीं लौटे थे। राजेन्द्र हमें नॉइडा में ही रहते एक अन्य पत्रकार मित्र श्री नन्द झा के घर ले गया था। कुछ दिन पहले हुई मोटरसाइकिल दुर्घटना ने पाँव पर प्लास्टर चढ़ाकर उन्हें कम-से-कम तीन महीने के लिए शय्या सेवन करने पर बाध्य कर दिया था। राजेन्द्र ने पहले ही बता दिया था कि उनकी श्रीमती सीगाझा की साहित्यिक रुचि काफ़ी परिष्कृत है। शायद लिखने-लिखाने का भी शौक़ रखती थीं। हमें अपने घर अचानक आया देखकर वे, उनके पतिदेव और बच्चे, सभी गद्‌गद हो गए।

बड़ी ख़ातिरदारी हुई थी वहाँ। ना-ना करते रहने पर भी मीठा-नमकीन, ठंडा-गरम, सबकुछ खाना-पीना पड़ा। उस वातावरण को देखकर मुझे बेहद याद आने लगी वर्षों पहले कलकत्ता आए राजेन्द्र के एक अन्य मित्र-दंपति की। पतिदेव बड़े सरकारी अफ़सर थे। शायद आई. ए. एस. क़िस्म के। उनकी श्रीमतीजी उनसे भी कहीं अधिक बड़ी 'फैन' थीं राजेन्द्र की। दोनों राजेन्द्र की ज़ोरदार सिफ़ारिश पर ग्रीक चर्च रो पवित्र करने चले आए थे। जब फ़्लैट का निरीक्षण करते समय कमला ने उन्हें वह कमरा बताया जहाँ हमारे साथ रहने के समय राजेन्द्र बैठा-बैठा लिखा करता था, तो वे भी इतनी ही गद्‌गद होकर कह उठी थीं, "आह ! तो यह थी राजेन्द्रजी की कर्मस्थली !" शायद उन्हें वह स्थान किसी तीर्थस्थल-सा लग रहा था !

जो हो, राजेन्द्र के पागल मित्र के साथ उनके घर पर बिताए समय ने घनश्याम के घर से चलते वक़्त के हमारे मानसिक तनाव को काफ़ी हद तक कम अवश्य कर दिया था और अब हम चारों बड़ी हद तक फिर से सामान्य हो चले थे। वापस लौटते समय हमारे परस्पर हँसी-मज़ाक़ों की मात्रा बढ़ गई थी। ठहाके लगाने में भी अब हम संकोच अनुभव नहीं कर रहे थे। कितनी विचित्र होती है मानव मन की प्रवृत्तियाँ ? हम आनंद के अन्वेषण का सतत प्रयास करते रहते हैं। अधिक समय तक दुःखी नहीं रह पाते। बड़े-से-बड़ा दुःख शीघ्र ही भुला बैठते हैं।

'पप्पू' के प्रकाशन के बाद से 'सर्वनाम' के यशस्वी संपादक एवं उत्कृष्ट कवि-लेखक श्री विष्णुचंद्र शर्मा तथा उनके माध्यम से सादतपुर और उसके आसपास के

यमुना पार क्षेत्र में बसे प्रसिद्ध चित्रकार श्री हरिपाल त्यागी, सुलेखक श्री सुरेश सलिल, 'अलाव' के संपादक एवं कवि-गीतकार श्री रामकुमार 'कृषक' तथा आधुनिक हिंदी कविता के शीर्षस्थ हस्ताक्षर श्री त्रिलोचन शास्त्री के निकट आते चले जाने का सौभाग्य मुझे मिलता रहा है। आयु में मुझसे सात-आठ वर्ष बड़े शास्त्रीजी अनेक बार दो-ढाई घंटे बसों का कष्टप्रद सफ़र कर सरिता विहार आने की कृपा करते रहते थे। अपने प्रथम आगमन पर ही त्यागीजी अपनी एक उत्कृष्ट कलाकृति और 'कृषक' जी 'अलाव' की एक प्रति भेंट कर गए। विष्णु भाई तो मुझे 'आदरणीय बड़े भाई' का सम्मान प्रदान करके ही नहीं थमे, उन्होंने अपने अंतरंगों के संबंध में प्रकाशित ग्रंथ 'अभिन्न' में मुझे भी सम्मिलित कर स्नेह-धन्य कर डाला।

विष्णुजी 'सर्वनाम' में आग्रहपूर्वक मुझसे पत्र, लेख, अनुवाद आदि माँगकर जब-तब छापते रहते हैं। उन्हें पढ़कर राजेन्द्र ने उस बार उलाहना दिया कि मैं 'सर्वनाम' के लिए तो लिखता रहता हूँ, 'हंस' के लिए अपना लिखा क्यों नहीं भिजवाता। मेरा स्पष्ट उत्तर था कि जब उसने मुझसे कभी कुछ लिखने की माँग ही नहीं की, तो मैं क्यों भेजता ? ''माँग तो रहा हूँ, और कैसे माँगू ?'' के आत्मीयता सने वाक्य के उत्तर में मेरा जवाब सिर्फ़ यही हो सकता था कि ''ठीक है, तेरे लिए दो लेख लिख डालूँगा।'' और तभी मैंने 'हंस' के लिए पहली बार 'अवाजैं—बल्काबस्ती की' का एक लंबा अध्याय 'अवाजैं—कुछ घर की, कुछ बाहर की' लिख डाला था जो उसके दो अंकों में छपता रहा था।

इस प्रकार रांगेय राघव वाले प्रकरण से आरंभ हुई 'हंस' से मेरी इकतरफ़ा कुट्टी का राजेन्द्र ने ख़ात्मा कर डाला। जान पड़ता है उस लेख ने राजेन्द्र के मन में पल रही उस आशंका को भी ख़त्म कर दिया कि कदाचित 'हंस' के पाठक आगरा की उस स्थानीय बोली को पूरा-सा समझ नहीं पाएँगे जिसमें 'अवाजैं—बल्काबस्ती की' लिखी गई है। तभी उसने अपने नारी समस्याओं से संबंधित विशेषांक के लिए मुझसे उसी बोली और खिलंदड़ी शैली में लिखा गया एक अन्य लेख भिजवाने का अनुरोध किया। उसे अविकल छापकर मेरे लेखक को कितना बड़ा संबल प्रदान किया था, यह मेरा कृतज्ञ हृदय ही जानता है।

14 नवंबर, 1994 को मैं और नवल दमदम हवाई अड्डे गए थे। स्व. मदनमोहन अग्रवाल स्मृति सम्मान समारोह की अध्यक्षता करने पधार रहे डॉ. नामवर सिंह का स्वागत कर उन्हें भारतीय भाषा परिषद् के अतिथिकक्ष में लिवा ले जाने के लिए। नामवर ने कार चलते ही धमाका किया, ''ठाकुर साहब, राजेन्द्र और मन्नू अलग हो गए हैं।'' बड़ा गहरा धक्का लगा। लेकिन तभी याद आ गया रहीम का वह दोहा, ''रहिमन निज मन की व्यथा, मन ही राखो गोय/सुनि हठिलैहैं लोग

सब, बाँटि न सकिहैं कोय।'' साथ ही, मुझे लगा कि समस्त 'स्कैंडल मौंगरिंग' की शुरुआत ऐसे ही की जाती है। अतएव मैंने यथासंभव सहज रहने का नाटक करते हुए लाल बुझक्कड़ी अंदाज़ में यह कहकर इस प्रसंग का पटाक्षेप कर डाला कि, ''यह तो उनकी पहली वर्षगाँठ पर ही हो जाना चाहिए था।''

सच तो यह है कि मैं तड़प उठा था पूरी सचाई जानने के लिए। परंतु मैं अच्छी तरह जानता था कि नामवर को इस संबंध में न राजेन्द्र ने कुछ बताया होगा, न मन्नूजी ने। राजेन्द्र से उसके आनंद का कारण तो दो वाक्यों के बाद ही जान लिया जा सकता है, परंतु वह अपनी पीड़ा को सात तालों में बंद रखने का फ़न बचपन से ही सीखे बैठा है। फिर मैं ही क्यों अपने क़यास लड़ाने में अपना वक़्त बरबाद करूँ।

पाँच वर्ष बीत चले हैं। इस विषय में राजेन्द्र से आज तक मेरी कोई चर्चा नहीं हुई है। जो कुछ जान पाया हूँ वह दूसरों की जुबानी सुना है। सुनी-सुनाई बातों के आधार पर दोषारोपण करने लग जाना अक्सर ग़लत सिद्ध होता है। जब पैंतीस वर्ष तक दांपत्य-जीवन बिताने के बाद, पति-पत्नी अलग होने का फ़ैसला करने पर मजबूर हो जाएँ तो इसके या उसके मत्थे घड़ा फोड़ने से बात बनती नहीं, बिगड़ती ही ज़्यादा है। इस कारण जब-जब मुझे इस अत्यंत पीड़ादायक प्रसंग का सामना करना पड़ा है, मैंने शुतुरमुर्गी प्रवृत्ति अपनाकर इसी बात को रेखांकित किया है कि अलग-अलग मकानों में रहने के बावजूद राजेन्द्र और मन्नूजी लगभग नित्य एक-दूसरे की दिनचर्या से बख़ूबी वाक़िफ़ रहते हैं। सत्तर वर्ष की आयु के आसपास पहुँच जाने पर उल्लेखनीय दिनचर्या ही होती है, रात्रिचर्या नहीं।

अलग होने का निर्णय लेते ही, बहुधा पति-पत्नी के संबंध शत्रुतापूर्ण हो जाते हैं। इस दिशा में राजेन्द्र और मन्नूजी दोनों ने बेहद 'मेच्योर थिंकिंग' (परिपक्व सोच) का परिचय दिया है। वे आज भी एक-दूसरे के अच्छे मित्र हैं—ऐसे मित्र जो अपनी-अपनी समस्याओं के समाधान पर एक-दूसरे पर निर्भर रह सकते हैं। इसका प्रत्यक्ष प्रमाण था 8 सितंबर, 1998 से 25 सितंबर और फिर 29 सितंबर से 10 अक्टूबर के बीच जब राजेन्द्र को मधुमेह आदि रोगों के कारण अखिल भारतीय आयुर्विज्ञान संस्थान (AIMS) में रहना पड़ गया था तो उस पूरे अरसे में मन्नूजी की सुबह से देर रात तक राजेन्द्र के पास उपस्थिति, जिसने अनेक विघ्नसंतोषियों की ज़बान पर ताला जड़ दिया था। दोनों का घनिष्ठ मित्र होने पर गर्व करनेवाले मुझे इससे अधिक और कुछ चाहिए भी नहीं।

27 अप्रैल, 1995। तारीख़ आज भी याद रह गई है क्योंकि पचास वर्ष पहले

कमला और मैं विवाह-बंधन में बँधे थे। घटनाक्रम कुछ ऐसा बन गया कि मेरे छोटे पुत्र शरद को बंबई (जो तब तक मुंबई बना दिया गया था) स्थानांतरित कर दिया गया और उसे अपनी पत्नी माधुरी और लगभग दो वर्ष की नन्हीं बिटिया कुलसुम के साथ उसी दिन सुबह की फ़्लाइट से दिल्ली छोड़ देनी पड़ी। 'आश्रित पिता' (डिपेंडेंट पेरेंट) होने के नाते मैं भी उन्हीं के साथ उड़ पहुँचा था मुंबई।

नए फ़्लैट में दिल्ली से दो ट्रकों में आया सामान जमते-जमाते तीन-चार दिन लग गए। शाम को सात बजे के दूरदर्शन समाचार सुनने के लिए टी. वी. खोला तो कुछ ही देर बाद हृदयविदारक समाचार सुनने को मिला कि वीरेन्द्र मिश्र नहीं रहे। विश्वास करने को जी नहीं कर रहा था। बड़ी देर तक कमला और मैं मुँह बाए मौन, अवाक् टी. वी. की ओर टकटकी लगाए बैठे रहे। विश्वास होता भी कैसे। दिल्ली से चलने से एक सप्ताह पहले ही तो 'पंडितजी' से फ़ोन पर बातें की थीं। वीरेन्द्र ने बताया था कि उसे आरथ्राइटिस की पीड़ा घर से नीचे नहीं उतरने दे रही, अन्यथा वह स्वयं सरिता विहार आ पहुँचता। उधर, मुझे सीढ़ियाँ चढ़ना-उतरना मना था। वरना मैं ही सरोजिनी नगर चला गया होता। वही हमारा अंतिम वार्तालाप सिद्ध हुआ।

वीरेन्द्र मिश्र की अकाल मृत्यु ने गहरा आघात पहुँचाया था। राजेन्द्र द्वारा परिचय कराए जाने के बाद लगभग पैंतीस वर्षों के दौरान हम दोनों ही नहीं, हमारे परिवार भी एक-दूसरे के बहुत निकट आ गए थे। कलकत्ता आने पर वीरेन्द्र सीधा 5 ए, ग्रीक चर्च रो चला आता था। कलकत्ता के धनपतियों में, अन्य प्रख्यात कवियों की भाँति, उसके भी आतिथेय होने की लालसा तथा ललक को वह स्पष्ट शब्दों में यह कहकर दरकिनार कर देता कि मैं तो ठाकुर साहब के यहाँ ही रहूँगा। आप वहीं आकर मुझसे बात कर लें।

सच कहूँ तो मैं वीरेन्द्र का 'फैन' था—उसके मस्त-मौला, खिलंदड़े स्वभाव का, उसकी हाज़िरजवाबी का, उसके गीतों का, उसके कंठ और गीतों के माधुर्य का, गीतों में अंतःसलिला सतत प्रवाहित प्रगतिशील विचारधारा का, और इन सबसे बढ़कर मेरे साथ उसके निश्छल आत्मीय व्यवहार का। इसीलिए रांगेय राघव और घनश्याम अस्थाना के बाद वीरेन्द्र की मृत्यु ने मुझे सिर से पाँव तक झकझोर डाला था।

किंतु इस संदर्भ में मुझे एक आघात और झेलना बाक़ी था। वह आघात दे डाला डॉ. प्रभाकर श्रोत्रिय ने। श्री बालशौरि रेड्डी के बाद प्रभाकरजी कलकत्ता की भारतीय भाषा परिषद् के निदेशक बनाकर लाए गए थे। यहाँ आने से पहले 'साक्षात्कार' के संपादक के रूप में उनकी पहचान बन चुकी थी। लेकिन इसी के साथ-साथ राष्ट्रीय स्वयंसेवक संघ के प्रति उनके प्रेम की भनक भी हम तक

आ-पहुँची थी। तथापि निस्संकोच स्वीकार करता हूँ कि मेरी राजनीतिक विचारधारा को भली-भाँति जानते हुए भी, उनका व्यवहार मेरे साथ अत्यंत सौजन्य एवं स्नेहपूर्ण बना रहा था। कई बार वे अपनी प्रसन्नवदना, मज़ाक़पसंद श्रीमतीजी के साथ मेरे घर आकर मुझे उपकृत करते रहे थे।

ऐसे ही जब एक बार वे मेरे यहाँ पधारे, उस समय, संयोगवश, कलकत्ता के युवा साहित्यकार श्री कुशेश्वर महतो भी वहीं थे। उन्हीं के सामने डॉक्टर श्रोत्रिय ने भारतीय भाषा परिषद् द्वारा अपने संपादन में प्रकाशित होनेवाली मासिक पत्रिका 'वागर्थ' के लिए वीरेन्द्र मिश्र का एक संस्मरण यथासंभव शीघ्र लिख देने का अनुरोध किया। डॉक्टर साहब की राजनीति की जानकारी होने के कारण मैंने उन्हें कुछ भी लिखकर देने से साफ़ इनकार कर दिया। मेरा निवेदन था कि अव्वल तो उन्हें मेरा लेखन पसंद नहीं आएगा, और अगर आ भी गया तो वे उसे छाप नहीं पाएँगे। अपने कथन की पुष्टि में मैंने उन्हें मुक्तिबोध संबंधी अपना एक लेख पढ़कर सुनाया भी। डॉक्टर साहब ने खुले मन से उसे छाप सकने में अपनी असमर्थता स्वीकार भी की।

किंतु जान पड़ता है उस शाम वे तय करके ही आए थे कि मुझसे वीरेन्द्र मिश्र का संस्मरण लिखवाकर ही रहेंगे। वे बार-बार अपना अनुरोध दुहराते रहे। आख़िर मुझे ही हथियार डाल देने पड़े, और हफ़्ते-दस दिन के अंदर ही मैंने वीरेन्द्र के संबंध में अपना हृदय उँडेलकर लिखा लेख डॉक्टर प्रभाकर श्रोत्रिय के पास भिजवा ही दिया।

इसके बाद कई दिनों तक डॉक्टर साहब ने मुझसे इस विषय की कोई चर्चा नहीं की। एक रात वे पुनः अक्टूबर 1995 का 'वागर्थ' का सद्यप्रकाशित अंक लेकर उसकी एक प्रति मुझे भेंट करने स्वयं ही आ-पधारे। हमेशा की तरह श्रीमती श्रोत्रिय भी साथ थीं।

अपने लेख पर नज़र पड़ते ही मेरा तो पित्ता खौल उठा था। डॉक्टर साहब ने उसे लँगड़ा-लूला ही नहीं, नकटा-बूचा भी बना दिया था, उसके पहले पैराग्राफ़ को जड़ से काट फेंककर और दूसरे के आरंभ पर कैंची चलाकर। पहले पैराग्राफ़ को काटने से पहले अगर उन्होंने मुझे फ़ोन पर बता दिया होता तो शायद मैं उनके निर्णय से सहमत हो भी जाता। कारण कि उसमें मैंने पृष्ठभूमि के रूप में सन 1944 में अखिल ग्वालियर राज्य विद्यार्थी संघ के वार्षिक अधिवेशन में आगरा विद्यार्थी संघ के सभापति होने के नाते विशेष अतिथि के रूप में अपने आमंत्रित किए जाने की चर्चा की थी। वहीं मैंने वीरेन्द्र मिश्र को पहले-पहले देखा-सुना था। अपना ढोल स्वयं पीटने की न तो मुझे आदत ही है और न यदि उसमें किसी को आपत्ति हो, तो बुरा ही लगता है।

परंतु दूसरे पैराग्राफ़ में की गई काट-छाँट ने तो मुझमें आग ही लगा दी

थी। साथ ही, उस कतरब्योंत द्वारा डॉक्टर साहब ने अपने संघ-प्रेम को छिपाए रखने के लिए चेहरे पर चढ़ाया मुखौटा ख़ुद ही नोच फेंका था। उनके द्वारा काटा गया अंश पढ़कर मेरी धारणा की स्वतः पुष्टि हो जाएगी। मैंने लिखा था :

''तब तक ग्वालियर राष्ट्रीय स्वयंसेवक संघ का भी गढ़ बन चुका था। पूत के पाँव पालने में ही नज़र आने लग गए थे। संघ के चड्डी-टोपीधारी स्वयंसेवकों ने हमारे छात्र-सम्मेलन में पधारे महापंडित राहुल सांकृत्यायन के विरुद्ध 'गोमांस-भक्षी राहुल वापस जाओ' के चीत्कारों द्वारा एक दिन पहले ही अपनी भविष्य की गतिविधियों का नमूना पेश कर दिया था। जब मैं ग्वालियर पहुँचा तो इस कारण हमारे साथियों की उत्तेजना तथा आशंकाएँ स्पष्ट देखी जा सकती थीं। बहरहाल, उस दिन टाउनहॉल के बाहर खड़े वालंटियरों की सजग तत्परता तथा हॉल में बैठे संयोजकों की विचक्षणता के कारण हमारी कार्यवाही शांतिपूर्वक ही संपन्न हुई थी।''

इसके बाद तो डॉक्टर साहब ने और भी बड़ा कमाल कर दिखाया था। अपने लेख के दौरान मैंने वीरेन्द्र की मान्यताओं का स्पष्ट बोध कराने की नीयत से उसके काव्य संकलन 'शांति गंधर्व' के प्राक्कथन से निम्न पंक्तियाँ उद्धृत की थीं—

''उन दिनों विश्व की राजनीति के पीछे निहित आर्थिक परिवेश और वर्ग-संघर्ष की भूमिका धीरे-धीरे स्पष्ट होती जा रही थी। कार्ल मार्क्स द्वारा परिभाषित सामाजिक, सांस्कृतिक और राजनैतिक दृष्टिकोण सचाइयों से भरपूर होने के कारण बहुत प्रेरित कर रहा था। महापंडित राहुल सांकृत्यायन के साहित्य के अध्ययन से भी इस चेतना को बल मिला। राष्ट्रीय प्रसंगों में साम्राज्यवाद और भारतीय शोषक वर्ग की भूमिका पर मार्क्सवादी दृष्टि ही सही लग रही थी। मैंने सन् 1947 के पूर्व भी इसे अनुभव किया और उसके पश्चात् भी।''

डॉक्टर साहब ने इन पंक्तियों को भी नहीं बख्शा। एक बार फिर रेखांकित कर देना चाहूँगा इस तथ्य को कि ये विचार मेरे नहीं स्वयं वीरेन्द्र मिश्र के थे जिसकी पुण्य स्मृति को खुद डॉक्टर साहब 'वागर्थ' के पृष्ठों द्वारा अपनी श्रद्धांजलि अर्पित करना चाह रहे थे। परंतु उनका 'हिंदुत्व प्रेम', संघ-परिवार के प्रति उनकी दुर्बलता तथा कम्युनिज़्म विरोध ने उनके विवेक को किस प्रकार और कितना अधिक धुँधला डाला था, उन्होंने स्वयं प्रमाणित कर दिखाया।

उस रात डॉक्टर साहब के चले जाने के बाद अपनी उत्तेजना को शमन करने के लिए मुझे सॉर्बिट्रेट की दो गोलियाँ खानी पड़ी थीं। मेरी उत्तेजना का कारण डॉक्टर साहब का वह दावा भी था कि उनकी इस काट-छाँट ने मेरे लेख को 'और भी सुंदर' बना दिया था। घर आए व्यक्ति का अपमान मैं कर नहीं पाता और श्रीमती श्रोत्रिय की उपस्थिति ने मेरी ज़बान पर लगाम भी कसकर

लगा रखी थी। पर खून तो अंदर-ही-अंदर खौलता ही रहा था।

लिहाज़ा जब अगले दिन डॉक्टर साहब ने मेरी तबीयत जानने के लिए फ़ोन किया तो मेरे अंदर उबल रहे लावे को फूट निकलने का भरपूर मौक़ा मिल गया। अपने लेख को और भी सुंदर बना देने के विचार को मैंने उनकी अहम्मन्यता की संज्ञा देते हुए स्वयं को उनसे आधा इंच कमज़ोर लेखक न होने की ज़िंदगी में पहली बार धृष्टता कर दी। इस पर जब उन्होंने लेख में परिवर्तन करने के संपादक के 'मौलिक अधिकार' की बात उठाई तो मैंने उन्हें फ़ोन पर ही वीरेन्द्र मिश्र की चार पंक्तियाँ सुना दी थीं—

कितना अच्छा है अफ़वाहों में जीना
झूठे अस्तित्वों का वहम उभर आना,
कितना सच्चा है हर क्षण का सिंहासन
होना आरूढ़ स्वयं, स्वयं उतर जाना।

और फिर मैंने प्रश्न किया था कि क्या अपने लिखे लेख पर ग़रीब लेखक का इतना भी अधिकार नहीं रह जाता कि उसमें मनमाना परिवर्तन करने के पहले संपादकजी उसकी भी सहमति-असहमति जानने का कष्ट कर लें ? हाँ, मैं संपादक के उस अधिकार को कदापि कोई चुनौती नहीं देता कि यदि उसे किसी भी कारणवश पसंद न आए तो वह उसे अपने पत्र में प्रकाशित करने से इनकार कर दे।

मैंने उन्हें यह भी याद दिलाने की चेष्टा की थी कि वह ज़माना लद गया जब आचार्य महावीर प्रसाद द्विवेदी, बाबूराव विष्णु पराड़कर अथवा गणेश शंकर विद्यार्थी और माखन लाल चतुर्वेदी जैसे दिग्गज संपादक हुआ करते थे जो लेखों को दुरुस्त कर लेखकों को ढंग से क़लम पकड़ने के गुर सिखाया करते थे। श्रोत्रियजी तो उन महान संपादकों के कहीं आसपास भी खड़े होने योग्य नहीं हैं।

इतना सब कहे बाद मैंने ही, अपनी स्वास्थ्य रक्षा की खातिर फ़ोन काट दिया।

कुछ दिनों पश्चात् मुझे 'वागर्थ' द्वारा लेख के मानदेय के रूप में 210 रुपयों का एक मनीऑर्डर मिला। मैंने उस रक़म को संपादक महोदय के नाम लिखे एक पत्र के साथ संलग्न कर दूसरे ही दिन वापस भिजवा दिया। पत्र में मैंने लिखा था कि उस मानदेय के वास्तविक अधिकारी वे स्वयं ही थे, मैं नहीं, क्योंकि उन्हें उस लेख को अपनी राजनीति के अनुकूल बनाने के लिए उसकी कतरब्योंत में जितनी मेहनत करनी पड़ी थी, उसका एक अंश भी मुझे उसे लिखने में नहीं लगी थी।

संपादकजी ने 'वागर्थ' के वार्षिक चंदे के 90 रुपये भी स्वयं ही काट लिये

थे। अतएव मैंने उनसे यह अनुरोध भी किया था कि वे उक्त राशि को वापस जमा करवा दें क्योंकि मुझे 'वागर्थ' का वार्षिक ग्राहक बनने में कोई दिलचस्पी नहीं थी। इस पत्र की एक प्रतिलिपि मैंने 'वागर्थ' की प्रकाशक तथा 'भारतीय भाषा परिषद्' की मंत्री, डॉक्टर कुसुम खेमानी के पास भी सूचनार्थ भिजवा दी थी।

इसके बाद, अगले रविवार को प्रातःकाल श्रोत्रिय दंपति घर आ गए। इतनी तू-तू मैं-मैं के बाद उनका उस समय आना बहुत ही प्रीतिकर लगा। आते ही उन्होंने एक सुखद समाचार भी दिया कि उनकी पुत्रवधू ने पी-एच. डी. कर लिया था। मैंने तुरंत ही बाज़ार से ताज़ा रसगुल्ले मँगवाकर सबका मुँह मीठा करवाया। क़रीब एक घंटे तक हम सब हँसते-बतियाते रहे। वे जाने लगे तो मैं उन्हें हमेशा की तरह विदा करने दरवाज़े तक गया। श्रोत्रियजी एक लिफ़ाफ़ा जिसमें वे 210 रुपए रखे थे, मेरी जेब में डालकर फ़ौरन सीढ़ियाँ उतर गए। सामान्य शिष्टाचार ने मेरे प्रतिवाद का गला घोंट दिया। रुपए रखने पर मैं बाध्य हो गया था।

काफ़ी कुछ आत्ममंथन करने के पश्चात् मैं इस नतीजे पर पहुँचा कि डॉक्टर प्रभाकर श्रोत्रिय और मेरे बीच हुआ यह सारा झमेला हमारा कोई व्यक्तिगत झगड़ा तो था नहीं। न यह हम दोनों के अहम् का ही परस्पर द्वंद्व था। इसमें मूल मुद्दा था संपादक और लेखक के अधिकारों का। उसमें भी मैं क़तई स्पष्ट था कि किसी लेख को वापस करने का हक़ प्रत्येक संपादक का होता है। प्रश्न था लेख में संपादक द्वारा वैचारिक स्तर पर मनचाही काट-छाँट करने का। मेरी नज़र में यह मुद्दा अत्यंत महत्त्वपूर्ण था जिसका समाधान न हो जाने तक मैं पुनः सहज-सामान्य नहीं हो सकूँगा।

अतएव मैंने अपनी व्यथा तथा द्विविधा को राजेन्द्र यादव के पास लिख भेजा और उससे दिशा-निर्देश लेने का निर्णय ले डाला। लगभग तीन फ़ुलस्केप साइज़ के पृष्ठों में मैंने उसे 5 फ़रवरी, 1996 को एक लंबा-चौड़ा पत्र लिखा। राजेन्द्र हिंदी का सम्मानित लेखक भी था और 'हंस' का ख्यातिप्राप्त संपादक भी। मुझे विश्वास था कि उससे मुझे एक संतुलित उत्तर अवश्य मिलेगा।

उत्तर मिला भी, राजेन्द्र की अपनी विशिष्ट स्टाइल में। उसने मेरे पत्र को (जिसमें मैंने डॉक्टर साहब द्वारा काटे अंशों को पूरा-पूरा उद्धृत किया था) लगभग ज्यों-का-त्यों मेरे वक्तव्य के रूप में 'हंस' में 'असहमति' शीर्षक स्तंभ में प्रकाशित कर, इस बहस को सार्वजनिक रूप देकर, मुझे अपना नैतिक समर्थन प्रदान कर दिया। इसके बाद मैं पूर्णरूपेण संतुष्ट हो गया कि लेखकीय अस्मिता तथा अधिकार का प्रश्न उठाकर मैंने कोई ग़लती नहीं की थी।

परंतु डॉक्टर प्रभाकर श्रोत्रिय पर इसकी प्रतिक्रिया यह हुई कि उन्होंने मेरे

साथ बोलचाल तक बंद कर दी। कहने को तो कलकत्ता एक महानगर है, परंतु वस्तुतः वहाँ के हिंदीभाषियों में साहित्यिक रुचि रखनेवालों के लिए वह एक निहायत छोटा-सा क़स्बा है जहाँ आप कभी भी, कहीं भी अपने परिचितों के साथ टकरा जाने पर बाध्य हैं। भारतीय भाषा परिषद् के सभागार अथवा ज्ञान मंच के प्रेक्षागृह में आए दिन एक-न-एक जमावड़ा जमता ही रहता है। उनमें निमंत्रित लोग भी लगभग वही हुआ करते हैं। बहुधा ऐसे अवसरों पर डॉ. श्रोत्रिय को भी उपस्थित रहना पड़ जाता था और मुझे भी। इन मौक़ों पर हम एक-दूसरे को देखकर भी न देखने का अभिनय कर लिया करते ताकि साहब-सलामत न करनी पड़ जाए।

सन् 1997 के आरंभ से ही, अपने तेज़ी से बिगड़ते जा रहे स्वास्थ्य के कारण, मुझे कलकत्ता से अनौपचारिक विदा लेनी पड़ी। अब मैं होली से दीवाली तक अपने बड़े बेटे, दीप के साथ दिल्ली में रहने लगा और दीवाली के बाद होली तक छोटे पुत्र शरद के पास मुंबई आ जाता था। तथापि कलकत्ता, जहाँ मैंने अपने जीवन के पचास वर्ष गुजारे थे, उसके आकर्षण से क्या इतनी आसानी से मुक्त हुआ जा सकता था ?

इसलिए जब नवल ने 1998 के अक्टूबर में होनेवाले अपने पुत्र के विवाह में मुझे शामिल होने का निमंत्रण दिया तो मैं चट से राज़ी हो गया था। कलकत्ता पहुँचे बाद एक वर्ष का अंतराल मिनटों में धुल पुँछ गया। दिल्ली और मुंबई फिर से बेगाने शहर लगने लगे। बड़ा अपनत्व भरा है कलकत्ता के रेशे-रेशे में।

हर साल की तरह उस वर्ष भी 13 नवंबर को स्व. मदन मोहन अग्रवाल स्मृति समारोह का आयोजन भारतीय भाषा परिषद् के सभागार में ही किया गया था। इस समारोह की संयोजन समिति का संयोजक होने के नाते मैं समय से कुछ पहले ही वहाँ जाकर मित्रों के साथ ग़पियाने लग गया था। कुछ ही देर बाद डॉ. प्रतिभा अग्रवाल ने उपस्थित देवियों और सज्जनों से चाय-नाश्ते की प्लेटों पर आक्रमण आरंभ करने की घोषणा की।

मेरी प्लेट नवल ले आया था। प्लेट थामे मैं और नवल ख़ाली कुर्सियों पर बैठने जा ही रहे थे कि देखा डॉक्टर प्रभाकर श्रोत्रिय अपनी शाश्वत प्रसन्नवदना श्रीमतीजी के साथ, 'नमस्कार ठाकुर साहब' कहते मेरी और चले आ रहे थे। कह नहीं सकूँगा उस क्षण मुझे कितनी ज़्यादा खुशी हुई थी। लगा, किसी ने छाती पर पड़ा मनों बोझ सहसा उतार फेंका हो। नवल का चेहरा भी प्रसन्नता से दमक उठा था। दो वर्षों का अबोला उस एक पल में उड़न-छू हो गया।

जैसा कि मैंने कहा, हमारे बीच कोई व्यक्तिगत लड़ाई तो थी नहीं। मतभेद सिद्धांतों का था, अपनी-अपनी राजनैतिक मान्यताओं पर आधारित सिद्धांतों का।

वह मतभेद धीरे-धीरे आहत हो अहम् की टकराहट का रूप लेता जा रहा था। उसका इस प्रकार स्वयं आगे बढ़कर अंत कर देने के लिए मैं श्रोत्रियजी का आभारी हूँ और आभारी हूँ राजेन्द्र यादव का जिसने खुद संपादक होते हुए भी हमारी इस सिद्धातों की टकराहट में मुझे अपना नैतिक समर्थन प्रदान किया। वैसे, यह सैद्धांतिक मतभेद तो जब तक लेखक हैं, पत्र-पत्रिकाएँ हैं और उन पत्र-पत्रिकाओं के संपादक हैं, चलता ही रहनेवाला है।

और इसी प्रकार चलती रहनेवाली है सन् 1954 से आरंभ हुई हमारी मित्रता भी। मित्रता का तो मज़ा ही इसमें है कि जैसे-जैसे समय बीतता है, वह गाढ़ी और गाढ़ी होती चलती है। अभी तो 1999 चल रहा है। देखना है 21वीं शताब्दी में हमारी यह दोस्ती और क्या-क्या रंग दिखाती है। अभी तो हम दोनों ही जवान हैं।

उजाले अपनी यादों के मेरे हमराह रहने दो,
न जाने किस गली में ज़िंदगी की शाम हो जाए।

—बशीर 'बद्र'

□